文化力量與博物館的挑戰

上海中国航海博物馆　编

上海古籍出版社

图书在版编目(CIP)数据

文化力量与博物馆的挑战 / 上海中国航海博物馆编.
—上海：上海古籍出版社，2013.12
ISBN 978-7-5325-7134-5

Ⅰ.①文… Ⅱ.①上… Ⅲ.①博物馆事业—中国—文集 Ⅳ.①G269.2-53

中国版本图书馆 CIP 数据核字(2013)第 272726 号

文化力量与博物馆的挑战

上海中国航海博物馆 编

上海世纪出版股份有限公司
上 海 古 籍 出 版 社 出版
(上海瑞金二路 272 号 邮政编码 200020)
(1)网址：www.guji.com.cn
(2)E-mail：guji1@guji.com.cn
(3)易文网网址：www.ewen.cc
上海世纪出版股份有限公司发行中心发行经销 上海中华商务联合印刷有限公司印刷
开本 787×1092 1/16 印张 12.75 插页 11 字数 248,000
2013 年 12 月第 1 版 2013 年 12 月第 1 次印刷
印数：1—1,600

ISBN 978-7-5325-7134-5

K·1829 定价：78.00 元

上海中国航海博物馆远景

淮安运河博物馆之淮安名人馆

中国运河文化博物馆

上海博物馆

海军上海博览馆之海军兵器馆

招商局历史博物馆内景

嘉兴船文化博物馆

岱山县海洋文化博物馆之中国灯塔博物馆内景

浙东海事民俗博物馆宫门

上海纺织博物馆

香港海事博物馆远景

上海鲁迅纪念馆

蓬莱古船博物馆

鸦片战争博物馆

上海中国航海博物馆侧面图

葫芦岛市博物馆

中国甲午战争博物院之北洋海军提督署

上海科技馆

上海公安博物馆

中国船政文化博物馆之二楼船政衙门

陈云故居暨青浦革命历史纪念馆

登州博物馆

上海交通大学钱学森图书馆

目 录

序　言
Preface

文化是一种深深熔铸在民族生命力、创造力、凝聚力中的力量，这种力量能够转化为强大的精神生产力，对于培育民族精神、塑造健全人格、促进人的全面发展具有特殊的、不可替代的作用。毛泽东同志曾说："一定的文化是一定社会的政治和经济的反映，又给予伟大影响和作用于一定社会的政治和经济。"当前正值社会大发展时期，国家对文化建设给予了空前的关注。在文化大发展的政策环境中，担负着民族复兴伟大使命的航海类博物馆，面临着国家海洋强国的重大发展机遇。

中国悠久的航海文明与海洋传统深刻影响了中国人的认知，600多年前，郑和率领庞大远洋船队走向海洋，传递了文化与友谊，并将中国航海文明推向历史的高峰。自1840年以来的历史教训又告诉中国人，必须深刻审视海洋、高度重视航海的现实危机。国家的强盛、民族的复兴离不开中国的航海事业；中国人走向世界，也必须依托强大的中国航海事业。

随着中国经济社会的飞速发展，博物馆在社会发展中发挥着越来越重要的文化作用，它是城市的窗口、精神的家园、文化的百宝箱。博物馆在全球化信息格局与市场环境中，一方面需坚守并提升文化公益价值，一方面要积极面对经济侵蚀、信息多元的市场挑战。面对这些挑战，博物馆如何进一步发挥文化的力量与价值，是博物馆管理者需要积极思考和探索的重大问题。今年夏天，中国航海博物馆邀请了辽宁、山东、浙江、上海、江苏、福建、广东、香港等地30多位博物馆馆长齐聚上海，就当代中国博物馆的挑战、管理运营、博物馆的文化力量等重大问题进行了深入的研讨，就中国航海类博物馆现状与合作进行了深入的沟通，并就组建全国性航海博物馆专业委员会、馆长沙龙等合作平台达成了共识。

为广泛传递各位馆长的最新思考与学术见解，我们遴选了部分成果加以出版，以飨读者。对论文集的各位作者，我们表示诚挚的谢意；对因篇幅所限未收录论文的作者，我们深表歉意。同时感谢对中国航海博物馆学术研讨会给予关注、支持、理解、帮助的国内外朋友。

二〇一三年十一月八日

浅谈淮安运河博物馆的发展模式

Study on the Development Mode of Huaian Canal Museum

常贵章*
（淮安运河博物馆）

摘 要： 文化是一个地方的魂，文化遗产是一个地方文化的根，而博物馆正是承载魂、安插根的天堂。古老的运河为淮安提供了宝贵的历史文化资源，应其而生的戏曲文化、名人文化、运河文化贯穿了整个运河发展史。如今淮安正狠抓“运河文化”这条主线，着力构建起以综合性博物馆为主体，专题博物馆、行业博物馆等多种形式相辅助的运河博物馆事业发展新体系。如何更好地发展运河博物馆群，对淮安的文化建设与发展具有重要的现实意义。
关键词： 运河　文化资源　文化宣传　文化旅游

Abstract: Culture is the soul of a place, while the cultural heritage is the root of a local culture, and moreover museum is the paradise of bearing the soul and planting the root. Ancient canal provided valuable historical and cultural resources for Huaian, especially drama culture, celebrity culture and canal culture. Now Huaian is vigorously promoting the “canal culture”, striving to build the development system of mainly comprehensive museum with thematic museums, industry museums, and other forms of canal museums as a supplement. How to develop Huaian Canal Museum better has a practical significance on the cultural construction and development of Huaian.
Keywords: Canal, Cultural Resources, Cultural Propaganda, Cultural Tourism

淮安历史源远流长，文化广博厚重。为再现当年“壮丽东南第一州”的盛景，自2006年召开“运河之都”全国学术研讨会以来，淮安加大了对古运河的保护和开发力度，精心打造了苏北乃至全国第一个以运河文化、运河文明为主题的“运河博物馆”，与运河沿线的淮安漕运总督府、淮安漕运博物馆、淮扬菜博物馆等共同构成了里运河文化长廊一道靓丽的风景线。

---

* 作者简介：常贵章，男，淮安运河博物馆馆长。

集中建设的这一批博物馆，自 2009 年开放以来，因其陈展内容的独特、陈展手法的新颖受到了淮安市民和外来游客的好评，其厚重的历史感、鲜明的地域特点、翔实的史料、精美的画面，为人们打通了一个穿越历史的时间隧道，成为人们了解淮安历史、触摸淮安文化的一个场所，也成为现代淮安人休憩心灵、寻找精神动力的一个加油站。可如何将运河博物馆发展下去？鉴于生生不息的运河文化在淮安的重要地位，我们有必要对淮安运河博物馆群的发展模式作进一步地深入思考。

一、淮安运河博物馆的特点

淮安运河博物馆主体座落在清江浦大闸口历史文化风貌区里运河中洲岛上。该馆是一座具有浓厚运河文化特征、浓烈地方文化气息、浓郁生态园林特点的综合性博物馆，总占地面积 3 万平方米，建筑面积 1 万平方米。博物馆下辖淮安戏曲博物馆、淮安名人馆、运河楹联馆、大运河名人馆、陈（瑄）潘（季驯）二公祠及周信芳故居，运用图版、书画、人物蜡像、幻影成像、场景再现、实物展示、多维全息数码互动游戏、声光电技术等复合布展方式，呈现了运河历史、河道治理、漕粮运输、漕粮仓储、地方戏曲、地方名人对“运河之都”淮安的影响。

近年来，运河博物馆以“展示地方文化、传播淮安文明”为主题，以服务地方经济社会发展、服务百姓生活、服务淮安大文化建设“三服务”为主线，紧扣“展、演、建、宣、研”五字经，不断彰显运河博物馆的社会价值。

二、多措并举，发展特色博物馆

博物馆是一个国家、民族、地区的文化符号，记录并标志着文明发展的过程和水平，是宣传各地文明成就的重要窗口。淮安运河博物馆作为淮安主要的公共文化设施之一，是服务群众文化需求、展示文化艺术成果的重要载体。

（一）整合文化资源，建设专题性博物馆

各具特色的文化遗存、多姿多彩的民俗风情、独特韵味的自然资源是博物馆可开发利用的优势文化资源。淮安历史悠久，文化底蕴深厚，明清时期，因中枢漕运、集散淮盐、漕船制造、粮食储备、河道治理而地位显赫，成为“运河之都”。

因此，可以因地制宜，以国有综合性博物馆为基础，以行业和专题博物馆为主体，出台优惠政策，鼓励合资办馆、集资办馆，逐步建立健全博物馆新

体系。民间艺术是民族源远流长的文化遗产，是民族的魂之所系、根之所在。2010年，运河博物馆将戏曲馆近700平方米的地下闲置空间改造出来，与民间收藏家合作开办了民间收藏艺术馆。该收藏艺术馆共展出400多件展品，数量较多，种类齐全，涉及铜器、玉器、漆器、瓷器、佛像、珐琅彩、家具等。通过人与物的亲近对话，让人能切实体会到祖国民间艺术的博大精深。

"十二五"期间，运河博物馆还将建设淮安运河文化主题展示馆，总展示面积为1 600平方米。这将全方位展现淮安的运河文化，彰显淮安作为"运河之都"，以及"漕运、船工、淮盐集散、漕粮仓储、漕船制造"五大中心的深厚底蕴，展示淮安的运河文化遗产、淮安的运河新貌，弘扬运河文化衍生的创业精神，为宣传推介淮安，推动淮安苏北重要中心城市建设及2014年大运河申报世界文化遗产作贡献。

(二)发掘潜在文化资源，全力保护地方名人故居

挖掘保护先行，推进文化遗产传承。保护是前提，抢救是当务之急。实施文化遗产保护工程，加大对淮安地域特色文化资源的挖掘、整合和传承力度，注重加强对历史文化遗迹的保护、研究和利用。针对淮安历史文化名人辈出的特点，实施文化遗产保护工程，集中修建一批名人故居，使地域特色文化资源得到充分挖掘、有效保护和合理利用。

周信芳故居是淮安市中心城市建设重点项目之一，2010年被省委宣传部、省文物局纳入江苏省第二批名人故居抢修保护项目。运河博物馆负责该项目的组织实施及开放管理。2012年周信芳故居维修改造工程完工并对外开放，故居集周信芳出身地原状陈列、艺术生平陈列、戏迷票友活动及市民休闲功能于一体，成为里运河沿线又一处新的文化景点。

2012年朗静山故居被纳入淮安中心城市建设文化旅游及社会事业项目计划主城区项目，由此渐入人们的视野。政府总投资600万元，对朗静山故居现存的8间房屋进行修复，内部按原状陈列，同时对周边环境进行整治；将建于清乾隆年间的都天庙内的居民进行搬迁，对建筑本体进行修缮保护，并对周边环境进行整治。预计年底完工并对外开放，并将纳入整个运河博物馆管理体系。

理论研究并行，挖掘次生文化资源。文化理论研究是博物馆工作的主要组成部分。无论是博物馆的收集保管工作，还是陈列工作，或是群众教育工作，都必须在科学研究的基础上进行。博物馆藏品数量之庞大，种类之丰富，要求研究员不但要从收藏品本身入手，还要注重挖掘有关藏品的背景资料，即潜在的文化资源。2012年在江苏省近现代文物定级中，运河博物馆6件参评馆藏品全部获得评定。这6件藏品主要为戏曲表演方面的服饰和道具，其中一级文物4件，分别为"红缎盘金大龙蟒"、"平金绣大红女靠"、"古戏箱"以及"富贵衣"；二级文物1件，为"淮海戏板三弦"；三级文物1件，为"淮海戏水衣子"。这些文物具有较高的历史、科学、艺术价值，有助于挖掘、研

究和传承淮安戏曲文化。

除了要求研究人员具备丰富的综合性专业知识以外，还需辅以公平竞争和分配的激励机制，鼓励和支持优秀人才脱颖而出。创造有利条件，动员社会各方面关注文化事业，共同参与文化研究，营造有利于博物馆发展繁荣的整体环境。

(三)打造品牌活动，推动文化宣传

采取“因馆制宜”的发展思路，结合以淮安戏曲文化、名人文化以及历史文化、地域风情为主题的戏曲表演、名人研究、楹联征集等系列相关活动，策划组织系列节庆活动，并力争推出1～2项面向全市和全省的有特色、有品位、有影响、有效益的品牌文化活动。通过品牌活动的打造，为提升和展示宣传运河文化提供平台，从而构建文淮安、景淮安于一体的城市新模式。

运河博物馆一直秉承“办馆为民”的理念，着力传承、展示、宣传、研究淮安的戏曲文化、名人文化和民间特色文化。运河博物馆相继推出月月戏相逢、相约古戏台等群众文化活动品牌。通过活动的举办，将静态的展示与动态的演出相结合，以百姓自娱自乐的形式传承戏曲文化，为广大戏迷朋友构建一个沟通交流的平台，让更多的市民了解戏曲、走进戏曲，领略戏曲艺术的无穷魅力，充分展现淮安作为“戏曲之乡”的深厚底蕴，也在节日期间为广大市民提供一道华丽的视听盛宴。

此外，还可以通过联结扬州、苏州、杭州等运河沿线重要城市，建立互动平台，加强馆际交流与合作，在吸取其他地区文化营养的同时，把本地区的传统文化推介出去，达到互惠互利、取长补短的双赢目标。

三、加强文旅融合，实现博物馆文化旅游大繁荣

文化是旅游的灵魂，旅游是文化的载体。当今世界，产业结构正在经历深刻变化，旅游业也进入一个大调整、大发展的时期，旅游与文化呈现出深度融合、共生共进的发展趋势。可以说，旅游与文化深度融合，是旅游业转方式、调结构、促升级的必然要求和根本途径。游客到淮安，外行看风景，内行看文化，文化是旅游的真正内涵，通过文化搭台旅游唱戏，旅游与文化联姻才能做大做强。通过深化旅游文化特色研究，培育特色旅游文化品牌，充分展现地区旅游文化的多样性，彰显地区旅游业的辐射力、影响力和竞争力。

淮安自然风光秀丽，历史文化悠久，古今名人辈出，水陆交通便利，美食享有盛名，具备发展旅游业的得天独厚的条件。特别是里运河历史风貌区经过近年来的不懈努力和扎实打造，旅游产业初具规模，产业链也基本形成，具备了开发大旅游的基础和条件。这个场所可以引发人们的求知欲望

和兴趣，既能愉悦身心、陶冶情操，又可以增长知识、开拓视野，既可娱乐欣赏，又可艺术赏析。所以要利用淮安运河博物馆“依山傍水”的有利条件，与周边的钵池山公园、楚秀园、河下古镇、淮扬菜博物馆、中国漕运博物馆等景点合作，形成景点链，突出人文欣赏、山水畅游、生态休闲“三合一”的旅游新模式，全方位展示和体现淮安旅游的亲和力、感召力，满足广大群众不断增长的文化需求，增强淮安旅游的对外吸引力和辐射力，提升淮安旅游的整体实力和综合竞争力。

总体来看，经过近几年的不断努力和探索，淮安运河博物馆整体规模业已形成，“文艺演出、环境建设、宣传推介、历史研究”等方面运营良好，游客接待量年年攀升。笔者认为，博物馆旅游在淮安乃至全国方兴未艾，具有巨大的发展潜力，在今后的研究中还需进一步加强对博物馆旅游发展各要素和各部分的分析和研究。我们可以抓住旅游宣传这个平台，更好地将运河博物馆文化推介出去，以实现淮安运河博物馆资源的可持续发展。

附:淮安运河博物馆简介

淮安运河博物馆主体位于清江浦大闸口历史文化风貌区里运河中洲岛上,是一座具有浓厚运河文化特征、强烈地方文化气息、浓郁生态园林特点的综合类博物馆。这里揽古运河水景与人文景观于一体,周围历史文化积淀丰厚。全馆总占地面积3万平方米,全方位呈现了地方戏曲、地方名人、运河文化对淮安的影响,集中展现了淮安作为"运河之都、伟人故里、文化名城、戏曲之乡"的深厚文化底蕴。淮安运河博物馆向社会实行免费开放,积极创建国家4A级旅游景区,积极发掘地方文化,提内涵、扩外延、重服务、惠民生,为展示地方文化、传播淮安文明发挥了应有的作用。

博物馆市场营销刍议

Humble Analysis on Museum Marketing

陈清义*
（聊城中国运河文化博物馆）

摘　要： 在现阶段，国内国有博物馆的经费保障较为充足，但就国际形势而言，博物馆市场营销已成为具有责任和开拓意识的大型博物馆所面临的一个不容忽视的问题。随着博物馆的国际化，国内博物馆运转和经费体制势必发生变化，市场营销将成为博物馆管理和壮大的工具。因此，一座成功的博物馆，需将营销完整结合到策略规划和预算编制过程中，在市场经济条件下进行运作，把博物馆产品营销的优化策略、创新策略、效益策略引入到博物馆营销策略之中，寻求政府部门强力支持和扶植，利用法律、行政、经济、科技和教育等手段，增强博物馆的工作活力和自身"造血"功能。

关键词： 博物馆　市场营销

Abstract: At present, the financial security of domestic state-owned museums is relatively adequate. But in terms of the international situation, museum marketing has been becoming a problem, which cannot be ignored by large-scale museums that bears responsibility and development in their mind. With the museum's internationalization, operation and budget system of domestic museum will also inevitably change, and marketing will sooner or later becomes a tool for museum management and growth. A successful museum, therefore, should combine marketing into its entire strategy planning and budgeting process, and it should operate under the condition of market economy. The optimization strategy, innovation strategy, benefit strategy of the museum product should also be introduced into the museum marketing strategy.

Museums should seek governments' strong support, make use of legal, administrative, economic, technological and educational tools, and enhance the

---

* 作者简介：陈清义，男，聊城中国运河文化博物馆馆长。

vitality of museum's work as well as its "hematopoietic" function.

Keywords: Museum, Marketing Theory

近几年,博物馆在吸引观众注意力上做出了很大努力。在越来越多的国家中,市场营销已经成为博物馆的管理必备工具。这一方面是因为许多国家政府对博物馆的财政投入已经有所减少,另一方面人们的休闲时间却相对增加。同时,社会知识流通速度增快、知识本身透明化也给博物馆带来许多挑战。

一个博物馆若将工作的重点放在吸引观众身上,那么它的受欢迎程度就会增强,也就更具有赢得新观众的潜力和能力。与观众沟通并非单向的过程,真正成功的博物馆不会单单向观众传达其任务,还会接收来自观众的反馈,在提出、实行计划的同时,将反馈信息融入到观众的需要和需求中去。在现阶段,国内国有博物馆的经费保障还算是比较充足的,但就国际形势而言,博物馆市场营销已经成为具有责任和开拓意识的大型博物馆所面临的一个不容忽视的问题。

本文就新形势下现代博物馆市场营销方面存在的问题、策略与建议谈几点粗浅的看法。

一、现代博物馆市场营销理论

现在国内许多博物馆仍然以固定的陈列和研究为导向。在这种情况下,藏品管理人员根据个人兴趣和研究主题来确定展览主题,观众的喜好和愿望往往被忽视。博物馆高层管理人员往往注重研究和藏品保护,容易忽视与普通观众的交流。

这样带来的结果是,博物馆的观众渐渐流失。于是,博物馆通过雇佣营销经理,或者通过加大宣传力度,来宣传这些陈旧的展览。但真正的问题却在于展览本身缺乏吸引力。仅仅通过加强推广和宣传,几乎无法解决任何问题。一座成功的博物馆,需将营销完整结合到策略规划和预算编制的过程中。以观众为导向的工作就会随时把观众放在心里,定期研究观众的意愿、需求和行为,并据此作出新的规划。

博物馆展览作为产品进行营销,按照美国杰罗姆·麦卡锡教授(Jerome McCharty)的"营销4P原则"来说,主要包括以下几点:产品(Product)、价格(Price)、促销(Promotion)和地点(Place)。

1. 博物馆产品

产品是消费者需求或者需要的物品或服务,如果产品没人需要,那么再怎么努力也无法将其销售出去。从一般观众的角度而言,博物馆的"产品"主要指的是固定陈列、临时展览、特展和开放给大众使用的其他场所。对一些观众而言，博物馆产品也包括研究设备、服务区域，以及服务设施。如，博物馆的餐厅、咖啡厅、放映厅、商品销售厅和部分检测服务等等。所有这些区域都应该让观众满意，否则即使免费入场，博物馆也无法保持和提升其吸引力。展览是博物馆的最重要的"产品"，也是观众的兴趣和需求所在。在产品无法吸引观众的情况下，推出再多的活动也无法拯救博物馆。通过和重点观众进行调查和访谈，观众可在展览规划和实施的初期就对博物馆产生影响，其结果使展览更接近观众的喜好。

2. 价格

在商品社会中，价格是赢得竞争和获取利益的重要工具。对博物馆而言，最常被用来吸引目标群体的就是价格。价格不应一成不变。如果博物馆想从旅游业中获利，那么给旅游业者提供优惠价格是最明智的做法。另外赞助者和捐助者也会非常乐意收到免费入场券，这些券可以提供给他们的员工和客户。博物馆和博物馆之间也可以开展合作，共同发行可以在不同博物馆都可以使用的套票。在欧洲，免费参观博物馆愈来愈受欢迎。这一做法是为了吸引平时不会参观博物馆或无法负担费用的群体的到来。但是，免费参观给博物馆带来的次收入，却远远超过门票的收入。北京建立的博物馆联盟已经证明，联票、通票给各博物馆带来的门票损失，早已通过观众量的增加、纪念品的销售等弥补过来。

3. 促销

促销活动的需求差异很大。收藏有世界知名的珍贵藏品的博物馆拥有稳定的观众来源，几乎不需要任何促销。然而，部分博物馆因为所拥有的藏品吸引力稍弱，或者因为展示手段陈旧、交通不便，就需要为争取每位观众而做出必要的努力。博物馆的促销实际上是一种博物馆的信息传递。博物馆作为产品在进入市场之前，必须把有关的信息传递到目标市场的潜在消费者那里，以告之为目的，让潜在参观者了解本馆的旅游资源、服务及交通条件等，引起潜在参观者的兴趣并给予评价。在众多博物馆旅游产品的竞争中，要想吸引更多的参观者，博物馆的促销活动必须体现本馆独特的魅力。只有观众经过比较，产生跃跃欲试的兴趣，促销活动才能达到预期的效果。消费者对产品都有一个"了解—喜欢—下决心购买"的过程，所以博物馆的促销活动要针对本馆的特色不断进行宣传，引导消费者下决心购买。可以说，博物馆促销一方面可以提供给消费者相关的参观信息；另一方面，可以树立起博物馆作为旅游、休闲、学习场所的具体形象，使参观者在接受促销的过程中产生对宣传内容的偏爱，激起消费者的购买欲望。博物馆市场促销是一个逐步发展的过程，因各馆的条件不同，所需要的时间长短也不一样。重要的是，博物馆的促销活动应在推出博物馆产品之前行动，博物馆一拥有自己的产品信息，即可向社会大众进行促销宣传。

4. 地点

大部分博物馆都有一个固定的场所，而“地点”的概念却与促销渠道不同。“地点”在博物馆营销上，一般特指观众到博物馆的交通情况。如果博物馆处于没有便利交通连接网的城市之外，或位于被认为不安全的区域，就需要考虑为观众安排交通工具。国外的一些博物馆，在这一方面已经积累了许多经验，像洛杉矶的盖蒂博物馆和荷兰的南海民俗博物馆，都为观众提供了从停车场到博物馆的免费交通工具：有轨电车和渡船。在世界各地的其他博物馆，这种服务也很常见。但当前国内，在这方面做得明显不足，为方便观众而专门设置的交通工具可谓少之又少。所以，加强便民交通服务、增加停车场是解决这一问题所应考虑的具体措施。

二、现代博物馆市场营销策略

现代市场营销观念可以概括为“以市场为出发点，以消费者为中心”。这是市场经济营销运行的一般规则。然而，博物馆的文化产品不同于一般商品，主要区别有四个方面：其一，一般商品受供求关系的影响，在资源配置上变化较快；市场对知识的需求变化也快，但博物馆组织、积累知识资源却具有长期性、稳定性。其二，一般商品依照价值规律的基本原则，通过市场进行等价交换；而博物馆产品主要为社会服务，因此在“交换”中是不等价的。其三，一般商品运行动力是利益原则，而博物馆却不可能完全根据观众的即时需求来组织和积累知识资源。其四，一般商品所需要的知识带有实用性和功利性，而博物馆产品的最终目的是促进社会整体进步。那么，博物馆在市场经济条件下运作，一般可以引入哪些营销策略呢？

(一)博物馆产品营销的优化策略

博物馆产品营销环境由两大部分组成，即内部条件与外部环境。而博物馆要在环境多变、竞争激烈的市场上求生存和发展，必须对自己所处的内外部营销环境有充分的认识和了解。博物馆的内部条件包括其组织结构、文化品位以及各种经营资源，如文物标本存量和流量、资金、设备、设施、领导素质、员工素质、科研能力与管理水平等。博物馆的经营环境包括消费者的观众市场、同行与邻近行业的竞争者、经费投资的优劣、门票的销售渠道和体系、文物标本的收藏和研究、展教的协调、公关策划机构等。博物馆外部大环境则包括自然资源、人口、政治、经济、文化、技术、法律、国内外关系、教育及社会变化等。任何一个博物馆除了受内部条件和经营环境的影响外，还受到一个更大的不可控制环境——博物馆外部大环境的影响。这三个环境系统无时无刻不在影响着博物馆的营销活动。博物馆如果不适应这三个环境的变化，围绕着营销所提供的机会或面临的威胁，及时调整营销策略，其生存就会受到威胁，而要减少这种威胁，使营销环境优化，必须着力做到以下几个方面。

1. 充分认识博物馆的内涵。概括起来，可以从三个方面来认识博物馆的内涵。首先，从本体来考察，自博物馆产生至今，博物馆的活动主要是文物标本收藏的活动、科学研究的活动以及宣传教育的活动，或者说是"知识交流"的过程，它的主要任务是通过征集收藏文物标本进行科学研究，举办陈列展览，传播历史科学文化知识，对广大公众特别是青少年学生进行爱国主义教育，为提高全民族的科学文化水平，为国家的经济和社会发展服务。其次，从动态来考察，博物馆的活动是通过博物馆工作人员的劳动，以陈列展览等为媒介，在全社会范围内开展的一种社会知识交流的过程。这是博物馆自身运动的客观规律。从某种意义上说，这些规律并不受社会制度性质的制约，也不因经济体制的不同而不同。再次，从功能来考察，博物馆的最终目的是以举办陈列展览、专题讲座、学术报告，开展辅导教学，编印普及读物等多种宣传教育活动，服务于社会的政治、经济、文化、教育、科研等事业。

2. 认真分析博物馆内部环境。博物馆内部环境是指博物馆组织结构、博物馆文化、博物馆资源等组成的内部经营环境。博物馆内部环境的优劣，以是否有利于让更多的观众走进博物馆并参与其他各项有益活动为标准。因而，对营销具有积极推动作用的内部环境称为良好的环境系统；而不利于营销活动开展的内部环境称为恶劣的环境系统。当博物馆对自己所处的内部环境进行分析后，就明确了自己的优势和劣势，明确了自己所面临的机会与风险。因此，博物馆的决策者和营销人员应定期对所处的营销环境作出分析和判断。在认真分析的基础上充分利用有利的外部因素，积极发挥有利的内部因素，在内外因素有机结合的基础上寻找博物馆的最大机会，并对陈列展览内容和形式进行调整，对组织观众和营销方法作适度的灵活应变处理，以期获得社会和经济效益的双赢。

3. 树立与社会主义市场经济相适应的新观念。历史实践证明，博物馆对于社会绝非可有可无，社会需要博物馆，博物馆则依赖于社会。同市场经济紧密联系的博物馆要生存发展，必须寻找一条与市场经济相适应的、同时能向前迈进的新途径。因此，要树立信息观念、商品观念、市场观念、效益观念、营销观念、分工协作观念、开放观念、竞争观念、风险观念、自我发展观念和环境观念等。尤其要强调的是效益观念与营销观念，即以尽可能小的投入获取最大的收入。目前我国不少博物馆拥有多种类型的陈列展览和先进的现代化设备与技术手段，但这些陈列展览和设备的利用率都比较低。博物馆常常出现片面追求展览、设备数量的行为，但很少考虑这些展览、设备在多大程度上满足了社会需求，怎样使这些资源最大限度地发挥作用。树立效益观念和营销观念，就要求博物馆对投入与产出、支出与回报（观众量）进行分析，用效益水平来衡量和比较工作成效。

(二)博物馆产品营销的创新策略

博物馆的产品概念不同于一般意义上的产品概念。博物馆的产品是一种无形产品,但不排除其有形的内容,它是一个整体概念。博物馆产品营销的创新包括陈列展览内容、陈列展览形式和服务等方面的创新。

1. 让精品陈列成为博物馆市场营销的“品牌代言”。精品陈列是基本陈列的一种“升华”。基本陈列是体现本馆特点的陈列体系,是内容相对比较固定并常年对外开放的一种陈列展览形式。然而,博物馆的基本陈列并不是一成不变的,而是根据需要和可能,用创新的思维,使展品的组合符合社会的发展趋势和观众的审美情趣,把最好的文物、最好的展览奉献给观众。

2. 推陈出新,让特色产品不断满足观众的视觉和精神需求,要适时推出新文化产品。从供给者的角度来看,博物馆的文化新产品是指本馆以前从未组合和展出的新展览。随着社会经济的不断发展,观众对博物馆的参观需求也在不断发生变化。一般观众在要求一流的文物标本、一流的展览和一流的服务外,还要求在参观过程中能参与其中。所以,博物馆只有不断地开发、举办、引进新的有特色的陈列展览和服务项目,才能更好地满足观众的参观需求。

(三)博物馆产品营销的效益策略

博物馆营销的最终目的是效益最大化,博物馆追求的效益最大化不同于企业追求的利益最大化。博物馆效益包括经济效益和社会效益。博物馆事业发展到今天,人们对博物馆门票的定价问题、观众参观博物馆是否要收费的问题,可谓仁者见仁,智者见智。笔者认为博物馆不是不可以收取适量的参观费,但一定要注意不能将组织展览作为经营活动,不能将参观费做为经营收益。博物馆应创造条件,通过其他经营活动,以丰补歉,尽可能地降低参观费,以使更多的人参观博物馆,争取更显著的社会效益。

1. 让有偿服务与基本服务相得益彰。一般来说,博物馆的有偿服务是一些额外服务,或因服务项目特殊,或因服务成本较高,接受这些服务的观众需支付一定的费用,如租用随身录音录像讲解器材、复制资料和获得文物标本鉴定证书等。博物馆的有偿服务是非常敏感的,稍有不慎,极易招致观众和社会舆论的批评。为避免这种尴尬局面,博物馆在提供有偿服务时,应首先做好基本服务,并对可能接受有偿服务的对象进行认真分析,了解其需求、支付能力和承受能力,努力使有偿服务成为基本服务的有力补充。

2. 让博物馆产品“市场化”,增强博物馆发展活力。博物馆进入市场,对博物馆事业的影响是深远的。首先,博物馆必须改变观念,从“藏品导向”转向“社会需求导向”,更为注重社会需求,注重服务对象的需求。其次,博物馆活动要更为多样化,增加选择性,活动内容要更贴近社会需求,活动形式要易为参与者接受。此外,博物馆更要注重内部管理,注重提高博物馆工作人员的素质和工作能力,增强博物馆的发展活力,以适应不同体制下博物馆的自身发展规律。

3. 要增强博物馆生存、竞争和发展能力。面对市场的冲击，博物馆要认识到生存和发展环境的变化，注意市场条件下服务对象的价值观念和生活方式的变化，重新审视和明确博物馆在市场环境中的位置和作用，明确博物馆在市场竞争中的有利条件，时刻关注市场消极因素对博物馆工作的冲击。面对市场环境，博物馆一定要坚持和强化自身特色，在做好社会基本服务的同时，积极开展具有自身特点的经营活动。为增强生存、竞争和发展能力，博物馆应加强与外部有关机构的合作，如旅游、教育和社会文化财富保护组织等。加强与外部合作，既可避免恶性竞争，也可开辟新的工作领域。博物馆也应加强与政府有关部门、博物馆管理机构的联系。因博物馆作为非营利机构，其生存发展的良好外部环境，有赖于政府的支持和扶持。此外，博物馆要加强行业内部的合作，要在技术、工作方法和展品等方面加强合作与交流，发挥博物馆的群体优势。

4. 政府部门要加强支持和扶植。政府有关部门不能因"博物馆市场化"而减少对博物馆事业的支持、扶植和引导。我国文博界曾提出"以文养文"，要求博物馆利用本馆藏品、设施和人力，开展多种创收活动，以获取博物馆的工作经费。经过多年实践，博物馆仅依靠门票收入和有偿服务是很难挣到足够的工作经费的。因此，政府部门需要为博物馆提供足够的资金和条件，以实现博物馆的基本职能，这是管理机构的重要责任。管理部门可以利用法律、行政、经济、科技和教育等手段增强博物馆的工作活力和自身"造血"功能。

三、现代博物馆市场营销手段和建议

当代博物馆市场营销，既要讲究策略和方法，又要具备操作性强的手段和方式。仅就现代博物馆来讲，最直接、最常用的营销手段就是在打造博物馆特色产品品牌的前提下，进行大规模、多角度的宣传。

(一)策划并打造具有市场竞争力的博物馆特色产品品牌

品牌是一个标签、名称或特别的产品。品牌可以创造某项产品的市场认同。品牌除了产品本身的价值外，还包含了产品的其他价值。因此，博物馆在策划市场营销之前，关键的问题还是要打造一个具有市场竞争力的特色产品品牌。这个品牌或是一个展览，或是一个纪念品，抑或是博物馆整体。

给博物馆建立一个强有力的品牌需要一个过程，这个过程是从最初的最低期待(此阶段观众几乎不知道博物馆)，向博物馆开放后的最高兴趣(这时博物馆已经拥有了一群忠实捐助者、志愿者和普通观众，他们不仅自己前来使用博物馆，还会将博物馆介绍给其他人)转变的过程。这个过程必须循序渐进，而且只有当前一个步骤完成后，博物馆才会被提升到更高层次，你无法期望观众对一个一无所知的博物馆提出任何意见，你也无法期望对博物馆没有产生任何积极感受的观众成为其忠实观众。

1. 让观众了解这座博物馆的名称和所属类型。每一天你都可以在不同情况下看见国际知名品牌的商标。例如，我们使用的宝马、奔驰汽车，佳能、尼康相机。这些品牌，在走进我们的生活的同时，让我们熟悉了这些产品，并逐渐让我们信任、喜欢这些产品。因此，我们要让观众尽可能地把你的博物馆记在脑海里，让博物馆尽可能地出现在不同场合。当观众想参观博物馆时，他们唯一想到的就是你的博物馆。当他们想进行研究，或是与亲友会面时，他们就会觉得你的博物馆是最佳场所。为此必须谨慎地建立起观众对博物馆的身份认同。如果这是一座新的博物馆，那就需要创造一个代表博物馆的名称和标志。如果是成立已久的博物馆，那就可以直接推广名称和标志。国外很多博物馆都有自己的名称和标志，如大英博物馆、阿姆斯特丹博物馆等。

2. 观众需要知道与博物馆有关的一些特色，例如展览和研究概况、观众服务、定价政策等。在此阶段，观众甚至会根据自己的参观经验与背景，自行理解博物馆的意义。这些特色是展览形势和研究主题的基础。现代博物馆可以把关注点放在具有实验性的或是争议性的现代艺术上，由此来吸引对此类艺术感兴趣的观众。一个以家庭为目标观众群体的博物馆，需要配备相关的儿童设备；以研究为重点的博物馆，就必须有藏品研究设备。同时博物馆也需要评估这些特色的可信度和稳定度。博物馆必须如承诺的一样，开放给公众，而且其物品以有趣和可接近使用的方式来展示。所有员工都是博物馆意义的代表人，而且应当表现出理想的服务态度。

3. 如果你负责为博物馆规划整体意义，你可以预测观众判断博物馆的方式，及其对博物馆的感受。然而，品牌的意义与一项产品或是服务的特性和共识有关，对该品牌的反应会关联到产品或服务特定的质量、独特性，与消费者的考虑和消费者的个人感受等。为达到建立品牌的第三个层级，博物馆必须表现出值得信赖的品质。博物馆的展览和其研究成果的出版品必须没有任何科学性的错误，且所有的馆员都必须熟知博物馆的展览和其研究成果。观众对博物馆的陈述说明的信任非常重要，这样博物馆才会获得尊重和更强的认同。不过，仅提供高品质的服务是不够的，博物馆还要积极地接触观众，这样观众才会想到使用博物馆。否则，博物馆可能获得一个完全相反的消极状况：受到高度的认同，却很少有人来参观。

4. 建立博物馆品牌的最高、最受期待的层次，是拥有一批忠实的观众，他们会向其他人推荐，会在经费上支持博物馆，同时会提供志愿服务。他们还可能把参观博物馆视为生活方式的一部分。在现代联合营销的市场上，更强调的是与此类团体进行直接接触。一般观点认为，新客户的开发要比维持一个已有客户多费五倍的力气。很多博物馆在这个区域已经运作多年，且形成了友好网络。这些博物馆之友通过支付年费来表达他们的忠诚，并且会以其他补助和志愿服务的方式来支持博物馆。如果博物馆拥有这样的忠实观众，就要好好关心和鼓励他们，因为他们是你所在的博物馆中最有价值的观众，他们了解自己支持的品牌和其所代表的意义。

(二)举办系列宣传活动，提高博物馆品牌产品的市场影响力

宣传活动是博物馆将信息传播给观众的方式，这种沟通过程需要传送者和接受者双方的互动。当博物馆通过选定的渠道发送信息时，接受者应该主动接受并有所反应。传统的沟通方式包含广告、公共关系、直接营销以及其他形式的销售。

1. 广告是博物馆宣传途径中最重要的方式之一。为了说服广告受众，广告必须有营销专家所谓的“独特卖点”，即足够吸引接受者注意力的地方。根据营销理论，一次只能有一条信息可以被有效传达，所以这个信息必须强大到让接受者可以记住广告上的产品或服务，而且可以胜过其他竞争者所提供的服务项目。因此，如果要为博物馆产品做广告，最好只宣传一项主要活动，此举会比列出博物馆所有的活动更有效。例如，运河文化博物馆近期刚刚使用的一条广告语：“给我一天，还你千年。”虽然这条广告语并不完美，但是还是吸引了众多的参观者走进博物馆，这就是广告所期望达到的效果。

2. 建立良好的公共关系是博物馆用来彰显其重要性的重要渠道。虽然广告是推广某些活动的理想方式，但公共关系却是塑立形象的最佳方式，公共关系的最大优势就是拥有高度的信用。当大多数人对广告所播送的内容心存怀疑时，他们更愿意相信报纸刊登的内容。此举最符合成本效益，博物馆只需要承担新闻发布的费用即可。当许多博物馆无法负担高昂的广告费时，通过新闻发布会等方式，利用报刊对自身进行宣传，可谓是最佳途径。

3. 直接营销是针对特定的群体，甚至特定的个体所进行的推广活动。当广告和公共关系目标过于广泛不能控制时，直接营销可针对可控的和特定的目标人群展开。直接营销一般包括送信给博物馆爱好者、其他联络人、观众和潜在的捐赠者。一般而言，直接营销非常依赖相关目标人群的资料搜寻和分类。譬如，博物馆在推出新展览时，可有针对性的对重要公司负责人、公众人物、地方政府和当局政要寄送邀请函，即使他们不能来参加活动，给他们发送邀请函仍能让其感受到博物馆的活跃性和内容的丰富性，为日后使这些受众成为博物馆的忠实消费者奠定基础。

4. 充分发挥网络与观众沟通的独特作用。网络可使博物馆花费较少的费用，传送数量庞大而又轻松可得的信息。网络是国际性的，而且大部分都不受过多管制，特别是当博物馆的网页建立在国外服务器上时。即使页面非常简单的网站，只要具备使观众与博物馆双向沟通的功能，也可产生互动。网站容易建立，也容易宣传。自 1993 年起，网络由于免费开放给一般使用者，其发展非常迅速。而在未来，网络将起到更加综合性的作用。

特别是对来自国外的观众来说，他们来华旅游的第一步是上网查询。如果博物馆在网络上能被访问，就可以引起他们的注意。所以，网络营销是博物馆市场营销中投资最小、形式最灵活的手段之一，越来越受到博物馆同行的欢迎。

附：聊城中国运河文化博物馆简介

聊城中国运河文化博物馆座落于卓越秀美的江北水城、运河古都——山东聊城。它东临古韵悠长的大运河，西依美丽的东昌湖，是聊城市近年来建设的最大的一处集文物收藏、保护、研究、陈列、宣传教育于一体的大型专题博物馆。馆名由我国著名人类学家、原全国人大常委会副委员长费孝通先生题写。博物馆建筑面积1.6万平方米，陈列面积近7 000平方米，分陈列区、收藏区、研究和学术交流区三个功能区域。博物馆整体陈列以“运河推动历史，运河改变生活”为主题，旨在全方位、多角度地收藏、保护和研究运河文化，反映和展示运河的古老历史、自然风貌和民俗风情。

聊城中国运河文化博物馆自2009年5月1日正式免费开放以来，本着“公益、宣传、教育”的建馆原则，充分发挥爱国主义教育基地和文明窗口的作用，积极打造“运河之窗，温馨直航”的服务品牌，给观众留下了深刻印象，受到社会各界的高度评价，并先后荣获“山东省爱国主义教育基地”、“山东省科普教育基地”、“齐鲁文化特色新地标”、“山东省党史教育优秀文化团体”、“聊城市首届文明服务品牌”、“全省优秀社区科普团队”、“全省文化体制改革工作先进单位”、“全省文物系统先进集体”等荣誉称号。迄今为止，运河博物馆共接待中外观众300余万人次。聊城中国运河文化博物馆已经成为全省乃至全国展示、研究运河文化的重要阵地，也成为宣传聊城、展示聊城的重要窗口，在弘扬聊城历史、宣传运河文化、促进运河申遗中发挥了积极的作用。

公共文化服务体系中的博物馆文化的力量与智慧

The Power and Wisdom Seen in Museum Culture in Public Cultural Service

陈燮君*
（上海博物馆）

摘　要： 在深化文化体制改革的过程中，“三大体系”的建设摆上议事日程，其中公共文化服务体系的建设涉及诸多内容，而公共文化服务体系中的博物馆的文化力量与智慧是中国进一步发展、崛起的文化准备。上海博物馆作为上海重要的文化窗口和艺术殿堂，半个多世纪以来锐意进取，为上海城市文化的多元化、国际化、创新化与和谐化作出了新的贡献，也为培养城市文化气质、提升城市文化品位、塑造城市文化魂魄作出了积极的努力。上海博物馆充分发挥博物馆的文化力量主要体现在：以民族凝聚力诉说民族文化的博大精深、源远流长，以历史穿透力演绎漫长历史的沧桑巨变、岁月坦诚，以文明渗透力寻觅中华文明的悠悠源头、绵绵根脉，以艺术感染力守望精神家园的世代传承、人文自豪。今天，博物馆文化的共享与弘扬已成为全球博物馆界的一个共同话题，实践证明，博物馆的文化共享，是艺术，更是智慧。这一点，在2010年上海世博会的顺利举办中得到了成功的践行。

关键词： 公共文化服务　博物馆　文化力量

Abstract: In deepening the reform of cultural systems, the construction of the “three cultural systems” has been put on the agenda. The construction of the public cultural service involves in many aspects, and the cultural power and wisdom of a museum prepares for a further growth and rise of public cultural service in China. As an important cultural window and art institution in Shanghai, Shanghai Museum has made great contribution to the diversity, globalization, innovation and harmony to the Shanghai urban culture while upgrading the cultural taste and atmosphere of the city, as well as constructing the culture soul

* 作者简介：陈燮君，男，上海博物馆馆长。

of the city. The cultural power and wisdom embodied in the Shanghai Museum includes: the extensive and profound Chinese culture, historical evolution, the origin of Chinese civilization, and the pass-on of our cultural heritage. Today, sharing and promoting museum resources has been a common issue in the world. It has been proved by the success of 2010 World Expo that sharing museum culture is not only an art experience but also museum wisdom.

Keywords: Public Cultural Service, Museum, the Cultural Power

在深化文化体制改革的过程中,“三大体系”的建设摆上议事日程。“三大体系”建设即公共文化服务体系的建设、文化产业体系的建设、文化市场体系的建设。

公共文化服务体系很值得探讨,涉及的内容很多。如,怎样避免市民基本文化权益差距的扩大,如何满足人民群众的文化需求,怎样把文化的影响寓于服务之中。今天我们讨论公共文化服务体系建设与博物馆的发展,这个“服务”应该在原来的意义上深化一步:要把文化的影响寓于“服务”当中。同时,通过我们的服务和事业的发展,要促进人际的文化交流,提高市民的道德素养,促进社会文化的组织化程度的提高。有了以上这些理念,即便我们还是谈具体的服务问题、服务措施、服务途径,实际上已涉及到观念的更新和运营基础的完善、公共文化服务边界的确认、文化品牌的养育、文化资源的整合、投入机制的改善、公共文化政策的配套,等等。

公共文化服务体系中的博物馆的文化力量与智慧,是中国进一步发展、崛起的文化准备。历史应该敬畏,不能随意剪辑;文化贵在成长,不能轻视积累;“动静”伴随节奏,不能刻意“制造”;公共文化服务体系有自己应有的文化立场、文化尊严、文化权益、文化智慧和文化力量。

上海博物馆作为国际化大都市上海重要的文化窗口和艺术殿堂,展示着中华文明的源远流长与博大精深,承载着炎黄子孙的历史文脉与辉煌业绩,传播着城市文化的民族精神与人文风采,同时也融入了上海几代文博工作者的辛勤耕耘与悉心养育的“精、气、神”。上海博物馆既具有得天独厚的地理优势和人文资源,又担负着沟通南北和融会东西的文化使命。上海博物馆至今已经走过了半个多世纪的发展历程:从陈毅市长题写馆名、南京西路原址的艰难创业,到河南南路旧馆的卧薪尝胆、锐意变革;从人民广场新馆的顺利建成,到以“晋唐宋元书画国宝展”为标志的系列大展和几次国际研讨会的召开,这每一个飞跃都反映了上海博物馆视自己为城市公共文化中的一个重要生命体,托起民族文化的辉煌,进行中华文明的传承,解读历史,净化心灵,播扬先进文化,守望精神家园。上海博物馆新馆已走过十多个春秋。十多年来,上海博物馆以真诚执着的人文情怀、创意无限的文化情怀和“海纳百川、追求卓越、开明睿智、大气谦和”的城市情怀,展示新的价值体系中的博物馆的力量与智慧,进一步为上海城市文化的多元化、国际化、创新化与和谐化作出新的贡献，也为培养城市文化气质、提升城市文化品位和塑造城市文化魂魄作出了积极努力。

一、博物馆文化以其民族凝聚力，诉说着民族文化的博大精深、源远流长

2003 年 1 月 6 日是一个极其普通的日子，然而这一天因为“晋唐宋元书画国宝展”在上海博物馆落下帷幕而变得不普通。在上海博物馆的 50 年历史中，还没有哪一个展览把闭馆时间定在子夜，让最后一批观众在迎接晨曦时离开，而气氛比开幕式还隆重热烈。在办展的三四十天间，每天凌晨，摄氏零下 5 度，在严寒中开始形成队伍，直至早上开馆。进馆后，在两个展厅前依然排起长队。在二楼展厅的《清明上河图》前，一排就是几个小时。《解放日报》为之刊登长篇通讯《长队优美——“晋唐宋元书画国宝展”的告诉》，记者的文字是客观的，又是深刻的：“不是计划时期抢购凭票商品，不是春运高峰苦候返乡车票，不是房产旺市竞买火爆楼盘。前所未有的长队，史无前例的人潮——上海排队看书画。……一座城市里的这样一支‘长队’，已经远远超越了业界观摩的意义。这是一座城市的朝圣。如果不是因为虔诚，华发老人怎能在零摄氏度中伫立；如果不是因为真挚，花季学子怎能在寒风中守望；如果不是因为景仰，背着双肩包的欧美教授怎能一出机场就奔进了这支队列。……看一次书画展要排 5 小时的长队，奢侈了吗？不值得吗？5 个小时排队，何尝不是 5 个小时情绪酝酿；5 个小时等待，何尝不是 5 个小时心境净化。珍绝永远是稀缺的，排队也将是必然的。一座崇尚精品文化的现代化国际大都市，这样的长队是必须的、优美的，是最动人的城市风景线。”很快，上海高中二年级语文课本（试验本）、上海七年级中学语文课本（试验本）分别选用了有关这次国宝展的文章《百代法书》和《上博今日无眠》。上海市委组织部、宣传部在上海博物馆召开了“‘国宝展’引起的文化轰动与干部队伍树立良好的精神状态座谈会”……“文化热浪”席卷了申城，新世纪的上海完成了一次颇具辐射力的“文化轰动”。这个“国宝展”，打动人的不仅仅是 72 件顶尖水平的国宝，还有伴随“国宝展”而呈现的民族凝聚力，它诉说着民族文化的博大精深、源远流长。

一个展览，为何会形成一次“文化轰动”？因为这次世纪大展是国之瑰宝的集中亮相，晋唐宋元的盛大巡礼，千年遗珍的隆重检阅，书画艺苑的旷世览读。

这一展览所带来的“文化轰动”为什么经久不衰？因为这是民族凝聚力的坦诚聚集，文化能量的整体释放，文化盛事的有效组织，文化关怀的良性循环。

这一展览明示，我国的民族文化博大精深、源远流长，极具民族凝聚力。

在改革开放的今天，中国书画仍具有强大的生命力，21世纪的后辈们仍以华夏儿女的名义传播先进文化、弘扬民族精神。博物馆文化的第一种力量是民族凝聚力，在“国宝展”中，我们深切地感受到这种力量是浓烈的、炽盛的、自觉的、令人终身难忘的。

二、博物馆文化以其历史穿透力，演绎着漫长历史的沧桑巨变、岁月坦诚

博物馆文化的第二种力量是历史穿透力。博物馆的藏品穿透了漫长的历史，抖落了历史的尘埃，演绎着沧桑巨变，表达着岁月坦诚。裹挟着收藏保管、研究和社会教育三大功能的博物馆文化以其犀利的历史穿透力诠释着历史的庄重、厚实和坚毅。

甲申冬日，上海博物馆隆重推出“周秦汉唐文明大展”，铿锵吟唱黄土高原千古长赋。周秦汉唐，在中国历史长河中具有恢弘盛世的历史定格，带有凝重跌宕的历史指向，积淀了理性张扬的历史文化，留下了千古释疑的文化现场，同时，撒落了凝聚文明的历史文物，引发了千百年来对凝聚在文物上的历史的解读，因而周秦汉唐的历史沿革是中国历史上的华章巨篇。陕西省文物局和上海博物馆主办的“周秦汉唐文明大展”气势恢弘，两百余件文物璀璨荟萃，两千余年历史集中展示，在昨天的地平线上曾经积淀不屈的“琴文”，亮出韧性的“剑胆”，摆开威严的方阵，挥洒历史的深沉，在今天的展览厅中邀集了跨时越空的古时文明。从观赏青铜之乡的西周吉金、秦始皇陵的复活军团、汉唐墓葬的皇皇壁画，到迷恋各类遗址的稀世奇藏、唐代窖藏的遗宝精粹、皇家寺院的石破天惊，周秦汉唐文明大展无疑演绎着漫长历史的沧桑巨变。此展办展50天，观众30万，最后又是一个“无眠之夜”，数千观众冒雨领取参观券，10件最受欢迎文物揭晓。观众在历史的演绎中感悟着博物馆文化的历史穿透力。

博物馆文化的历史穿透力还表现为探究文物，还原其历史的本来面貌。上海博物馆入藏王羲之《上虞帖卷》就有曲折而生动的过程。上世纪70年代，上海博物馆专家在清理古代书画时发现了此帖，但当时并未“识宝”，又被冷落了3年。后来有关领导和专家重提此事，请谢稚柳先生鉴定。谢先生对此帖与唐宋其他法书名作进行比较研究，充分肯定此帖所具有的独特的艺术价值。然而一时尚难断定此帖是哪一朝代的摹本。正在他感到山穷水尽疑无路之时，此帖右上角的南唐“集贤院御书印”墨印映入眼帘，又见下面一印，但已模糊不清，难以辨认。晚上，他在灯光下琢磨良久，忽然记起清末有一收藏者曾在逃难时把《上虞帖》缝入棉衣，由北方带到南方，以后便杳无音信。此帖会不会就是当年“消失”于南方的国之瑰宝？再过了几日，谢先生在展开此帖研究时，又突然想到这方无法辨认的印章可能是南唐的“内合

同印”。于是，上海博物馆借来了先进设备，拍摄了软 X 光片，奇迹出现了，软片上果然显现出“内合同印”。“内合同印”和“集贤院御书印”两印在宋代被称为金印，而历史记载《上虞帖》正有这两印。这一证据基本确定了《上虞帖》是唐摹本的说法。后来，上海博物馆的裱画师再创奇迹，清晰地再现了这两个印章。国宝确定，正式入藏！博物馆文化以其历史穿透力澄清历史的迷雾，缕析历史的脉络，使漫长历史的沧海桑田、岁月变迁的演绎成为可能。

三、博物馆文化以其文明渗透力，寻觅着中华文明的悠悠源头、绵绵根脉

博物馆文化的第三种力量是文明渗透力，博物馆以这种力量解读中华文明，抢救文物回归，寻觅悠悠源头，追踪绵绵根脉。

1994 年春，香港古玩市场悄然出现楚简。关注战国竹简文字编纂的张光裕教授迅速把信息传递给上海博物馆，并电传过来一批摹本。从电传过来的摹本看，有几支是《周易》中的一些内容，还有一些是不知篇名的有关文王和周公的内容。从以后几次电传的摹本中进一步了解到，这些竹简文字多是尚未知晓的先秦古籍，简文字体与已出土的战国楚简文字相一致。信息往来，当断则断，老馆长马承源先生当即决定抢救这批竹简，出资收购。5 月，这批竹简顺利送抵上海博物馆。同年秋冬之际，相关竹简又一次在香港出现，这次由在香港的上博之友朱昌言先生、董慕节先生、顾小坤先生、陆宗麟先生和叶昌午先生联合出资收购，热情地捐赠给上海博物馆。可以说，从战国楚竹书的发现之日起，就有一种文明渗透力，寻觅着中华文明的悠悠源头、绵绵根脉。这些战国楚竹书共有简数 1 200 余枚，计达 35 000 字，在已出土楚简中占有较大比重，实为难得。这些战国楚竹书是楚国迁郢都以前贵族墓中的随葬物，先于秦始皇的“焚书坑儒”，其中以儒家类为主，兼及道家、兵家、阴阳家等。而简书本身又是书法艺术史上的重要文化遗产，其文化价值不言而喻。包括少数重本的书篇在内，这批楚竹书近百种，其中能和业已流传的先秦古籍对照的不到 10 种，足见这批楚竹书的独特意义及其重大价值。

癸未春日，上海博物馆成功地从美国抢救回归《淳化阁帖》存世最善本，安然入藏，实现了又一个文化夙愿。《阁帖》返归，赫然成为中国帖学盛事，对于梳理帖学的悠悠源头、绵绵根脉具有十分重要的意义。上海博物馆从美国抢救回归的《淳化阁帖》第四、七、八卷为北宋祖刻本，第六卷是泉州本的北宋祖本，是公认的国宝。国之瑰宝流失海外，上海博物馆持之以恒地关注国宝屐痕，上海博物馆老前辈徐森玉先生曾多方探寻《阁帖》去处，争取其回归。《淳化阁帖》的回归之路令人牵肠挂肚，经常萦回在上博人的心头。

十多年来，国之瑰宝为美国安思远先生所得，如不创造机遇、紧追不舍，一旦情况有变，国宝将永无回归祖国之希望。国之瑰宝当归则归！上海博物馆作出了千方百计抢救国之瑰宝回归祖国的重要决策，并成功抢救回归。《阁帖》回归后，上海博物馆及时举办了"扬我中华文化，壮我中华精神——《淳化阁帖》最善本大展大赛大讲坛系列活动"。一部帖学经典集结了跨越时空的书法帖学关注，牵动了一座城市的民族文化根脉，激励了老老少少调遣笔墨的情怀，引发了持续一年的帖学思考。围绕《淳化阁帖》最善本的回归，汪庆正副馆长夜以继日地为特别展览的筹备及一系列的普及教育活动开展工作，他还在繁忙的工作间隙，收集、查阅大量资料，进行进一步的深入研究，在学术上取得了杰出成果。在《阁帖》回归之时，汪先生说：《淳化阁帖》的研究比较艰深，普及工作也不易。如果要问两个问题，一是"淳"字怎么写，二是"淳化三年"翰林院侍书王著编帖之年对应公元哪一年，这么简单的问题也不是大多数人答得上来的。可是，"大展大赛大讲坛系列活动"举办一年之后，《淳化阁帖》在上海可以说是家喻户晓了。一天，汪先生偶而坐出租车，因他在电视上宣传普及《淳化阁帖》次数多了，驾驶员一下子认出他来，脱口而出："这不是'淳化阁帖'吗？"汪先生的朋友说："你呀，可以改名了，复姓'淳化'，名'阁帖'！"

四、博物馆文化以其艺术感染力，守护着精神家园

艺术感染力，是博物馆文化的第四种力量。这种力量维系着艺术经典的宁静与理性，敞开了中华文明的纯粹与自觉，凸显了民族文化的品位与品格，守望着精神家园的传承与自豪。

博物馆文化的艺术感染力，需要文化创意的激励。上海博物馆的每个大展，陈列设计部总是创意先行，形成亮点。陈列设计部一直重视把大自然的场景和中国园林的意境引入展室，构想、营造具有自然风貌和诗画风情的场景，努力做到一展一品，一展多景。这对于展示文物起到了增添艺术感染力的重要作用。

博物馆文化的艺术感染力，需要文物资源的整合。近年来，上海博物馆的脍炙人口的展览除了整合馆藏文物资源外，还走强强联手之路，得到了各省市博物馆的积极支持。故宫博物院以及新疆、内蒙古、西藏、陕西、山西等省区文物局和博物馆在办展上给予了上海博物馆大力支持。我们集结了文物资源，以国宝的魅力展示中华文明，以经典的力量呼唤文化传承。

博物馆文化的艺术感染力，需要自我加压。2002 年 12 月 21 日，正值上海博物馆 50 周年大庆之日，马承源先生和我从北京开会返沪，在北京机场候机时，马先生语重心长地对我说：上海博物馆建馆已整整半个世纪，新馆开馆也已有六七年了。上海博物馆发展的基本经验在于不断拓展，不断地自

我加压，在艺术感染力上应超越“自我”，发展“自我”。如上海博物馆新馆的陈列专馆，虽然几年过去了，大家的反映依然很好，但我们自己要有清醒的认识，要抓紧做出计划，及时地改进，进一步增强艺术感染力。正是巧合，那天樊锦诗院长也在北京，她和我们一起在机场候机。回沪后，我们在原有陈列专馆更新调整的基础上，加快了推进步伐，以更强的艺术感染力守护精神家园。

五、博物馆文化共享，是艺术，更是智慧

2007 年 6 月，我赴俄罗斯圣彼得堡出席在艾米塔什博物馆举办的“上海博物馆珍藏展”的开幕式。展厅设在冬宫加冕大厅前，米哈伊尔·皮奥特罗夫斯基看到造型端庄的戈鼎、粗犷质朴的小克鼎、神态安然的唐代彩色釉陶骑马女俑、恬淡沉着的北宋定窑刻花莲花纹碗、光彩熠熠的辽代镂空凤纹金冠和绿莹洗练的红山文化玉鸟等，惊喜地说：“这么精美的艺术珍品实在难以见到！感谢上海博物馆为俄罗斯人民带来了如此富于艺术震撼力的中国古代艺术。”开幕式后，米哈伊尔·皮奥特罗夫斯基馆长和我专门就两馆今后 5 年合作交流计划和 2010 年该馆在上海博物馆举办回访精品展进行了磋商。2008 年 3 月，我们两馆已签署了交流协议。

近年来，上海博物馆与大英博物馆之间的文化交流也开展得有声有色。1999 年盛夏，来自大英博物馆的“古埃及珍品展”曾创下 2 个月 63 万观众的纪录，最多的一天观众数超过 2 万人！2006 年 7 月至 10 月，又推出“艺术与帝国：大英博物馆藏亚述珍品展”，252 件（组）文物包括石刻、泥板文书、象牙、青铜、陶瓷等各类珍贵文物。此展为中国举办的第一个亚述文明主题展，观众踊跃。2009 年 2 月，上海博物馆在大英博物馆举办精品文物展，让英国人民领略到了博大精深的中华文明。

今天，“博物馆文化的共享与弘扬”已成为全球博物馆界的一个共同话题。共享，是艺术，更是智慧。其实，“艺术也是智慧”。智慧能赢得共享，智慧能催生繁荣，智慧能激活事业，智慧能穿越历史。这种智慧是一种真诚，这种智慧是一种文化，这种智慧是一种双赢，这种智慧是博物馆事业可持续发展的引领。

有人说，在网络时代，应该把“共享”让位于“竞争”。这种观点认为：“你看，各博物馆之间，在文物征集、学术研究、陈展方式、社会教育、网络方略、文化商品开发上，竞争已成态势……”然而，我们不妨静心而思：从时代本质上说，合作多于竞争；从发展经验来说，共享优于封闭；从成长智慧来说，联手走向共赢；从博物馆的昨天、今天可以告诉明天，宁静、祥和、理性和融智是实实在在的成功之路。在网络时代，充满着竞争和博弈，智者会在竞争中发现共享的网格，因而会在博弈中显示大气与睿智。

博物馆文化共享的现实意义还在于文物资源的"短缺"。世界上一些博物馆藏品甚丰,但从观众的企盼和展览的需求来看,文物资源依然显得有限。一个博物馆的藏品再丰富,品类再多,体系再全,也不可能囊括全球之文物,穷尽人间之遗珍,总揽古今之瑰宝,涵盖地区之差异。现代陈展方式的变化,借助于悬浮式多幕新媒体技术、幻影技术、计算机控制模块技术等科技手段,可以把文物生动地置于"文化现场",但这不仅没有对文物的丰富性降低任何要求,相反需要更多地集个体展品为群体展项,希冀有更多的珍贵文物的集群亮相。正是面对有限的文物资源,博物馆更应以共享求持续,以智慧对"短缺"。

博物馆文化共享,是艺术的共享,更是智慧的共享。在智慧的共享中,我们诵读了古埃及文明中对于人物变形的审美情趣。领悟到"亚述之于苏美尔如同罗马之于希腊",亚述文明取自两河流域的南方成就,却又赋予个性诠释,自成一格。亚述艺术在借鉴巴比伦艺术特色的基础上,淡化了粗犷简明的特质,强调了细腻典雅之韵,有所突破。亚述雕塑艺术在造型语言与构成形式等方面还从古埃及艺术中获得了诸多启示。了解到玛雅人已经知道圆周率,早在公元3世纪就开始使用20进位制和0,在高大的庙宇中蕴含着精确的数据,装饰着美丽典雅的雕刻。在伦勃朗的"永久的光和影"中,欣赏大师神奇地用光的明暗来反映空间层次,把明暗对比法推进为更富有戏剧化的舞台灯光效果,以产生神秘多变的气氛。他对光线有独特的驾驭能力,自由地把光分散、集中或作模糊处理,使笔下的光色诉说成为一幅幅油画经典……当然,智慧的共享并不局限于展览的互办,还延伸为专家学者的互访、学术成果的交流、文物保护经验的相互借鉴。

博物馆文化共享,在中国2010年上海世博会的顺利举办中得到了成功的践行。上海博物馆作为立项单位,与上海的文化、文博工作者和高校的专家学者一起,成功营建了城市足迹馆和世博会博物馆,从而获得了中共中央和国务院授予的先进集体称号。这两个馆从全世界各大博物馆借来了二三百件珍贵文物,较好地演绎了几千年城市发展史和159年世博会发展史,为文博人办世博赢得了盛誉。在迎接中国2010年上海世博会的过程中,上海博物馆对"迎世博、创未来"的新的文化要素与城市文化品格进行了综合考虑,全面整合文化遗产,进行"世博"与"文博"的互动思考,为承办成功、难忘、精彩的世博会努力形成文化合力。上海博物馆在营建城市足迹馆和世博会博物馆的过程中,大力增强两个馆的文化含量,在主题演绎、场馆营造、展览组织、论坛设计、活动运营、整体运筹等方面顺利推进两馆建设,直奔"城市让生活更美好"的主题。中国2010年上海世博会对上海博物馆来说是一个历史机遇。世博精神可以提炼成"欢聚、沟通、展示、合作"八个字,世博精神是文化多元与文化融合的精神。世博精神的延续是科学精神的凝聚、人文精神的融合、时代精神的展示。世博会期间,上海作为世界文化展示的大舞台,以先进的、国际化的方式,向世界介绍中国的文化艺术,展示上海的城市文化，上海世博会积极促进世界各国的文化交流，使上海世博会成为世界文化，包括东西方文化交流的又一次盛会。2010年上海世博会的举办，给上海博物馆的发展带来了机遇与挑战，使上海博物馆的传统与现代、时尚与记忆、传承与发展、地域性与整体性、多样性与共同性、民族性与世界性更好地结合起来。迎世博，创未来，以“文博”助“世博”，充分体现了博物馆文化对成功举办中国2010年上海世博会的积极作用。古希腊哲学家亚里士多德曾经说过：“人们聚集到城里来居住；他们之所以留居在城市里，是因为城市中可以生活得更好。”中国2010年上海世博会的主题是“城市让生活更美好”，文博工作者从“世博”的实际出发，借览历史性博览、艺术性博览、科技性博览、综合性博览的经验，进行主题性博览的探索，在主题演绎上努力完成“破题性演绎”、“二度演绎”和“展品演绎”，在展品设计上力求小中见大、深入浅出、喜闻乐见、石破天惊、突出经典、古今结合、畅想未来、体现世博精神，兼顾“主导”与“主体”，确立“世博现场”理念，做到“逻辑联系”与“游客流动中的实际体验”相结合，重视“自主创新”、“集成创新”和“引进消化再创新”，突出城市公共设施、公共空间、公共环境、公共艺术、公共交通、公共安全等，建立“自我修复系统”，进行“开环演绎”，夯实城市史、文化史、经济史、科技史、社会发展史、思想史、文学史等跨学科演绎基础，建立评估体系，为大型演绎积累经验、积淀文化，顺利推进两馆的各项筹备工作。世博与文博的互动发展，为中国2010年上海世博会的顺利举办作出了贡献。

实践证明，公共文化服务体系中的博物馆文化已显示出自己的力量与智慧。

附：上海博物馆简介

上海博物馆是一座中国古代艺术博物馆，筹建于1950年，1952年12月21日在南京西路325号（原跑马厅大厦）正式开馆。1959年，上海博物馆迁至河南南路16号（原中汇银行大厦）。

1986年以后，上海博物馆花5年时间，分期分批改建完成了青铜、陶瓷、书画、古代雕刻四个陈列室，陈列内容体现了新的学术研究成果，陈列形式有新的突破，陈列面貌焕然一新，达到国际一流水平，受到国内外专家学者的一致好评。

1993年8月，上海博物馆新馆建设工程在人民广场开工，1996年10月12日正式建成开放。新馆建筑高29.5米，占地面积1.1万平方米，总建筑面积3.92万平方米，建筑造型为方体基座与圆形出挑相结合，具有“天圆地方”的寓意。整个场馆共分为6层，地下2层，地上4层。新馆共设10大陈列专馆。

中国古代青铜馆陈列面积1 200平方米，展出藏品400余件，分为青铜工艺、边远地区青铜工艺、铸造技术三个部分。第一部分集中陈列商周时代具有代表性的精美青铜器，体现我国青铜工艺的辉煌成就；第二部分展示古代边远地区民族的青铜器在民族文化交流和融合过程中的杰出成就；第三部分着重展示古代开矿、冶炼、陶范制作和合金浇铸等青铜器铸造过程的实物和示意模型，突出古代青铜冶炼技术的成就。青铜馆采用绿色为主色调，着重突出凝重古朴的历史感，在300米长的展线上，打破单一空间模式，利用壁龛和中心柜的自由组合，以空间变化和展品器形的不同变化，使观者不断产生新鲜感。

中国古代雕刻馆面积约600平方米，陈列以历代佛教造像为主，以金、红、黑三色构成基本色调，莲瓣形的隔墙、佛龛式的壁橱和露置的陈列形式为展品添加了生命的律动，使观众产生流连于石窟寺的感受。100余件展品上起战国，下至明代，展示富有民族传统的雕塑艺术成就，尤其是中国佛像雕塑艺术的展示，可以让观众从中体察到佛教作为一种外来文化，最终与中国民族文化融为一体的发展过程。

中国古代陶瓷馆面积1 500平方米，分7个部分陈列500余件陶瓷精品，由新石器时代的彩陶、灰陶至唐代南方青瓷和北方白瓷，再经宋、金、辽时代百花齐放的青釉、白釉、黑釉和彩绘瓷，最后到元、明、清三代作为中国瓷业集大成者的景德镇制品，集中地展示历代名瓷佳作，系统地体现了8 000年间中国陶瓷发展的历史。陈列的最后部分还专设了瓷窑复原模型，再现古代制瓷工艺的历史场景。

中国历代绘画馆陈列面积1 200平方米，展出120余件历代绘画精品，上自唐宋元名迹，下至明代浙派、吴门画派、松江画派，清初四王、四僧、扬州画派和清末海上画派的杰作。这些风格多变、独具创意的作品，反映了中国绘画的悠久传统和底蕴。整个展厅内长廊飞檐，轩窗低栏，以传统的古建筑风格透出儒雅的书卷气息，在陈列的形式设计方面以明敞、简洁、典雅为特色。为有效地保护古代绘画作品，并方便观众欣赏，陈列室内采用了自动调节光照的感应射灯。

中国历代书法馆是上海博物馆新馆特别辟出的独立专馆，整个展厅面积为 600 平方米，展出约 80 件书法精品，重点突出了唐宋以降各个时代的名家手迹，系统展示了中国书法艺术的历史轨迹。

中国历代玺印馆陈列面积 380 平方米，是目前世界上第一个专题陈列玺印篆刻的艺术馆，展出的 500 余件玺印篆刻，是从馆藏万余枚印章文物中遴选出来的具有代表性、艺术性的精品，以印章艺术的发展历史为线索分为四大部分，上自西周，下迄清末，向观众展示了中国印史的悠久历程和艺术风貌。

中国古代玉器馆陈列面积 500 平方米，共展出上自史前时期、下至清代的历代玉器珍品 400 余件。2007 年至 2008 年上海博物馆对玉器陈列进行了改造，调整了陈列体系，增加了反映最新考古成果的展品。馆内陈列照明采用最新的现代化光导纤维技术和独特的底座设计，使得每件展品晶莹润泽，展现了优美雅致的陈列效果。为使观众更好地了解治玉工艺，还新增了多媒体设备。

中国明清家具馆陈列面积 700 平方米，分五个部分陈列中国古代家具 100 余件，包括造型洗练、线条流畅、比例匀称、榫卯严密的明代家具，用料宽绰、体态凝重、装饰繁缛、厚重华丽的清代家具，以及上海地区明代潘允徵墓出土的一批珍贵家具模型和木雕仪仗桶。为再现古代家具的使用场景，还复原了明代的厅堂、书房和清代的宫室。陈列布局上巧妙利用古代建筑中的花墙、漏窗等形式，增加了展厅的层次感。

中国少数民族工艺馆陈列面积 700 余平方米，集中陈列了少数民族的服饰工艺、染织绣、金属工艺、雕刻品、陶器、漆器、藤竹编和面具艺术作品等近 600 件，表现了少数民族工艺品绚丽纷繁、巧思独具的奇异风格，反映了各族人民对美好生活的追求和愿望。陈列馆以暖色为基调，陈列形式新颖别致。

中国历代钱币馆陈列面积 730 平方米，展出文物近 7 000 件。2005 年上海博物馆对货币馆进行改造，对原有展品进行了大幅度调整，按中国历代货币发展史陈列、施嘉幹先生旧藏钱币专室和杜维善、谭端言伉俪捐赠中亚古国丝绸之路货币专室三部分布置陈列体系，反映了学术界最新的研究成果。在展示形式上注重以人为本，新增视屏和触摸屏两种多媒体辅助陈列内容，搭建起与观众的互动平台，使观众能对中国古代的货币文化有直观的了解。

三个临时展厅用于举办各类特别展览，其中第一临时展厅面积 1 000 平方米，第二临时展厅面积 800 平方米，第三临时展厅面积 300 平方米。

自新馆建成开放以来，上海博物馆致力于积极策划和引进专题展览，大致可分为“世界古文明系列”、“我国边远省份和文物大省文物珍品系列”、“具有重大文化意义的中外文物艺术大展系列”三个板块，重要展览包括：大英博物馆藏古埃及艺术珍品，意大利前罗马时期文物精品展，大英博物馆藏亚述珍品展，新疆丝路考古珍品展，周秦汉唐文明大展，晋侯墓地出土文物精华展，晋唐宋元书画国宝展，淳化阁帖最善本特展，纽约现代艺术博物馆藏绘画名作展，叶卡捷琳娜二世与俄罗斯帝国的黄金时代，日本、中国藏唐宋元绘画珍品展等。

除上述三大系列外，上海博物馆还多次举办馆藏文物精品展和捐赠文物回顾展，包括：甲骨文发现一百周年特展、顾公雄家属捐赠过云楼藏书画精品展、菲律宾庄万里先生两塗轩珍藏书画精品展、百岁寿星潘达于捐赠大盂鼎大克鼎回顾特展、顾绣珍品特展、荷兰倪汉克捐赠明清贸易瓷展等。

上海博物馆还积极开展对外文化交流，通过合作办展、参加或组织国际学术讨论会、交流考察、建立资料交换机制等方式，先后与英国大英博物馆、日本国立东京博物馆、日本国立奈良博物馆、俄罗斯艾米塔什博物馆、台北故宫博物院建立了友好关系，进行定期的业务交流。

关于博物馆创新教育模式的几点思考

Some Thinking about the Innovative Education of Museum

豆　翔*
（海军上海博览馆）

摘　要： 博览馆要用多种模式挖掘创新教育的方式，拓宽教育形式，发挥社会教育功能。本文研究了传统模式、互动模式、文化模式、信息模式和共赢模式，并对比相互之间的关系，发现不同形式能带来不同的教育效果。教学是传统的模式，实践是互动的模式，艺术是文化的模式，媒体是信息的模式，合作是共赢的模式。不同的模式发挥着调动观众探索、研究博览馆的热情，提升博物馆的教育功效等不同的作用。

关键词： 创新模式　教育模式　博物馆功能

Abstract: Museum should use various models to excavate the innovative education way, broaden the education form, and exert the social education function. This article studied the traditional model, interactive model, cultural model, information model and win-win model, compared the relationship among them, and digged out that different education way brought different effect. Teaching is a traditional pattern, practice is a interactive mode, art is a cultural mode, media is a information model, and cooperation is a win-win model. They play different roles in mobilizing the visitors interesting to explore and research the museum, and improving the effects of museum education of the museum.

Keywords: Innovation Mode, Education Mode, the Function of Museum

长期以来一些博物馆都以"雅文化者"自居，拒众人于千里之外，形成了"闭门自守，坐等参观"的模式。单一的服务方式使得这些博物馆即使在免费开放的情况下依然门庭冷落，丰富的实物馆藏资源也不能较好地实现它的教育目的。在物质和精神文明高度发展的今天，"以人为本，服务社会"已成为博物馆开展各项工作的出发点和落脚点，如何拓宽教育渠道、创

* 作者简介：豆翔，男，海军上海博览馆馆长。

新教育模式，如何最大限度地发挥其社会教育功能，值得博物馆从业者思索。

一、教学——承载着博物馆教育功能的传统模式

在信息化时代的今天，博物馆依然是传统的教育教学的主阵地，是广大群众获得知识的主渠道。博物馆承载着教育功能，就必须充分运用课堂平台，将场馆教育融入院校教学计划，这是提升博物馆宣教功能的有效途径。博物馆实施的社会教育与院校教育的作用是相辅相成、相得益彰的。据不完全统计，在当今时代，青少年学生中有 60% 在不同阶段参观过不同的博物馆，由此可知，青少年学生在博物馆社会教育服务对象中占据了极大的比例。但在大力提倡素质教育的今天，一些博物馆和院校间还是缺乏必要的联系和合作，许多博物馆教育基地工作只是流于形式。如何真正落实好这项工作是我们需要认真研究和解决的。一直以来，博物馆在如何面向社区、院校等团体组织上在做积极主动的尝试。博物馆主动融入社区、院校的建设中，把关怀、研究、服务社区学校作为自己的实践目标，积极适应所在区域文化市场的要求，努力满足人民群众的文化需要。有的博物馆探索实施了“先期授课、预约参观”的教学模式，即将过去接受教育主要集中到场馆参观进行，转变为把相关内容融入各院校课堂教学，通过提前安排工作人员到预约参观的院校给学生上课、介绍博物馆情况的方式，为参观做好知识铺垫，这调动了观众参观积极性，增强了博物馆教育渗透力。如，海军上海博览馆在加强爱国主义教育中，就以海洋知识、海洋国土、海军历史为主线，结合青少年学生的教学课程和场馆展示内容，从“爱国、爱军、爱海”三个方面精心设计课题，组织教员先期到院校授课。同时让学生在参观结束后自主开展研究性学习，通过定期开展课题讨论和成果展示，引导广大青少年学生发现书本和课堂没有涉及的知识，调动学生探索和研究的积极性，持续激发学生的爱国热情。

二、实践——增强博物馆教育效能的互动模式

“实践是认识的阶梯。”博物馆要增强吸引力，提高观众参观兴趣，就要多渠道多角度地引导观众动手操作、亲身实践，让展览多与观众产生互动，多配备一些视听装置，多设计一些观众操作程序，让观众在各种模型上实际体验，一试身手。让观众感受到走进博物馆不再只是看，还可以动手、动脑、动眼、动口、动心，使观众在感性认识的基础上，产生理性化的思考，以此来强化教育效果。为此，加强与观众之间的互动已经成为博物馆增强教育功

能的重要手段。互动既提高了观众的参与度，也提升了博物馆教育的内涵。如，海军上海博览馆采取电子投影、模拟射击的方式，组织观众操作使用舰炮模拟海空射击等项目；同时，结合海军部队的特点，增设旗语练习、绳结训练项目；制作一批可供拆装的军舰模型，让广大青少年自己动手组装，从而加深青少年对军舰、海军的了解和认识。这些将极大地提高观众的参与度，提升博物馆教育功效。

三、艺术——提升博物馆教育感染力的文化模式

艺术行为直接影响感官，具有很强的冲击力和感染力，容易引起观众的情感交流和情感共鸣。在城市化进程快速推进的今天，城市面貌已趋于雷同，而通过地域文化、特色展览等形式教育市民，是博物馆提升教育感染力的一种有效手段。这既可以增强其文化的个性意识，也可以丰富城市文化内涵，提高城市文化品位，张扬城市文化个性。为此，博物馆可以结合自身的特点和馆藏资源，多举办一些具有地域文化艺术特色的展览，运用艺术手段来展示博物馆文化，并呈现给广大群众，这是最直接最有效的文化熏陶，一定会受到社会的欢迎。博物馆作为艺术的集中体，当然应该让文学、音乐、绘画等艺术元素，作为爱国主义教育的有效载体，做好发展，做好建设。如，海军上海博览馆正在筹建的海军服饰馆，就以服装艺术的形式丰富和拓展博览馆爱国主义教育的元素和渠道，通过展示人民海军成立以来的历次军装变革，以服饰演变史的角度从另一个侧面反映人民海军现代化建设的发展成果，增强爱国主义教育效果。

四、媒体——创新发展博物馆教育的信息模式

随着社会的高速发展，科技的日益创新，以手机、互联网等移动传媒为载体的新媒体时代已经到来，而以微博、微信为代表的“微时代”也紧跟步伐。如何发挥新媒体在博物馆中的作用，成为我们创新教育模式的重要课题。新媒体具有传播速度快、传播范围广、参与性和互动性强等特点，这对于打破传统的博物馆宣教模式是一个大胆的尝试和挑战。现在很多博物馆都已经开通官方微博、微信、微展览、微电影，除介绍本馆基本情况、展示教育资源等功能外，还能及时更新本馆活动信息，甚至设计网络答题索票、网上预约参观等方便、快捷、有趣的宣传形式，让大众及时了解场馆动态，大大提高了场馆关注度和游客参与度。随着高科技手段的运用，博物馆教育传播的手段随之增强。这不同于以往只靠讲解员现场讲解来获得细节内容，多种科技手段的展示方式成为参观者乐于主动了解博物馆教育内容的途径

之一。在一些新建的现代博物馆中，一些最新技术展示手段已被广泛应用，如实景再现的陈列手段及交互式自助设备的应用手段，是较为引人注目的技术。实景再现的陈列手段就是根据史料，在一定空间内部复原历史场景的一种展示方法。例如，有的博物馆在讲述清朝政府割让香港的历史时，为了复原当时的场景，通过约 10 分钟的 3D 电影纪录片，真实再现了这段屈辱历史。与普通的纪录片不同的是，实景再现具有更强的临场感，仿佛使人置身波澜壮阔的历史事件当中，既以广阔的视角强化对历史事件的解读，又容易为观众所接受，这就是新媒体的魅力。

五、合作——承接和推广博物馆教育的共赢模式

以合作求创新，以创新求提高。加强业内交流与合作，积极参加各种博物馆国际学术研讨会、论坛，构建资源共享平台，互相启发、互相借鉴，开创业内合作新模式。博物馆应主动加强与各行业间的沟通，为当地各行业服务，如为企业举办企业文化、企业成长历程、企业产品等展览。通过这些展览既为企业做了优雅的文化广告，提高了企业知名度、信誉度，增加了企业经济效益，同时也提高了博物馆自身的知名度。尤其是在大众传媒、信息网络不断发展的今天，合作已为各博物馆之间开展研究性的学习交流提供了坚实的物质基础。众所周知，当今的时代是信息竞争的时代，在科学技术发展日新月异的今天，博物馆之间要注重培养交流合作的意识，因为知识传播已不再是单向传递，而是双向交流。为此，笔者认为，博物馆之间交流合作的目的，一是让信息资源得到真正的充分共享和共同利用；二是使双方密切关注信息、科学、文化的变化，以此得到最大的效益。合作能使双方共赢，从而最大程度地发挥博物馆的功能。

附:海军上海博览馆简介

海军上海博览馆座落在长江口的吴淞军港,创建于1991年,占地面积18 000平方米,展区面积9 000平方米。它的前身是“长江”舰纪念馆,曾专门陈列展示毛泽东同志视察海军时乘坐过的“长江”舰。1992年11月21日,中共中央总书记、中央军委主席江泽民同志莅临海军上海博览馆视察时指示:“要把这里建设成青少年爱国主义、国防观教育基地”,并欣然题写了馆名——海军上海博览馆。十多年来,在各级领导的亲切关怀和大力支持下,海军上海博览馆从原来简单的海军历史展,逐步建设和发展成为拥有海军历史馆、海军兵器馆、轻武器射击馆、海洋珍奇贝壳馆等七个展馆的国家级爱国主义教育基地和科普教育基地,是全国仅有的两家宣传海洋和海军知识、反映海军历史、展示人民海军建设成就的海军博物馆之一,是上海市全民国防教育基地、专题性科普场馆以及东海舰队战斗精神培育基地。建馆以来,博览馆积极开展各项社会教育活动,特别是在对广大市民和青少年进行爱国主义和科普教育中发挥着重要作用,取得了良好的社会效益和政治效益。

企业博物馆的特性与价值
——以招商局历史博物馆为例

The Characteristics and Value of the Enterprise Museum With the History Museum of China Merchants as an Example

樊 勇[*] 肖 斌[**]
(招商局历史博物馆)

摘 要: 近年来随着社会经济的发展,国内涌现出许多企业博物馆。这类企业博物馆是新型的、充满朝气的博物馆类型。探析深圳第一家企业博物馆——招商局历史博物馆,我们可以了解企业博物馆的特性与价值。它表现出独特性、公益性以及实业与文化的融合性等特点。同时,它不仅承载了保存企业历史遗存、展示企业形象、传播企业文化的任务,同时也搭建了企业与社会的沟通平台,为社会公众提供公益服务,推进社会教育。

关键词: 特性 价值 招商局历史博物馆

Abstract: In recent years, with the development of society and economy, many enterprises museums emerge. This kind of museum is a new, vibrant type of museum. The Historical Museum of China Merchants is the first enterprise Museum in Shenzhen. We can understand the characteristics and value of the enterprise museum. It demonstrates the unique nature, public welfare, integration about industry and culture etc. At the same time, it carries not only preserving the historical heritage, displaying corporate image, corporate culture and communication, and also building a platform, or a bridge between enterprises and society, to provide public services for social public and promote social education values.

Keywords: Characteristics, Value, the History Museum of China Merchants

近些年随着国家经济的大发展,国内涌现出许多企业博物馆。企业博物馆是一种新型的、充满朝气的博物馆类型。它在一定程度上填补了博物

---

* 作者简介:樊勇,女,招商局历史博物馆馆长。
** 作者简介:肖斌,男,招商局历史博物馆助理研究员。

馆的某些空白，丰富了博物馆的存在形式。作为企业博物馆，与其他类型的博物馆相比，它有什么特殊之处？它存在的价值是什么？它对企业的价值，甚至是社会的功用又有哪些？探讨这样的问题，有益于认清企业博物馆的实质，也有益于对未来企业博物馆的发展方向和路径作出更好的定位。本文以招商局历史博物馆为例，探析企业博物馆的特性与价值，以期与方家讨论。

一、企业博物馆“因独特而绽放”

企业博物馆最早出现于西方国家，是工业革命带来的企业繁荣的结果。当时西方实力雄厚的企业通过建立企业博物馆来展示企业品牌，提升企业的影响力。进入上世纪 80 年代，西方发达国家的企业，更加注重企业博物馆对企业本身文化的传播和展示作用。这种注重企业文化的潮流也影响着中国，探讨企业的可持续发展则更加突出了企业文化的作用。国内企业博物馆在改革开放后逐渐出现，尤其是进入新世纪的前十年，企业博物馆的建设呈现雨后春笋之态势。

企业博物馆同传统意义的博物馆不一样，它极具特色，拥有独特的个性。

1. 突出行业特色

企业博物馆是在企业的基础上发展而来的，它所展现的主要以企业发展历程为主，行业性较强。不管是西方国家，还是现代中国建立的企业博物馆，绝大多数强调某一行业的文化，从这个行业的源头开始，梳理行业发展的历史变迁过程，以实物、图片、影视等形式展示该行业的特色。这是企业博物馆相较于一般意义上的博物馆所具有的特殊之处。

2. 在服务企业自身的同时，着力于为社会公众提供公益性服务

企业博物馆作为企业的文化机构，需要以企业的经营发展为着力点，这是企业博物馆的内在性质所决定的。如招商局历史博物馆，作为招商局企业历史的重要的展示平台，为招商局的企业发展提供服务是它的主要功能。助推企业品牌的建设就是助推企业软实力的发展，也是企业做大做强，走持续发展的有力渠道。

但同时，为社会公众提供公益性服务则是企业博物馆的核心职能。企业作为社会公民，其发展壮大的企业历史、在特殊时期承担的社会责任、做出的历史贡献、产生的社会影响以及长期积累沉淀形成的企业价值观都是开展社会教育的重要内容，企业博物馆承担着公众教育的社会职责和使命。招商局历史博物馆积极参加“走进博物馆”、“百万市民看深圳”、“中国港口万里行”等社会活动，通过这些公益性活动，很好地传播了企业的历史文化。

3. 实业与文化融合

企业博物馆展示了与企业相关的企业产品、经营管理、发展沿革、价值追求、精神气质，是实业和文化融合的重要阵地。现代企业在竞争中特别关注企业品牌的塑造，强调企业文化的推广，而企业博物馆正是推广实业文化的最佳载体。

二、企业博物馆于企业、社会两有裨益

改革开放以来，中国企业得到了快速发展。实力不断增强做大的企业纷纷建立起自己的企业博物馆。作为企业博物馆，它的价值何在？招商局历史博物馆创设于2004年，以收藏招商局的历史文物、展示招商局的发展历程、研究中国近现代经济发展为宗旨，是深圳市第一家企业博物馆。其设立迄今已十年，下面以招商局历史博物馆为例，探讨企业博物馆的价值与力量。

第一，企业博物馆是企业历史遗存的收集、保护、管理中心。企业博物馆的建设，其工作队伍、专业力量、工作机制将有效地加强对企业历史文化的收集和保护，并形成持续的良性发展机制，促使企业全面重视对历史传统的继承和保护。

企业博物馆的建设，促使企业将多年积累的、分散的文物史料进行系统化、科学化的收集、分类、管理、利用，将企业潜在的历史文化遗产发掘出来，进行统一的、有体系的保护、管理和利用，梳理企业发展脉络，总结历史经验教训，树立企业品牌形象，充分发挥文物史料的作用。

企业博物馆的机构设置中，企业的历史文化保护工作应职能明确、责任到位，要有稳定的、专业的工作队伍，长效的运行机制和文物史料保护的软实力条件。一方面，企业博物馆的工作加强了对企业历史文化的收集、管理与利用；另一方面，企业博物馆的宣传、展示、教育职能的发挥，将不断强化企业的历史文化保护意识，促使企业对历史文化工作进行持续的关注与投入，从而形成良性运行机制。

成立招商局历史博物馆后，文物收集工作全面展开，招商局各个时期的文物史料收集工作在近几年取得了可喜成绩。每一个新展览的举办，都会带动新史料的收集进馆，也会将相关的历史研究推进到一个新的高度，新展览、新史料、新的研究成果并驾齐驱，让企业真真切切地感受到博物馆在企业历史文化的研究展示方面的工作成效，感受到博物馆工作为企业经营发展带来的推动力，从而促使企业主动投入，重视历史，发展文化。

第二，企业博物馆是企业形象的展示中心和企业历史文化的传播基地，是企业与社会沟通交流的重要手段。

在商界对企业有着这样的评论：一流企业做文化，二流企业搞营销，三

流企业卖产品。随着经济的发展，竞争越来越激烈，什么样的企业能持续发展？什么样的企业能基业长青？诸多学者与企业家都认为，企业的文化与企业的持续发展有密切关系。世界500强企业非常注重企业文化的塑造和传播。企业博物馆承载着企业的历史信息和发展物证，是企业对外形象的展示中心。企业所蕴含的丰富的历史文化，借助博物馆这一平台可以得到很好的传播和宣扬，这是企业与社会沟通交流的重要手段，快捷、系统、高效、准确且令人印象深刻。

招商局是洋务运动时期创办的一大批民族工商企业中留存下来的唯一企业，其后来的发展与中国社会的发展紧密相关。招商局在辛亥革命、抗日战争、改革开放等重大历史关头的选择，给人留下了深刻的印象；招商局作为民族企业代表的形象深刻地留在观众的印象中，其发展历程中开拓、创新、务实、高效的企业文化更是不言自明，让参观者感同身受。这种沟通，在企业内部，增强了员工的凝聚力和归属感；在社会中，则增强了社会对企业的了解和认同。这就是形象展示和文化传播的价值所在。

第三，企业博物馆是企业发展脉络和运行信息的主要载体，它深刻反映了企业自身的业务发展、业务成就和市场地位，是赢取商业信任、企业口碑和社会关注的重要途径。

企业博物馆是企业发展脉络和运行信息的主要载体。客观地展现企业的发展历程、实事求是地展示企业的经验和教训，能够反映企业的反思能力、自我进化能力。一个成熟的企业是不惧怕展示失败的。因此，全面客观地展示企业的经营状况、业务成就、市场地位，增强企业信息的透明度，有助于加深商业合作方的了解和认知，进而减少沟通障碍，扩大共识，并最终为企业赢得商业信任、口碑和社会关注度。这是企业博物馆的特色之一，也为企业的发展提供了助推力，进而为社会的经济活动提供服务。

近十年来，招商局集团的重要合作方在初期接触招商局时一定会先参观招商局历史博物馆。博物馆展示的招商局的产业渊源、企业发展的低谷高峰、大胆开拓创新的实证，都为商业谈判、合作赢取了信任，缩短了运作周期，提升了效率。这得到了有关各界的深度关注，取得了较好的口碑。

第四，企业博物馆不仅反映了企业自身的历史，同时也反映了企业所处时代和社会发展更替的历史。企业的成功与失败，与社会大潮息息相关，是一个时代的浓缩和局部反映。展示、研究企业历史对总结社会发展的历史经验有着重要的价值。

企业博物馆展示的企业史是社会经济更替历史的局部反映，是时代烙印和社会发展的缩影。企业的发展与社会经济发展紧密相关，时代的进步与否、社会的安定与否等都深刻影响着企业的发展；同时，企业的发展状况或发展趋势也折射出社会经济发展变迁的轨迹。因此，企业博物馆所保存的历史文物，对社会经济发展的研究具有重要价值。所谓“知一叶而见树林，窥一斑而见全貌”，以小见大、以局部反映全局的效应正是企业博物馆的价值之一。

创立于1872年的招商局，其企业史是中国近现代社会经济发展的典型缩影。创办招商局的历史，就反映了洋务运动中洋务派探索国家的出路，由求强转向求富的历史；招商局沉船御敌的壮举，就反映了国家危难时全民同仇敌忾的历史；招商局在蛇口打响开山第一炮，揭开了中国改革开放的大幕……招商局历史博物馆所展现出来的企业发展进程无一不与时代进步和社会发展相联系，这些对于历史研究而言，无疑具有不可或缺的价值。

第五，企业博物馆反映着企业的核心价值观，它不仅是企业自身的文化教育基地，而且具有普遍的社会教育功能。

企业博物馆所倡导的企业核心价值观，一方面直接服务于企业，为建设良好的企业文化氛围提供精神指导，激励员工，凝聚力量；另一方面，因其是从社会经济发展中提炼出来的核心价值观，具有普遍社会教育意义。企业博物馆作为公共服务机构，对社会承担着"育人"的职责，因此，企业的核心价值观对于社会公众而言，也是有益的精神食粮。

招商局的企业核心价值观为"与祖国共命运，同时代共发展"，这一价值观得到了社会各界的普遍认同。每至寒暑假，招商局历史博物馆就会迎来参观的高峰，深圳、港澳地区的学子以及全国各地的游客纷至沓来。吸引他们的主要是招商局140多年与祖国共命运的企业历史文化。也正因如此，招商局历史博物馆荣获"中共广东省爱国主义教育基地"、"中共深圳市爱国主义教育基地"、"深圳市红色旅游景点"等称号。

2008年招商局历史博物馆举办反映招商局创办中国改革开放试验田——蛇口工业区的大型图片展《春天的故事》，比较系统地展示了蛇口首开国门、开拓创新、迅速发展的全景画面，生动地体现了中国改革开放从萌芽到壮大、从蛇口一马当先到全国万马奔腾的历史进程。展览受到了社会各界的热烈欢迎，掀起了参观热潮，三个月接待观众达10 000人次。全国各地新闻媒体纷纷前来采访报导；深圳市各机关团体企事业单位积极响应，前来参观学习。许多亲身参与深圳和蛇口开发建设的老同志看后非常感慨，许多后继者们则深受启发和激励。招商局开拓、创新、敢为天下先的精神，得到了广泛认同，起到了很好的社会教育作用。

附:招商局历史博物馆简介

招商局历史博物馆于2004年9月开馆,隶属于招商局集团,是深圳第一家集文物征集、收藏、展示、教育、研究、学术交流于一体的企业历史博物馆。

招商局历史博物馆位于深圳蛇口沿山路21号,占地面积3 430平方米,建筑面积6 153平方米,用于展览的总面积近2 000平方米。招商局历史博物馆设有常规展览:一楼展厅“一八七二到今天”,由晚清时期的招商局(1872～1911)、民国时期的招商局(1912～1949)、新中国成立后的招商局(1949～1978)、改革开放以来的招商局(1978～2000)和走向新世纪的招商局(2000～至今)等五部分组成,展示了招商局从1872年成立至今140多年的发展历程。另外在1～3楼通道间设有三个小型专题展:招商局港航、招商局印谱、招商局历史建筑。招商局历史博物馆还结合招商局历史节点和社会发展热点,每年举办短期专题展览,如“春天的故事”、“袁庚”、“香港招商局起义”、“李鸿章与招商局”等大型图片展览。

招商局创办于1872年,在跨越三个世纪的历程中,招商局的前辈们留下了许多珍贵的历史文物,如,李鸿章奏请清廷批准创办招商局的奏折、开办之初招商入股照会、招商局第一个章程、招商局股票、龙头印章、晚清漕运文献、招商局抗日沉船的船体遗骸、香港招商局起义生死决议、李先念副总理批准建立招商局蛇口工业区圈划的地图、邓小平题写的“海上世界”,以及众多中央领导、各国政要题字和名家书画等。

这些历史文物真实地再现了招商局140多年来的艰辛足迹,反映了我国民族工商业一个多世纪以来的艰难历程,对研究和展现招商局史、中国民族工商业发展史、近现代经济史,尤其是改革开放史,具有重要的意义。

试述大运河申遗背景下的舟船文化价值

Cultural Values of Boats in the Context of China's Application for the World Heritage Status for the Grand Canal

何建春*
（嘉兴船文化博物馆）

摘　要： 中国大运河正在申请列入世界文化遗产名录。本文从舟船的历史、运河的起源，以及运河因船而发展的关系，试述中国大运河申遗背景下的船文化价值，以期引起申遗专家们的重视，进一步弘扬舟船文化。

关键词： 大运河　申遗　船文化　价值

Abstract: China is applying that the Grand Canal could be included in the World Heritage List. This paper tries to explore the cultural values of boats against the background of China's application for the World Heritage status for the Grand Canal from the history of boats, the origin of the Canal and its development because of boats, with the intent of raising the awareness of experts in this regards and to further promote the boat culture.

Keywords: Grand Canal, Application for the World Heritage Status, Boat Culture, Values

2006 年全国政协十届四次会议期间，58 名政协委员联名提交提案，提出大运河应申请加入世界文化遗产名录；同年 5 月，国务院公布大运河为全国重点文物保护单位；同年年底，国家文物局将大运河列入《中国世界文化遗产预备名单》。2007 年 9 月成立“中国大运河申遗办公室”，正式启动大运河申遗工作。2013 年元月，国家文物局正式向联合国教科文组织提交申报世界文化遗产文本，并确立了 2014 年申遗成功的目标。

列入大运河遗产的类别有运河水利工程及相关文化遗产、运河聚落、其他运河物质文化遗产、运河生态与景观环境、运河相关非物质遗产等五大类，而运河的主角——船，却不在其中。为此，本文试述中国大运

---

* 作者简介：何建春，男，嘉兴船文化博物馆馆长。

河申遗背景下的船文化价值，以期引起申遗专家们的重视，进一步弘扬舟船文化。

一、运河因船而生

无论是文献记载，还是考古发现，舟船的历史均比运河悠久。

从最早的文字中，即甲骨文中就能找到许多与“舟”有关的文字，如“舟”、“船”、“帆”等，同样从殷商出土的青铜器的金文中也能找到“舟”、“船”二字，青铜器上还刻铸有古人操船的图形。历史典籍中，共有8本古书，介绍了11位舟船的发明人，如《周易·系辞下》记载黄帝、尧、舜“刳木为舟，剡木为楫，舟楫之利，以济不通，致远以利天下”；《山海经》、《墨子》、《世本》、《吕氏春秋》、《拾遗记》等相继介绍了轩辕氏、共鼓、货狄、巧垂、后稷、虞姁、番禺、伯益、道叶等人发明了舟船。各种说法不一，但古书中记载的发明舟船的巧匠均是夏代之前的先民，说明夏之前舟船就出现了。尔后，相关典籍中记载了许多有关舟船的重大历史事件，如武王伐纣时乘舟渡孟津关、于越献舟等，同时代甚至出现了苍兕、舟牧等管船的官员。由此可见当时舟船业的发达。

恩格斯说：“火与石斧通常已经使人能够制造独木舟。”2002年，杭州市跨湖桥新石器遗址出土一艘独木舟。独木舟由松木制成，船头上翘，宽0.29米；舟宽0.52米。在离船头1米处及舷内发现多处黑焦面，表明独木舟是先用火烤焦，再用石锛加工的。独木舟东南侧还发现两只木桨，其中较完整的木桨长1.4米，附近还发现有石锛和锛柄。据C^{14}测定独木舟距今8 000余年，且据有关专家从船型和结构考证，该船决非海上行驶之船，而是一艘内河船。另外，湖州钱山漾、余姚河姆渡，以及良渚文化遗址均出土了独木舟和雕花木桨。

用“运河”一词称呼人工开挖的通航水道最早见于北宋欧阳修编撰的《新唐书》，接着“大运河”一词出现在南宋潜说友编修的《咸淳临安志》中。中国大运河的历史，肇始于公元前486年。当时，吴王夫差为北进中原与齐争霸，以邗城为起点，利用江、淮间湖泊密布的自然条件，就地度量，局部开挖，把几个湖泊连接起来。此即历史上著名的“邗沟”，其开挖的时间足足比舟船史晚了几千年。

二、运河由船而发展

纵观运河的发展史，战争和漕运是推动其发展的两大动力，而无论是水上战争，还是漕运，都离不开船。

以嘉兴为例，运河发展经历如下阶段：

先秦时期的百尺渎 据《越绝书·越绝外传记吴地传》说："百尺渎，奏江，吴以达粮。""百尺渎"，开挖时间不详，但在公元前496年吴越"槜李之战"时就已存在。"百尺渎"入钱塘江处称"百尺浦"，百尺浦在今萧山河庄山侧（河庄山原在钱塘江北岸的海宁盐官西南，宋元以后，因钱塘江江道北移，其山遂隔在南岸今萧山境内）。由钱塘江循百尺渎北上，经崇德，可以到达吴国国都，再往北，通过吴国的"吴古故水道"，可以"入大江、奏广陵"，即到达今天的扬州。

秦朝的陵水道 春秋战国时期已经形成了从越王浦，经嘉兴、苏州，到江阴利港这样一条连接钱塘江和长江的水道。秦始皇灭六国以后，为了加强对东南吴越楚地区的统治，又对这条渠道进行了整治。在太湖西北面，秦朝开凿了丹徒至丹阳的河道。在太湖东南面，秦朝开凿了另一条河道。《越绝书·越绝外传记吴地传》称：秦始皇时堰嘉兴马塘为陂，从嘉兴"治陵水道，致钱唐，越地，通浙江"。秦之钱唐县即今杭州。这样，嘉兴到杭州的水道便沟通了起来。"陵水道"即挖土修筑陆道形成的人工渠道，水陆交通两具。至此，由今江苏镇江，经江苏丹阳、苏州，浙江嘉兴，直到杭州，沟通长江和钱塘江的水上渠道，经过历代劳动人民的分段疏通开浚，到秦朝时期终于形成，初步奠定了江南河的基本走向。

东晋时开凿的荻塘 东晋吴兴太守殷康开凿了荻塘，引余不溪、苕溪之水，自乌程县东"合流而东过旧馆，至南浔镇，入江南界。又东经震泽、平望二镇，与嘉兴之运河合"，直接沟通了江南运河与湖州地区的水上交通，进一步扩大了运河所联系的范围。

隋朝时的江南河 隋朝建立以后，为了巩固对江南地区的控制，加强中原地区与江南地区经济上的联系，对运河进行了系统的大规模的修治。文帝时开凿了广通渠，炀帝时开凿了通济渠和永济渠。大业六年（610年）十二月，"敕穿江南河，自京口至余杭，八百余里，广十余丈，使可通龙舟，并置驿宫、草顿，欲东巡会稽"。这样，江南河浙境段，不仅成了杭嘉湖平原水运网络的主航道，而且将杭、嘉、湖、绍、宁等城市与洛阳、长安、涿郡的水路交通连接起来，为浙江境内的内河航运向中原腹地伸展奠定了基础。

唐宋时期对江南河的浚治 唐朝对江南河南段进行了浚治。长庆年间（821～824年），县令李谔在海盐县境内开凿了"古泾三百一所"，"广可通舟"，"并入官河"，使江南运河的支线深入到了产盐重地——海盐，盐运功能显著提高。清《海盐图经》载："古泾三百一，广可通舟。此则余邑水利之始，而西境田土于今独为上腴……"海盐塘又名横塘，水源来自海盐西南境澉浦诸山乃上谷秦溪、乌丘塘、招宝塘、白泽河等水。绕海盐县城，由西门出，分为两支，向北一支过沈荡经横塘流入南湖，今长54.5公里。唐文宗大和七年（833年），刘禹锡任苏州刺史时，开浚汉塘河（今平湖塘），引天目苕溪水，经嘉兴达平湖（当时为海盐地），使西来之水北汇吴淞入海，成为江南河又一条重要的漕粮盐运道支线。

唐朝时期，以江南运河为主干航道的杭嘉湖平原水运网，也有新的发展。这就是东苕溪航道的开辟。因为隋朝开凿的江南运河自临平以下循上塘河进入杭州，偏居杭嘉湖平原东部，于西部诸县仍有迴远不便。也因为上塘河主要水源之一的杭州西湖在唐初日渐淤浅，供水不足，影响航运。所以武则天天授三年（692 年），“敕钱塘、於潜、余杭、临安四县……径取道于此（东苕溪）”，开辟了东苕溪航道。此后，湖州刺史于頔又疏浚了由湖州经南浔、震泽，至平望的荻塘的河道。由此，钱塘、於潜、余杭、临安等县的漕船即可循东苕溪入湖州，然后再由荻塘进入江南运河北上。

元末的江南河改道 元朝末年，张士诚割据一方，兵船往来于苏杭之间，由于河道狭窄，不利军事行动，于是取用近道，“自塘栖南武林港，开河至江涨桥，因名新开运河，亦名北关河”。这条北关河，沿途除了有一些湖泊可资水源外，又以奉口闸引东苕溪之水补充水源。北关河由东迁南进入今桐乡境内后，即循运河进入余杭境，然后由武林港向南进入杭州。江南运河杭州段从此形成了上塘河、北关河（又叫下塘河）两条主要航道。

关于以上开凿、浚深、拓宽、截直等一个个与经营运河有关的行为的动因，有诸多说法，如运粮、贩盐、泄太湖水、操练军事等等，比较重要的是漕运。据唐人司马贞著《史记索隐》：“车运曰转，水运曰漕。”广义的漕运，即为水运。狭义的漕运意指封建王朝将征自田赋的部分粮食经水路解往京师或其他指定地点的运输方式。历代王朝都重视漕运，这是出于维护其帝王统治之根本。《隋书·阎毗传》载，隋炀帝“将兴辽东之役，自洛口开渠，达于涿郡，以通运漕”，充分说明隋炀帝开凿京杭大运河是想利用江南富裕之地的粮食补给其军队。再如，清康熙亲政之初，便“以三藩及河务、漕运为三大事，书宫上柱上”（《清史稿·靳辅传》）。由此可见，漕运之重要。

从上述运河的发展史中可以看到，正是因为行船的需要，从而带动了运河的发展。

三、大运河申遗与舟船文化的重要性

无论水上战争，还是漕运，使用的船均是木船，现虽已湮没于运河的历史长河之中，但正是这些舟船体现了运河文化景观的功能特征。

大运河在经济、政治、军事、文化等各个领域都发挥了巨大的作用，这些作用都是通过舟船实现的。大运河申遗，自然不能忘记“舟船”这个主角。

现在，我们可以从历史典籍中找出各种各样的运河之船，如春秋时吴国用于水上战争的战船有：余皇、大翼、小翼、突冒、楼船、桥船等，其中大翼船，“广一丈五尺二寸，长十丈，容战士二十六人，棹五十人，舳舻三人，操长钩矛斧者四人，吏仆射长各一人，凡九十一人”。折算一下，大翼船长约 20 米，宽约 3.04 米。越国的战船有：楼船、戈船、翼船、扁舟、方舟、舲等。

北宋张择端的《清明上河图》中画有 25 艘漕船，其中就出现了平衡舵。这种舵将一小部分舵面移到舵杆前面，这样能够缩小舵面的摆动力矩，使操纵更灵活轻便。清代江萱的《潞河督运图》，描绘了乾隆时期运河漕运盛景，河面上有官船（户部坐粮厅官员所乘）、漕船（运粮船）、驳船（转运粮船）、封河船（禁止船舶通行的小船）、导引船（开道专用船）等 150 余艘。对漕船记录最全的应是清代寓居杭州的汪启淑所著的《水曹清暇录》，该书记录了 68 种运河中的船种及其名称，有以功能命名者，如粮船（漕船或民用运粮船）、明堂船（漕帮举行入帮仪式的船）、哨船（漕帮传递号令的信船）、红船（驳运用船）、使客船（使节与旅客乘坐船）、巡江船（巡查江水用船）、快马船（巡漕官船）等等；有以船之形制特点命名者，如茅篷船（用茅草作篷者）、八桨船（船设八桨者）、双篷船（船设两篷者）、六橹船（船设六橹者）、平底桨船（船为平底而有桨者）等等；还有以大小分称者，以颜色分称者，比如舶梨船、拖风船、摆马船、大膨船、水艍船、乌舣船、跕船等等，以及茅檐船、江山船、河马船、河粮船、塘船、麻阳船、六挠船、小木船、战船、唬船、快哨船、沙船、柳船、浚船、花座船、桨船、八桨哨船、六桨船、四桨船、钓船、黄快船、红马船、宣楼船、仙船、便民船、杉板头哨船、小船、小巡船、快哨巡船、海哨巡船、双篷据船、大鹊船、两橹桨船、四橹船、一橹桨船、急跳桨船、快桨船、舶艚船、艟艚船、快马船、赶曾船、舟居船、舟彭子船、八橹船。

以上这些曾经在大运河上航行的舟船，其模型、图谱，以及古舟船上的构件、器物，还有造船遗址，都应是大运河申遗不可或缺的重要内容。

大运河申遗发起人之一的罗哲文于 2006 年 7 月 6 日在《对大运河保护与申遗工作的期望》中写到：在至今仍在活跃着生命力的中国大运河的保护与申报世界遗产工作中，除了运河本身之外，对历史航运与舟船历史的研究也同样十分重要。没有舟船，运河就无法发挥其作用，运河和舟船两者缺一不可。舟船也是一种水上的建筑，其构造与陆地建筑相差无几，而要浮游在水上则更需要特殊的工艺。中华舟船历史悠久，技艺精湛，文化内涵丰富，是中华儿女对人类文明做出的重要贡献之一，与大运河同等重要，大运河申遗不能缺少有关舟船的内容。然而由于古代舟船多为木构，且在水中航行，很难长久保存，因而目前水下沉船发掘得较少。但正因如此，运河舟船研究更值得多加关注。

附:嘉兴船文化博物馆简介

给我半天　还你八千年

嘉兴市水西门外京杭大运河之畔有一座形似正在扬帆起航的巨轮的建筑,就是嘉兴船文化博物馆,属三星级博物馆,具有浓郁的水乡特色。走进嘉兴船文化博物馆,将能聆听舟船史话,体味水乡船韵,欣赏名船风景,浏览船舶科技,尽情领略古今中外舟船的英姿与风采,深切感受江南水乡诗情画意般的景致。

舟船史话从八千年前讲起

据《周易》记载:黄帝、尧、舜“刳木为舟,剡木为楫,舟楫之利,以济不通,致远以利天下”。而 2002 年 11 月考古发掘出土的跨湖桥独木舟,展现了8 000年前浙江先民穿越时空制造独木舟的智慧。船文化博物馆的舟船史话,就此向你娓娓道来。

舟船遗址分布图和葫芦、竹筏、网坠、木桨等实物证明了祖先的聪明才智,也印证了恩格斯关于“火和石斧通常已经使人能够制造独木舟”的论断。春秋战国时期,连续不断的列国争战客观上促进了造船业的发展。舟船出现两个新特点,用途上由运兵船发展为战船,并出现了初始的风帆。当时吴国的战船有大翼、小翼、突冒、楼船和桥船,由武汉理工大学交通学院设计制作的大翼战船船模可知,大翼战船原船长 12 丈(约合 24 米),宽 1 丈 6 呎(约合 3.2 米),可容弓箭手 20 余人,桨手 50 人,是国内目前研制复原的最古老的船型。看着这一船模,可以想象当年战船搏斗、水卒鏖战的激烈场面。

汉代楼船船模高大巍峨,当时的楼船不仅是水师作战的指挥舰,而且是一座有强大威慑力的水上堡垒;晋代时的战船首次通过八槽战船船模复原,晋代的水密隔舱、汉代的尾舵和唐代的尖底龙骨被称为我国古代造船技术的三大发明。唐朝时嘉兴始建驿站,馆内的“元嘉兴路重建水驿碑”就是1998 年在市区西丽桥东堍出土的。

宋元时期内河运输非常发达,长江、运河是当时的水运干线,做工精细的宋代车轮战船船模再现了宋代战船的风采。明朝航海家郑和率领庞大的船队一次又一次地驰骋于大洋之上,从郑和宝船船模能够窥探出当年的辉煌。

参照明代宋应星《天工开物》图画记载,按照 1∶4 比例缩小复原制作的漕舫船船模,首次形象地再现了明末清初漕运的盛景。明中叶,戚继光率“戚家军”驱倭杀敌,威震东海,这一场景在戚继光大福船船模中可见一斑。

水乡船韵尽显诗情画意

走过秀城廊桥,来到梦中水乡。浩渺的太湖、古老的运河孕育了一代代勤劳智慧的水乡人,小桥、流水、人家,百舸穿梭、影影风帆,构织起一幅幅江南水乡的美丽图画，而船、水、人的巧妙融合，描绘了富有浓郁水乡特色的民俗风情，积淀了深厚的船文化底蕴。

客船、货船、农船、渔船，风帆徐徐，林林总总的船舶摇曳在吴河越水上，大大小小的舟舫行驶在烟雨楼台中，这是铜雕画《江南近代船图》展示的画面，而多媒体演示更让人有身临其境之感。砚滴是传统的文房宝品，新颖别致的舟形砚滴，仿真船制作，船头加水，舱内注水，船尾滴水，船旁栏杆可用于搁笔，船篷内两人窃窃私语，蓑衣笠帽的船工手持橹桨，平添了许多生活情趣。

清代中期，杭嘉湖一带的民间剧团叫“船台班”，演员吃住、唱戏均在船上，往来于水网乡间，深受船民的欢迎，据此制作的“水上戏台沙盘”原作就曾参加国际展览，为我国赢得了赞誉。山里人抬轿娶媳妇，水乡人用船讨新娘，在新郎讨娶新娘的迎亲船经过的河道上，不时有男女青年用船横在水上讨喜取闹，迎亲船需撒发瓜子、花生、红枣、桂圆等才能放行，这样热闹的场面在“拦水港场景”中得到了再现。荷花乡莲泗荡网船会是嘉兴地区近百年来规模最大、最能体现民俗渔情的水乡庙会，每年清明、中秋、除夕时，北到江苏、南到舟山，有千万艘船只聚集在莲泗荡内，《网船会时事风俗画》就选自《点石斋画报》的一个画面。

名船世界网罗国内外名船精品

邮票是国家的名片，一些邮票上的船舶千姿百态，富有极强的舟船文化内涵。博物馆的600多枚舟船邮票展现了国内外舟船精品，这些邮票分成古船天地、帆船世界、革命航船、海上战舰、巨轮雄姿、水乡船影、景点轻舟和体育船模八个部分，每枚邮票的详细背景均可以通过多媒体触摸屏查询。

登上博物馆三楼，名船世界向游客展示了凝聚人类文明火花的著名船舶，在那里既可感怀沧桑的历史，又能展望科技高速发展的明天，无论是国内的沙船、客船，还是国外的古罗马战舰、“皇家卡洛琳”号、“五月花号”等，都可在此见到。每一艘名船，通过解说员的讲解，告诉人们一个个改变历史进程的故事。

这些船模均是国内对古船研究的最新成果，按船型、尺度等比例复制，其流畅的造型、精湛的工艺让人啧啧称赞。

科学性、趣味性和参与性的有机融合是船文化博物馆的一大特色。如果看完航模还觉得不过瘾的话，那么在船舶科技展厅里，你还可以大大地过一把“船长瘾”，游客可以自己“驾船”游览嘉兴市环城河的水乡美景。

静与动，内与外，历史与科技，知识与趣味有机巧妙地组合在一起，形成了立体式的陈展空间，使船文化博物馆极富灵气。

博物馆事业与社会变革

The Museum Business and Social Change

何仁岳* 赵世东**
（岱山县海洋文化博物馆）

摘 要：博物馆作为人类历史文化的载体之一，其陈列的文化遗产与人类的创造力密切相关。随着博物馆事业的不断发展，现代博物馆已不再是单纯的文物珍品的收藏、保管和研究机构，而是一个具有更广泛意义的、为公众和社会服务的文化教育机构、娱乐游览场所和信息资料咨询中心。

关键词：博物馆 活力 创造力 社会变革

Abstract： As a carrier of human history and culture, the display of the rich heritage of the museum is closely related to human creativity and activity. With the continuos development of the museums, modern museums have become cultural and educational institutions、entertainment places to visit、information consultation center.

Keywords： Museums, Vigour, Creativity, Social Change

博物馆这个概念，最早是指陈列艺术珍品和自然物品的一个场所，并且为皇室或者宗教机构独享，密不宣世。随着博物馆事业的不断发展，现代博物馆已不再是单纯的文物珍品的收藏、保管和研究机构，而是一个具有更广泛意义的、为公众和社会服务的文化教育机构、娱乐游览场所和信息资料咨询中心。今年的“5·18 国际博物馆日”的主题是“博物馆（记忆 + 创造力）= 社会变革”。现在的我们又该怎样演绎“博物馆”这个简单词汇的丰富内涵？到底什么样的博物馆才能促进社会的变革呢？

---

* 作者简介：何仁岳，男，浙江省岱山县文化广电新闻出版局（体育局）副书记。

** 作者简介：赵世东，男，浙江省岱山县海洋文化博物馆馆长。

一、博物馆事业的社会教育作用促进社会精神文明建设

今天，博物馆早已不再仅仅为上层文化人士所专有，而是与普通市民的生活息息相关。现代博物馆的三个基本功能分别是实物收藏、科学研究、社会教育。其中实物收藏和科学研究是方法和手段，社会教育才是博物馆文物研究的目的及博物馆存在的真正价值和意义。因此，博物馆也具有了社会化教育、辅助性教育、休闲性教育、业余知识型教育等功能。博物馆知识型社会教育的特殊作用，是任何专业化的教学单位都不可取代的。博物馆作为传播先进文化、普及科学知识、弘扬社会正气、塑造美好心灵的生动课堂，有助于建设我国社会主义精神文明，提高全民素质，促进文明建设，构建和谐社会的顺利进行。社会教育工作是现代教育中不可缺失的关键环节。博物馆教育功能的不可替代性，促使博物馆走向社会化。

内容是一个博物馆的价值所在，也是一个博物馆的"灵魂"所在，博物馆通过陈列展览，广泛吸引公众的注意，走进民众生活，融入社会，推动社会和谐发展。博物馆作为名副其实的"第二课堂"，通过实物的展示丰富了教学内容和教学模式，让受教育者充分享受教育过程的乐趣。例如美国波士顿儿童博物馆有一个形象的说法："我听了，但我忘了；我看了，我记住了；我做了，于是我明白了。"其实，一个地区的先进与发达，并不仅仅在于能建设多么多、多么大的博物馆，而在于能否将自己的传统文化保护好，使其发扬光大。博物馆主要为广大观众提高文化素养服务，它在城市文明进程中发挥着重要的作用。博物馆的教育方式生动形象，有其特有的长处。文物本身不仅仅是物质文化实体，同时也是精神文化实体。俗话说"百闻不如一见"，以历史文物作为教材，具有真实性强、说服力强等特点。

二、博物馆事业促进社会经济发展

博物馆全面免费开放后，文化遗产事业的经济功能更多地以间接形式体现。其中，文物旅游的形式尤为重要。博物馆事业绝不是财政的包袱，而是社会、经济效益兼备，"投入小、产出大"，"利在当代、益及后代"，且能拉动产业增长的社会事业。博物馆与文化产业有机结合，产生了大量的衍生商品，提升了文化遗产事业的影响力，密切了文化遗产与民生的关系，拓展了文化市场，给文化遗产事业带来了丰厚的经济效益。在社会效益方面，以博物馆为中心的文化圈，可以带动周边的商业活动和社会活动，在改造文化环境的同时，也为社会福利、社会就业等经济问题的解决作出了贡献。

岱山素以“渔盐之利，舟楫之便”而闻名，具有中国海洋文化的典型特征。岱山县把文化同旅游结合起来，以博物馆为载体，充分挖掘海洋文化内涵，自 2003 年中国台风博物馆建成开放以来，又相继建成中国海洋渔业博物馆、中国盐业博物馆、中国灯塔博物馆、中国岛礁博物馆、中国海防博物馆等海洋文化系列博物馆。这些博物馆成为岱山旅游的精品，大大提升了岱山的旅游品位，提高了岱山的知名度。2009 年，岱山旅游人数达 143.21 万人次，同比增长 17.1%；2010 年，岱山旅游人数达 191.39 万人次，同比增长 22.68%。岱山县这种“人无我有，人有我特”的错位竞争战略为岱山带来了实际的经济效益。与文物保护单位相比，博物馆的管理成本较低、受自然和人为因素影响较小的特点，让博物馆旅游的投入产出比率远优于文物保护单位，表明了博物馆旅游在经济间接贡献方面的巨大潜力。

三、博物馆事业促进文化产业发展

博物馆作为文化的一个中心，其文化服务与文化产品应该是引领文化市场潮流的，但由于长期以来受计划经济的影响，博物馆的文化服务及文化产品的开发有着严重的滞后性，大大制约了博物馆文化产业的发展。当下，抓好文化产业，首先要做好与新闻媒体的联合，提高博物馆的文化市场知名度，打破“酒香不怕巷子深”的观念。要广泛联系社会新闻媒体，对每一次的展览做详尽的报导，以吸引社会各界人士的关注，在大众心目中树立博物馆是文化龙头的形象。

岱山博物馆积极参与岱山依托海洋文化主题举办的规模宏大的海洋文化节，引起了社会各界的广泛关注。2013 舟山群岛·中国海洋文化节于6 月16 日由岱山岛·海坛祭海谢洋大典拉开序幕。文化节包括已经举办的岱山鹿栏晴沙运动休闲季，里面有丰富的活动，如听海季、沙滩运动风筝比赛、沙滩泼水节等。由我们博物馆设立的海洋文化展览中心也陆续推出各种展览，举办各种讲座，涉及美术、摄影、书法等领域，旨在全方位地展示舟山海洋文化的深厚内涵。此举能极大推动文化产业的发展，其市场潜力也被看好，可以满足消费者的多元需求，文化市场空间十分广阔。这些使博物馆更加融入社会，更加贴近群众、贴近生活、贴近实际。博物馆的文化产业也必将成为社会主义文化市场的一个亮点。

四、博物馆事业增强城市软实力

进入 21 世纪，中国的城市化进程加速，而城市文化的传承和发展却面临着沉重的压力。城市化过程中，与文物保护单位受到空间条件限制、在城市建设过程中屡遭破坏的境遇不同，博物馆在现代城市文化塑造方面的功能已经越来越受到政府、民众等各方面的重视和青睐，并确实在打造现代城市文化，引领城市文化潮流，树立城市形象等方面发挥着非常重要的作用。

在增强区域吸引力(软实力)方面，岱山风格各异的海洋文化博物馆成为了岱山旅游的金名片。海洋文化系列博物馆通过对文物的收藏、保护和展示，使博物馆成为岱山这个海岛的“地标”，在提升公众的文化素质和修养的同时，传承和培育着现代城市的历史文化内涵。民众对城市的亲切感、认同感、满意度随着城市新文化（或者区域文化）的形成而得到强化。当文化在渐进的演变中形成特色鲜明的城市文化后，这种演变将会促进城市在制度方面进行创新，并促进城市经济（或者区域经济）不断发展，最终影响城市的综合实力和竞争力。

总之，博物馆作为一个经济、社会、文化的综合体，对社会的方方面面都产生了难以量化的无形效益(提升区域吸引力)，并衍生出大量超出博物馆范围的经济效益。随着全国博物馆全面免费开放的顺利推进和对博物馆纳入国民教育体系长效机制的探索，文化遗产事业，尤其是博物馆的教育功能得以不断强化，并对其他功能的发挥产生了较强的引领与带动作用，这有助于文化遗产事业三大功能的全面发挥，从而促进社会的建设性变革。

附:岱山县海洋文化博物馆简介

岱山县海洋文化系列博物馆是以展示海洋文化为主体,以中国台风博物馆、中国灯塔博物馆、中国海洋渔业博物馆、中国海防博物馆、中国盐业博物馆、中国岛礁博物馆等多个博物馆组合而成的岱山县海洋文化系列博物馆基地。多年来,通过对海洋文化系列博物馆产业的经营和开发,培育了市场,积累了经验,锻炼了队伍。为更好地打造岱山县海洋文化基地,2008 年岱山县对海洋文化系列博物馆进行了整合,成立了岱山县海洋文化博物馆。

一、陈列内容及特色做法

1. 中国台风博物馆于 2003 年建成开馆,由动态馆和静态馆组成。静态馆以文字、图片、模型、实物等形式展示了台风的形成、路径等科普知识。动态馆采用高科技手段,设置了 4D 动感立体电影《亲历台风》和 10 多个风科普、风文化、风娱乐等互动项目。通过台风全程模拟装置,让人感受风的威力、风的危害、风的乐趣,是国内首创的风文化旅游项目。

2. 中国海洋渔业博物馆位于渔业古镇东沙解放路北段西侧,以海岛渔民生产的渔具展示和生产过程为主题,弘扬岱山几百年来积淀的"渔文化"。以原海曙楼藏品为基础的博物馆已于 2004 年 5 月 18 日落成开馆,建筑面积 1 200 平方米,投资 200 万元,以东沙镇民国初期建造的二层楼木结构的四合院建筑为博物馆用房。该建筑原为盐廒,解放初为岱山县人民政府机关用楼。博物馆有前楼、主楼各五间,左右厢楼各两间,展出了自清道光年间至今的各种船具、船模、网具、生活用具、渔民服饰、助渔导航设备、渔民画等实物 500 余件,稀有的浸制鱼类标本 7 件,较大型剥制标本海龟、海豚、海豹、海狗、真鲨等 30 件,海藻 50 件,国家一级保护动物——中华鲟剥制标本 1 尾,以及日本常石造船株式会社社长神原真人赠送的海洋贝类标本 763 个品种,计 1 699 件。以海岛渔民生产的渔具展示和生产过程为主题,弘扬岱山几百年来积淀的"渔文化"。

3. 中国盐业博物馆于 2005 年 7 月建成开馆。博物馆座落于岱西万亩盐田之中,是岱西养殖休闲中心的重要组成部分,一期总面积 5 500 平方米,总投资 500 多万元。博物馆建筑造型别致,陈展内容丰富,陈列形式新颖,服务设施完备,参观环境优雅,包括陈展区、教育研究区、综合服务区、中央控制区等。陈展区包括基本陈列、全景画馆、场景展示、艺术陈列、临时陈列等。展品内容包括三个部分:一是制盐工艺厅,设计全套的制盐过程,让游客了解制盐的操作工艺;二是盐雕展览厅,以盐为原料制作盐民劳动、斗争、生活的雕塑群;三是制盐劳动资料实物展览厅,陈列在"煎煮"、"板晒"、"滩晒"制盐工艺中的各种劳动工具等。通过图片、文字、实物、盐雕等形式展示了岱山特有的制盐工艺和从古到今的制盐演变史。

4. 中国灯塔博物馆座落于岱山县城竹屿新区（岱山新城区），于 2005 年 7 月建成开馆。目前一期建成的是一个主展馆和按 1∶1 比例建造的 6 只世界著名的景观灯塔，是国内第一个以灯塔为主题的旅游景区。主展馆分展示区、航海驾船模拟室、登塔观光区和休闲区。馆内珍藏实物 60 余件，展示世界各国的灯塔图片 300 余幅。博物馆通过文字图片、实物文物及航模体验等形式建造了一个品味高、特色强、环境雅、项目新、独具文化色彩的观光休闲度假胜地。

5. 中国海防博物馆于 2006 年 7 月建成开馆，规划整馆用地面积约 46 280平方米，一期投入 200 余万。博物馆包括曾经驻守过的军队在此留下的营房、战壕、坑道、碉堡、弹药库等军事设施。主馆结合 600 余幅图片资料和战斗机、高射枪等实物，展示了近代、现代的海防史，特别是舟山的海防历史。此外博物馆还将开发多种参与模拟性项目，在实体军舰设置虚拟射击场、抢滩登陆战等项目，在室外开辟抢占珍宝岛、丛林野战营等项目，在隧道展览区开发遂洞战等。在北部海湾，辟海钓休闲区和观潮点，南部小沙滩设烧烤营区。山顶斜坡密植樟树和灌木丛，以生态森林的方式展现。目前海钓休闲区和烧烤营区项目已基本完成。

6. 中国岛礁博物馆位于长途镇铁登山，2005 年 6 月挂牌成立。博物馆是以海洋特别保护区作为天然舞台的露天岛礁博物馆，利用岱山东部岛礁区内类型各异的海岛、海礁以及各种海洋资源，将海岛景区资源进行适当分类和整合，集海上观光、海岛保护与海洋科普于一体。博物馆共有总面积大于 500 平方米的大小岛屿 134 个、海礁 69 个，其中 126 个岛为原生态海岛。

岱山在建设博物馆以及日后的经营运作中，参照国际博物馆的运营模式，大胆尝试，走出了自己的一条路子。县里专门成立了博物馆管理科，制定并出台了《岱山县博物馆管理暂行办法》，对全县各博物馆进行专业化管理和指导。《办法》对全县博物馆的发展保障、管理监督、检查奖励、社会捐赠办法等进行了规定，使岱山成为国内第一个对当地博物馆实施地方性行政管理的县区。

此外，2011 年，博物馆正式成立了临时展厅，先后多次组织了文物普查成果展，庆建国 90 周年书法、美术、摄影展，兰花展等。

二、教育效果

首先，海洋文化系列博物馆已经成为岱山扩大影响的一张名片。一个海岛小县建设这么多海洋文化博物馆，吸引了国内外各大媒体的眼球。各大媒体将海洋文化作为新闻亮点争相报导，分别在中央 4 套、上海娱乐频道、舟山频道等播出，在国内外引起了轰动。海洋文化系列博物馆基地建设也获得了各级领导的关照和众多专家院士学者的好评，同时也成为了市内外中小学生春游、秋游的必选地及夏令营的主要营地。

其次，岱山的海洋文化系列博物馆又是集科学研究、科普教育、旅游休闲于一体的多功能科普教育基地。2007 年中国海洋渔业博物馆、中国台风博物馆、中国海防博物馆被评为市级爱国主义教育基地，2008 年中国海防博物馆被评为浙江省青少年户外体育活动营地，2008 年中国海洋渔业博物馆被评为舟山市青少年素质教育基地，2011 年岱山县海洋文化博物馆被评为浙江省爱国主义教育基地，2012 年岱山县海洋文化博物馆荣获浙江省最佳社会参与奖。目前，来各博物馆参观的中小学生已经占全部游客的三分之一，已产生了较好的社会效益。

浙东海事民俗博物馆与社区文化建设

Museum of Marine Affairs and Folk Custom in Eastern Zhejiang and Community Cultural Construction

黄浙苏*

（浙东海事民俗博物馆）

摘　要：位于浙江省宁波市庆安社区的浙东海事民俗博物馆（庆安会馆），利用博物馆的历史文化资源和场地空间，从创设居民第二课堂、打造居民活动舞台、构建居民沟通平台三个层面，践行博物馆对社区文化建设的积极推动作用。其与社区文化的长期融合发展，仍需在学术研究、多方合作、民众参与等相关领域不断深入开展工作。

关键词：浙东海事民俗博物馆　社区文化建设

Abstract: As located in Qing'an Community, Museum of Marine Affairs and Folk Custom in Eastern Zhejiang (Qing'an Guild Hall) has made full use of its historical and cultural resources and space, promoted Qing'an Community's cultural construction from the following three aspects: creating the second classroom for the residents, setting up activity center for the residents, and constructing communication platform for the residents. In addition, the long-term integrative development between the museum and community needs continuous working on the related fields of academic research, multi-cooperation and public participation.

Keywords: Museum of Marine Affairs and Folk Custom in Eastern Zhejiang, Community Cultural Construction

随着人类社会现代化步伐的加快，人类面临着日益突出的生存问题，精神生活质量正在不断下降。城市快节奏的工作和生活，使昔日温馨的社区空间变得封闭压抑，人们在生活中更感疲惫和厌倦。如何让城市变得更适合人类居住，如何让人类与现代城市共同发展，已成为亟待解决的问题。近

---

* 作者简介：黄浙苏，女，浙东海事民俗博物馆（庆安会馆）馆长。

年来，博物馆事业在保证社区民众的文化需求，促进社区和谐发展中发挥出了重要的作用。目前，世界各国博物馆均在努力探讨博物馆服务社区的有效模式，而我国的博物馆服务社区模式、社区博物馆的创建等尚处于探索阶段。下文拟以浙东海事民俗博物馆为例，对博物馆服务社区文化建设问题进行探讨。

一、位于庆安社区的浙东海事民俗博物馆

浙东海事民俗博物馆（庆安会馆），位于浙江省宁波市江东北路 156 号，地处奉化江、余姚江、甬江的三江口东岸庆安社区近旁，占地面积约 1 万平方米，建筑面积 8 000 平方米。庆安会馆始建于清道光三十年（1850 年），落成于清咸丰三年（1853 年），为甬埠北洋船商捐资创建，既是祭祀天后妈祖的殿堂，又是行业聚会的场所。浙东海事民俗博物馆（庆安会馆）为宁波近代木结构建筑典范，平面呈纵长方形，坐东朝西，中轴线上的建筑依次为接使（水）亭、照壁、宫门、仪门、前戏台、大殿、后戏台、后殿、左右厢房、耳房及附属用房。其宫馆合一、前后双戏台的建筑形制，国内罕见，充分体现了天后宫与行业会馆双璧齐辉煌的特色功能。会馆建筑上 1 000 多件朱金木雕和 200 多件砖、石雕艺术品，采用宁波传统的雕刻工艺，充分体现了清代浙东地区雕刻艺术的至高水平，也为研究我国雕刻艺术提供了实物例证。1997 年，会馆建筑由宁波市文化局接管并进行维修，根据建筑原貌和天后宫以展示妈祖文化为主的功能定位，辟为浙东海事民俗博物馆。其内陈列，以建筑为载体，以建筑的使用功能为线索，通过展示原真性场景，形象生动地展示了浙东地区的妈祖信仰、海事民俗、会馆商贸活动，塑造了“宫馆合一，古建瑰宝”的文化主体形象，从而挖掘了妈祖文化内涵，揭示了海事商贸特征，凸显了地域建筑特色，提炼了浙东海事民俗文化精髓。2001 年 6 月，庆安会馆被国务院公布为第五批全国重点文物保护单位，并于同年 12 月正式对外开放，现为国家三级博物馆、国家 3A 级旅游景区、浙江省爱国主义教育基地。

浙东海事民俗博物馆（庆安会馆）位于东胜街道，直接影响的社区为与其毗邻的庆安社区。庆安社区成立于 2001 年 7 月，因毗邻国保单位庆安会馆而得名；境域东至大河巷，西至江东北路，南至中山东路，北至姚隘路，占地面积约 0. 32 平方公里；由银杏巷、工人新村、姚隘路、东胜路、大河巷部分、凌江名庭共同组成，现有墙门 108 幢，居民 2 754 户，常住人口 6 714 人，暂住人口 1 450 人。

二、浙东海事民俗博物馆推动庆安社区文化建设的基本做法

2002年,“三江灯火暖家园”元宵灯会活动拉开了庆安会馆与庆安社区联合举办的“首届民俗文化教育节”的序幕,这个“教育节”至今已连续举办十届。庆安会馆的历史文化资源经由生动活泼、形式多样的活动得以有效传承和发扬,而“民俗文化教育节”等在庆安会馆内举办的文化活动已成为庆安社区文化建设的重要载体,在合作中得以不断推进。社区居民的精神文化生活,切实在浙东海事民俗博物馆(庆安会馆)的文化惠民系列活动中受益。

利用会馆历史文化,创设社区居民第二课堂。作为一座社区内的博物馆,浙东海事民俗博物馆(庆安会馆)尤为强调文物藏品对社区民众、区域社会和生活发展的意义,将自身定位为每位社区民众的终身学校、生动的百科全书,以帮助社区民众直观地认识和了解自己社区的传统文化,了解社区成长和发展的历史,使他们更加关注社区文化的发展进程。浙东海事民俗博物馆(庆安会馆)内主要设有“妈祖祭祀场景展示”、“妈祖与中国红”、“宁波与‘海上丝绸之路’史迹”等基本陈列,以及“中国·宁波船史展”、“宁波妈祖文化与会馆文化”专题陈列,详尽阐述了庆安社区所处的三江口区域古往今来的历史文化内涵。与此同时,馆内近年来先后举办了“中国非物质文化遗产保护成果展”、“传说中的那片海”、“千年海外寻珍”图片展、“海洋珍稀动物展”、“妈祖的故事”版面展、“中国会馆图片展”、“妈祖信俗成功申报世界‘非遗’图片展”、“庆安会馆整体功能提升规划图片展”、“宁波古城风貌展”等,为前来参观的社区居民提供了拓宽知识视野的平台,有效利用庆安会馆历史文化资源对社区居民精神文化生活形成积极影响。经过多年的发展,浙东海事民俗博物馆(庆安会馆)已成为社区居民学习、了解浙东地区的妈祖信仰、海事民俗、会馆商贸活动及其建筑艺术特色形象生动的文化课堂。

利用会馆节庆活动,打造社区居民活动舞台。传统意义的博物馆,是“历史物质证据收集、保存和展现的场所”,而社区内的博物馆更偏重于接触社区民众物质生活、精神生活的各个方面。因此浙东海事民俗博物馆(庆安会馆)除了陈列展览以外,还经常通过博物馆文化活动等形式来实现文化功能,这些形式都是鲜活的动态的社区文化的组成部分。博物馆从各方面了解社区民众的需求后,积极努力,适时推出各类有意义的活动。每年的春节、国庆,浙东海事民俗博物馆(庆安会馆)利用馆内戏台举办越剧折子戏演出,传统地域曲目深受社区居民的欢迎。端午节包粽子、元宵节煮汤圆、中秋节赏月音乐会等活动的开展,也让社区居民

在古建筑里深刻体会到中华传统节日的喜庆氛围。而民间故事、民间戏曲、民间手工作品、民间文化采风成果展示、生活民俗、美食民俗等主题民俗文化系列活动，与每年的“博物馆日”、“文化遗产日”、“海上丝绸之路”文化节等特殊节庆里举办的陈列展览、专题讲座、学术研讨会等密切结合，在更好地传承和弘扬中华文明和民族精神的同时，在社区居民中形成尊重历史、尊重文化遗产的优良传统。富有宁波特色的文化遗产成果被送入社区，送到每一位社区居民的身边，让他们零距离感受文化遗产的魅力。在保护和传承历史文化遗产的同时，浙东海事民俗博物馆（庆安会馆）持续丰富着庆安社区居民的精神文化生活，并已成为社区居民共享文化盛宴的重要场所。

利用会馆场地资源，构建社区居民沟通平台。居民是社区的主人，也是社区记忆的主体，居民与社区之间有着独特的精神与物质联系。社区是人们聚集的一种形式，人们在这个特定的区域里相互交往，相互影响，以社区为归宿地，形成眷恋感和依附性，这便是民众的社区意识。社区博物馆在社区日常生活中，如同生活基础设施一样，发挥着实质性作用，成为社区公共服务体系的重要组成部分。以浙东海事民俗博物馆（庆安会馆）所处的庆安社区为例，由于庆安社区属于老龄化社区，社区居民平均年龄为 55 岁左右，其中 60 岁以上的居民占总居民人数的 42%，文化程度以初中以上者居多。庆安社区内老龄人群聚集，具有精神文化需求高、交流沟通需求高、出行活动不便等诸多特点。而浙东海事民俗博物馆（庆安会馆）毗邻庆安社区，场地空间大，历史文化积淀丰厚，活动丰富多彩，自与庆安社区合作组织活动以来，多次举办包粽子、煮汤圆、赏月、观剧、联欢等各类参与性强、互动性强且文化内涵深厚的活动，让社区居民在热闹祥和的氛围中感受幸福温暖，在内容丰富的活动中学习知识、传承文化，在相互的沟通与交流中增进邻里间的了解和友谊。浙东海事民俗博物馆（庆安会馆）及其举办的各项活动极大地丰富了社区居民的精神文化生活，已成为社区居民交流、沟通情感的重要平台。

十年来，浙东海事民俗博物馆（庆安会馆）的发展与庆安社区息息相关，博物馆与社区居民的生活紧密相连，在与当地居民的互动中，成为社区发展的文化支点，深刻影响着社区文化建设与社区居民的精神文化生活。当下的社区早已不仅是生活社区，还扩展为经济社区和文化社区。这就要求博物馆的社区角色功能在时间和空间上不断延伸，以便适应社会发展的需要。从博物馆与社区的关系看，博物馆应当是本社区文化及其社会生活不可或缺的组成部分，是社区文化建设的坚实阵地。

三、浙东海事民俗博物馆与社区文化融合发展的思考

近年来，宁波市博物馆建设取得明显成效，但距离广大市民的文化需求仍有一定差距。截至2010年底，宁波市挂名为博物馆、陈列馆的馆舍虽有约100家，但真正达到博物馆条例要求的仅17家，按常住人口计算，每41万人才拥有1座博物馆，而一般发达国家平均每5万人便拥有1座博物馆。在博物馆资源短缺的现状下，如何最大限度地利用好已有的资源，对于满足本市人民群众的文化需求、推进文化强市建设意义重大。而博物馆作为文化教育阵地，其宣传教育功能应首先在社区得以发挥，继而才能对更多民众产生辐射效应。对于本市博物馆服务社区、助力社区文化建设的现状调研与发展路径研究已迫在眉睫。

浙东海事民俗博物馆（庆安会馆）服务社区文化建设暂时还处于起步阶段，没有形成完整的规模和体系，主要存在三个问题：一是缺乏科学规划，投入不足；二是社区居民的参与意识有待进一步加强；三是博物馆的文化遗产保护、研究和展示、服务工作水平需要提高。究其与社区文化的融合发展，本文提出了以下几点建议：

1. 加强统筹，合理规划

浙东海事民俗博物馆（庆安会馆）作为庆安社区内的博物馆，应立足保护地域文化遗产、维护文化多样性、完善公共文化服务体系。要坚持“规划先行”的原则，加强博物馆相关文化遗产和环境资源的调查，紧紧围绕突出地域文化特色，科学制定发展规划。深入调查和挖掘社会、民俗等文化遗产资源和环境资源，加强文物保护基础工作，不断地充实博物馆的文化内涵，为社区的文化建设提供文化保障和智力支持。

2. 突出重点，深入研究

依托浙东海事民俗博物馆（庆安会馆）所承载的海洋文化、商帮文化、妈祖文化、会馆文化，积极展开深入研究，将其发展成为具有丰富文化内涵和鲜明个性特点的博物馆。深度强化博物馆整体保护文化遗产的功能，使博物馆成为保护、展现集体记忆的文化空间。注重周边自然环境保护，做到文化遗产与社区居民生活、自然环境和谐相处。

3. 多方协作，共促发展

浙东海事民俗博物馆（庆安会馆）作为庆安社区文化多样性保护的阵地，也是社区自然环境保护的桥头堡。要立足庆安会馆历史文化遗产资源和特色，共同关注，多方协作，逐步建立博物馆可持续发展的长效机制。同时，积极争取相关部门的配合支持，整合资源，加大投入，不断完善馆内基础设施条件，提高展示服务水平。

4. 动员民众，文化惠民

作为社区内的博物馆，浙东海事民俗博物馆应加强宣传，以多种方式调动社区居民特别是年轻人保护文化遗产、参与博物馆文化活动的积极性，形成全民参与文化遗产保护的和谐局面。通过馆内高水平的陈列展览及相关文化活动，普及科学的生存与发展理念，确立并增强社区居民对自身文化的认同感与自豪感，引导社区居民投身文化遗产保护和博物馆的发展建设。

附:浙东海事民俗博物馆(庆安会馆)简介

浙东海事民俗博物馆,即庆安会馆,位于浙江省宁波市江东北路156号,地处奉化江、余姚江、甬江的三江口东岸,占地面积约1万平方米,建筑面积8000平方米。庆安会馆始建于清道光三十年(1850年),落成于清咸丰三年(1853年),为甬埠北洋船商捐资创建,既是祭祀天后妈祖的殿堂,又是行业聚会的场所。作为我国沿海规模较大的航运行业会馆,庆安会馆见证了历史上浙东地区航运业的发展;作为宁波港口城市的代表性建筑,庆安会馆见证了宁波古代、近现代繁荣的海外交通和对外文化交流,本身即属于"海上丝路文化"的重要遗存;同时庆安会馆(包括其南侧的安澜会馆)还是浙江清代漕粮及南北贸易河海联运的主要管理和服务设施,见证了大运河(宁波段)河海联运的独特的运输方式,是大运河(宁波段)文化的核心遗产。1997年,会馆建筑由宁波市文化局接管并进行维修,根据建筑原貌和天后宫以展示妈祖文化为主的功能定位,辟为浙东海事民俗博物馆。2001年6月,庆安会馆被国务院公布为第五批全国重点文物保护单位,并于同年12月正式对外开放,现为国家三级博物馆、国家3A级旅游景区、浙江省爱国主义教育基地。

浙东海事民俗博物馆(庆安会馆)为宁波近代木结构建筑典范,平面呈纵长方形,坐东朝西,中轴线上的建筑依次有接使(水)亭、照壁、宫门、仪门、前戏台、大殿、后戏台、后殿、左右厢房、耳房及附属用房,其宫馆合一、前后双戏台的建筑形制,国内罕见,充分体现了天后宫与行业会馆双璧齐辉煌的特色功能。会馆建筑上1000多件朱金木雕和200多件砖、石雕艺术品,采用宁波传统的雕刻工艺,充分体现了清代浙东地区雕刻艺术的至高水平,也为研究我国雕刻艺术提供了实物例证。

浙东海事民俗博物馆的陈列,以庆安会馆的建筑为载体,以建筑的使用功能为线索,通过展示原真性场景,形象生动地展示了浙东地区的妈祖信仰、海事民俗、会馆商贸活动,塑造了"宫馆合一,古建瑰宝"的文化主体形象,从而挖掘了妈祖文化内涵,揭示了海事商贸特征,凸显了地域建筑特色,提炼了浙东海事民俗文化精髓。博物馆内主要设有"妈祖祭祀场景展示"、"天后圣迹图"八幅壁画、"妈祖与中国红"、"宁波与'海上丝绸之路'史迹"等基本陈列,以及"中国·宁波船史展"、"宁波妈祖文化与会馆文化"专题陈列,此外还先后举办多种临时陈列。

浙东海事民俗博物馆(庆安会馆)自对外开放以来,以会馆活动、陈列展览、社区联动等形式向市民和游客展示会馆文化、妈祖文化、宁波港口历史,通过组织学生免费参观、开办讲座,陈列版面进学校进社区等形式多样的活动,持久深入地进行爱国主义教育和宣传,并配合每年的"文化遗产日"、宁波"海上丝绸之路"文化周等活动向社会公众普及文化遗产知识及保护理念。同时，立足妈祖文化和会馆资源，与海峡两岸天后宫紧密联系，与国内外博物馆保持往来，通过组织召开学术研讨会、发表论文和出版专著等形式，不断推进学术研究，为大力弘扬我国民俗文化和海洋文化发挥着积极作用。

博物馆馆际交流之我见

My Opinions on the Communication between Museums

蒋昌宁*　贾一亮**
（上海纺织博物馆）

摘　要： 深化馆际交流合作已成为文博界同仁越来越关注的问题。本文试从自身策展经验出发，探讨了三个不同层次的馆际交流方式，以期拓宽不同博物馆的视野，增强馆际交流的灵活性和科学性，扩大博物馆事业的影响力。

关键词： 博物馆　馆际交流

Abstract: Deepening the exchange and cooperation between museums is paid more and more attention. From author's own experience of organizing exhibitions,this article discusses three communication modes between museums, so as to broaden the view of the museum and enhance the flexibility of communication.

Keywords: Museum, the Communication between Museums

近年来，特别是博物馆免费开放以来，我国的博物馆事业发展面临着许多新的机遇和挑战。如何提升博物馆对公众的吸引力，如何实现公众与博物馆的融合，如何使文物与博物馆事业为促进社会主义文化发展繁荣作出更大的贡献，如何深化馆际交流合作，紧密沟通，资源共享，加强协作，互通有无，全面提升展示水平，探索博物馆工作新领域，成为文博界同仁越来越关注的问题。

国家文物局委托中国文物交流中心汇编印发的《中国博物馆馆际交流展览信息（2011）》一书，是通过实地调研、专家访谈、文献搜集等多种方式，汇集大量国内外馆际展览交流的第一手资料，全面总结我国馆际展览交流工作的发展历程，分析目前馆际展览交流的现状、特点和存在的主要问题，

---

* 作者简介：蒋昌宁，男，上海纺织博物馆常务副馆长。

** 作者简介：贾一亮，女，上海纺织博物馆研究部主任。

旨在促进国内各文博单位展览信息交流的精品图册。该书共汇集了国内65家文博单位的160个展览，其中部分展览还汇编成英文版，向全世界的相关机构推介，不断开拓国际展览市场，推进中华文化与世界文化的对话与交流。

成立十年、开馆四年半的上海纺织博物馆，在促进博物馆馆际交流与合作方面也作了一些有益的尝试。最近的两次分别是2013年4月18日至6月25日在贵州民族博物馆举办的“衣被天下——上海纺织史料展”；2013年6月22日至8月20日，联合贵州省民族博物馆、广西民族博物馆、云南民族博物馆共同举办的“绚彩中华——中国苗族服饰展”。在策划组织这些展览的过程中，我们对馆际交流这一议题略有所感。我们认为，馆际交流可以通过多种形式和载体来推进，但主要体现在三个层次的交流上：

第一层，藏品、展览的交流。

藏品、展览的交流，即在藏品归属不变的前提下，以“特展”的方式进行展览交流。这既是馆际交流的基本方式，同时也是开展进一步馆际合作的重要前提。文博机构联合举办系列展览，更容易扩大藏品和展览在不同地区的影响，也有助于提高各场馆自身的展示实力。交流的内容可包括诸如藏品的收集整理和保存修复、藏品展示的安全保护、展览筹划、展览的形式设计、展览的学术研究、展览相关的博物馆的扩（改）建、免费开放的实施举措、与观众的互动交流等等。通过藏品和展览的直接交流，可以很好地加深馆际了解，联络同行感情，交流工作经验，搭建起博物馆与博物馆之间、博物馆与受众之间的良性互动的交流平台，凝聚各文博单位的智慧和力量，充分发挥博物馆的核心展示功能。

第二层，理念、方法的交流。

理念、方法的交流，即关于博物馆藏品收集和策展理念、工作方法、管理规范和制度等等一系列问题的馆际交流。这种交流可以在藏品或展览交流的同时集中进行，也可以在日常工作中通过协会、学会或者网络平台等渠道保持定期的交流。博物馆除了拥有展示功能外，还有教育功能，同时承担着多种社会责任，故而为了有效地全面地提升馆内管理能级，必须加强馆际互动交流，让先进的管理理念和工作方法得到有效的传播和运用，提高社会影响力。目前已经在运用中的途径很多，如搭建良好的常设平台，交流各自的业务发展规划、内部运行管理制度、日常工作流程等。另外，专业人员的正式与非正式交流，比如说建立论坛、互助交换、成立小型俱乐部等等，也起到了很好的枢纽和桥梁的作用。譬如由上海市公安博物馆发起创设的“惠警之旅”博物馆联盟等，就是一个通过每季度一次的观摩活动，交流馆际管理理念、运营方法的平台。

第三层，学术、研究的交流。

学术、研究的交流，即围绕藏品和展览以及博物馆其他社会功能所要求的领域进行的学术研究和交流。不断提升博物馆人员的学术水平和学术内涵，力求每一个展览都产生相应的学术研究成果，是对博物馆学术研究功能的真正实现。利用馆际交流平台，寻找更多的专家和学术顾问，培养研究人才，为博物馆工作提供源源不断的技术支持。通过出版发行研究论著，摄制有关的专题片、资料片，以及举办学术研讨会、专题讲座和专业培训等形式，结合工作实际并借鉴其他国家和地区的先进经验，积极开展馆际学术交流，帮助各文博单位提升自身学术水平，建设自己的学术研究梯队。

比如说我们有幸参加的中国博物馆协会民族博物馆专业委员会 2013 年哈尔滨年会，就是一个很好的学术交流的机会和思想碰撞的平台。在这次会议上，各位代表就一系列民族文化的主题进行发言并展开广泛而深入的讨论，或推介展览议题，或提交研究预案，集思广益。这是非常好的学术交流过程，不仅提升了协会的凝聚力和影响力，增进了参会代表彼此之间的了解和友谊。更为重要的是，与会代表收获了各馆开展展览工作的宝贵经验，分享了最新的研究成果，掌握了行业发展态势。可以说，通过学术会议、论坛和各种交流方式，博物馆之间逐步建立稳定的长期合作关系，为今后的业务开展奠定了良好的基础。

最后，除了在国内场馆展开馆际交流外，还应提倡“走出去”与“请进来”。一方面，加大藏品和展览的海外推广力度，归国后依然可以在国内进行展览，满足国内外不同受众的精神文化需求；另一方面，还可以引进外国的优秀展览，让广大民众能欣赏到更多世界文明的精品，增进对世界不同文化的了解，促进国际文化交流。我们也希望通过这次由我馆承办的“绚彩中华——中国苗族服饰展”，强化已与贵州省民族博物馆建立的战略合作关系，并由此拓宽博物馆的对外联系，继而进一步达成以省级合作为先导，与不同地区的博物馆之间的交流合作。我们更期望将来可以和更多的志同道合者组成战略同盟，将我们丰富的民族文化推介到国外，分享给更多的人。

附:上海纺织博物馆简介

历史倏忽,岁月如歌。

据马家浜文化和崧泽文化遗址的发掘,6 500 多年前,同属良渚文化带的上海先民们已有纺织生产的活动;据松江区广富林考古遗址的发掘,2 500 多年前,上海松江地区已经出现包括纺织品交易的集镇。

纺织作为一大产业,如果从千年前的黄道婆时代算起,在上海历史上曾有过三次辉煌:

一是黄道婆对棉纺织技术及机具的改良,极大地推动了上海纺织生产力的提高,为元、明、清上海(松江)地区成为全国纺织业中心打下了坚实的基础,并辐射和带动了上海周边地区纺织业的发展。资本主义市场经济也率先在上海(松江)地区萌芽。

二是以洋务运动为契机的机器纺织的引入,确立了纺织作为上海乃至中国近代"母亲工业"的地位,助推了上海以服装为载体的时尚产业,成就了"东方巴黎"的美誉。上海地区的纺织业,成为中国第一代产业工人的摇篮。

三是 1949 年之后的 43 年时间里,纺织一直是上海的"支柱产业"。其对国计民生、社会稳定、政权巩固和国民经济的贡献,是上海其他任何一个产业所无法比拟的。

于是,就形成了这样一个结论:纺织让上海从一个昔日的渔村,发展成为今天的国际大都市;纺织让上海形成特有的"海派文化",其历史功绩将被永远地载入史册。

为适应有中国特色社会主义市场经济体制的建设,契合上海城市功能的重新定位,1992 年的上海国有纺织业,开始了一轮波澜壮阔的产业结构调整。

从以"减员分流、压锭增效"为特征的战略收缩,到以"壮士断臂求生存"的气概,通过"关、停、并、转、破、卖、送、迁","打造名厂、名品、名牌"的结构大调整,及至以"第二次创业"精神,高举"科技与时尚"的旗帜,发展高端纺织、绿色纺织、时尚纺织,经历了 16 个年头。

虽然上海纺织控股(集团)公司旗下的固定在职职工已由 55 万减到不到 2 万,但全上海包括国有纺织在内的各种所有制、各种业态的纺织产业从业人员,依然有 44 万之众;从事服装生产、设计、流通的人员,达到了 70 万之多;各类纺织企业有 8 956 户之巨。

人们不难发现,包括家用纺织、服装等民用纺织品,航天、医药、冶金、化工、机电、汽车、轻工、交通、园林、农业等产业用纺织品在内,同时包括纺织产品的科技研发、国内流通和进出口贸易,纺织依然是上海的重要产业。

当人们在感叹上海的飞速发展,感叹"城市,让生活更美好"时,人们不应该忽视上海纺织的历史地位和历史功绩;更不应该忽视庞大的纺织产业大军的存在。

于是，2002 年，上海纺织控股（集团）公司党委、董事会决定，创办上海纺织博物馆。

上海纺织博物馆，筹建于 2002 年 7 月，注册于 2003 年 5 月，启动于 2007 年 11 月，2008 年 10 月 20 日开始布展，2009 年 1 月 7 日正式开馆。

上海纺织博物馆，座落在澳门路 150 号。系利用原申新纺织第九厂（前身为创建于 1878 年的上海机器织布制造局，由荣氏集团于 1931 年购入并移址澳门路）的闲置土地，通过完备的法定程序新建的拥有 4 000 余平方米展示面积的地方性专业博物馆。博物馆属非盈利的社团法人，由上海纺织控股（集团）公司全额出资。

上海纺织博物馆，设序厅、历程馆、撷英馆、科普馆、专题馆等一厅四馆。

序厅 以气势恢弘的场面布置，将上海纺织的历史浓缩在只有 400 平方米的大厅内。既凸显纺织的历史积淀，更展望上海纺织的美好未来。

历程馆 以古代、近代和现代的史实，演绎上海纺织的历史。重在近现代，突出展示民族纺织工业的发展和新中国建立后上海纺织的辉煌历史。对于“二次创业”从变革到新生，用大写意的笔触给人以厚重的历史感和时代气息。既凸显上海纺织的悠久历史，更彰显纺织产业对于形成上海这座国际大都市的历史地位和作用。

撷英馆 以写实的方式，用历史的眼光审视上海纺织的世界第一和中国首创。通过对上海纺织有重要影响的人物（以黄道婆为代表的纺织先贤、以荣宗敬为代表的纺织实业家群体、以穆藕初为代表的纺织专家、以顾正红为代表的英烈、以杨富珍为代表的纺织劳模群体）、事件（上海纺织工人运动）的展示，以及对老字号的追忆，充分展现上海纺织业的巨大成就。

科普馆 通过展示纺织过程，让人们感性地了解纺织科普知识。通过诠释神奇的纤维足迹、缤纷的面料世界、完整的工艺“链条”、广泛的应用领域等，集中体现纺织博物馆的知识性、趣味性、互动性。

专题馆 以与时俱进的布展理念，围绕纺织主题，适时地确定和调整展览形式与内容。第一期为时 4 年，展示“海派”京昆戏服这一梨园奇葩。嗣后，陆续展示民族服饰、海派旗袍、婚纱、碳纤维艺术等与纺织相关的展项。

博物馆教育模式的探索
——以美国毕世普博物馆和香港海事博物馆为例

Exploring the Pattern of Museum Education: A Case Study of Bishop Museum and Hong Kong Maritime Museum

焦天龙*
（香港海事博物馆）

摘　要：在经历了半个多世纪的讨论以后,教育为博物馆最终职能,已经成为绝大多数西方博物馆从业者的认识。博物馆不再仅仅是收藏和展示奇珍异宝的所在,而是一个参与社会教育的机构。这一认识的转变导致了西方博物馆的转型,包括机构设置、藏品政策和展览设计等方面,各个博物馆都在进行改革。博物馆与正规学校不同,教育的对象是社会的所有年龄层和不同的社群。从教育学的角度来讲,博物馆的教育是非常规教育。博物馆如何发挥自己的优势,参与非常规教育,尤其是对在校学生进行课堂以外的非常规教育,是一个非常值得探讨的问题。本文以作者主持和参与的美国毕世普博物馆和香港海事博物馆教育项目为例,对这些问题进行了探讨。

关键词：博物馆　教育

Abstract: After more than half century's debate and discussion, at least among the western museums, it has been increasingly recognized that the ultimate goal of museum is education. Museum as an education institution is beyond just collecting and displaying "treasures" and "curiosities". The change of this understanding led to many changes in western museums, including organizational structures, collection policies and design concepts. Museum education is different from schools. Its "students" include all age groups in the society, and it is an informal education. How museum executes its education role is a question to be further explored. This paper examines some of the issues on the

* 作者简介：焦天龙,男,香港海事博物馆总馆长。

basis of the author's experience of directing and participating in the educational programs at Bishop Museum and Hong Kong Maritime Museum.

Keywords: Museum, Education

一、前　　言

大众和业界对博物馆职能的认识，经历了一个复杂的过程，而且处于不断变化中。早期博物馆大都以藏品的保护和展示为根本目标，博物馆的展览多以珍宝或稀奇物品为主。在大众的观念中，博物馆是一个充满神秘感的地方，因而参观博物馆基本上是"猎奇"活动。但是，自上世纪 60 年代以来，西方博物馆的职能已经发生了重大变化。这种变化的背景是与"二战"以后西方社会的转型和教育观念的变化密切相关的。其中，教育学理论的变化对博物馆的冲击最大。很多教育学家认为，教育并不仅限于学校，而且也不仅限于学生时代。"非常规教育"(informal education)、"终生学习"(lifelong learning)等理论成为教育学界极具影响力的观念。受这些理论的影响，博物馆界也开始反思和探讨博物馆的最终职能(ultimate function)问题。欧美博物馆界在过去的半个多世纪中，围绕博物馆的职能问题展开了一系列讨论。博物馆的听众是谁？博物馆收藏和展示的目的是什么？博物馆如何服务于社会？针对这些问题的讨论导致了西方博物馆的转型，包括机构设置、藏品政策和展览设计等方面，各个博物馆都在进行改革。教育为博物馆最终职能，已经成为绝大多数博物馆西方从业者的认识。博物馆不再仅仅是收藏和展示奇珍异宝的所在，而是一个参与社会教育的机构。但问题是，博物馆如何参与教育？教育对象是谁？这仍是博物馆界争论不休的问题，也是一个在不断探索的问题。

虽然大多数人都同意博物馆的根本职能是教育，但是必须指出的是，博物馆与正规学校不同，教育的对象是社会的所有年龄层和不同的社群。从教育学的角度来讲，博物馆的教育是非常规教育。博物馆如何发挥自己的优势，参与非常规教育，尤其是对在校学生进行课堂以外的非常规教育，是一个非常值得探讨的问题。设计展览是博物馆进行教育的重要方式。但是，如何设计展览内容？这些内容代表哪些人的观点？专家的观点如何与一般大众的认识相沟通？对于西方博物馆来讲，由于其收藏品大多是其他族群或外国的文化遗产，如何展示这些藏品更是一个敏感的问题。

笔者因工作的原因，曾参与了美国毕世普博物馆和香港海事博物馆教育项目的设计和管理。本文将主要介绍这些项目产生的背景和实施方案，希望能为业界探索博物馆教育提供借鉴。

二、美国毕世普博物馆的教育实践

毕世普博物馆成立于1889年,自创建以来,一直致力于夏威夷和太平洋地区自然与人文历史的收藏和研究。经过124年的经营,目前收藏的自然和文化标本已达2 400多万件,位列全美国博物馆第四位,成为全世界公认的太平洋文明和自然历史的收藏和研究中心。

作为夏威夷最大的自然历史和人类学博物馆,毕世普博物馆近年来在展览设计和教育活动方面,进行了一些探索和尝试。在展览方面,毕世普博物馆对其中的夏威夷馆(Hawaiian Hall)进行了彻底改造,采用"原住民方式"(indigenous approach)来设计展览大纲和陈列方式,展示原住民的生活。在教育方面,毕世普博物馆与地方大学和中小学合作,参与对学生和教师的教育和培训。采用"请进来"和"走出去"两种方式,毕世普博物馆较为有效地探索出了参与学校教育的途径。

笔者在毕世普博物馆供职的十余年中,参与主持的教育项目主要有如下几项:

1. 文化与历史机构教育计划(ECHO or Education through Cultural and Historical Organizations)

这是布什政府在任期间实施的联邦政府资助项目,主要资助包括博物馆在内的文化和历史机构来参与美国的学校教育。涵盖项目很多,既有展览,也有专门的中小学和大学教育活动,包括大学本科和研究生实习生等。毕世普博物馆为此设计了一系列教育项目,收到了较好的效果。

2. 联手行动:提高夏威夷原住民中学教育联合模式[All Together Now: A Model Partnership for Improving Native Hawaiian Middle School Education (2011～2013)]

这是美国教育部支持的项目。2011年,毕世普博物馆与夏威夷大学教育学院、波利尼西亚航海学会合作,开展了对夏威夷中学教师的培训,主要是对夏威夷原住民较多的学校的教师的培训。培训的重点是结合博物馆的藏品和科研项目,结合波利尼西亚航海学会的原住民独木舟Hokulea号的航行,设计相关的教学大纲。

3. 课堂教育(Outreach Program: School Visits)

为了让博物馆的藏品和科研项目更好地服务中小学教育,我们人类学部设计了一套"发掘它(Dig This)"活动,将考古学的教育带到中小学课堂,并与学校的课程要求相配合。这一项目很受中小学欢迎。

4. 实习生制度(Undergraduate and Graduate Internship)

主要是本科生和研究生的实习和培训,根据学生的情况设计课程和参与项目。这是与大学教育直接相关的教育活动。学生一方面可以得到实习的机会，另一方面可以根据博物馆的资源来进行相关的研究。博物馆鼓励本馆研究人员参与大学的教育活动，在大学任兼职教授，教课和带研究生成为研究员晋升的一个重要标准。

三、香港海事博物馆的教育实践

香港海事博物馆是成立于2005年的一个年轻的私立博物馆，以收藏和展览古代香港地区、珠江三角洲的海洋文化为主。2013年迁到香港中环8号码头后，博物馆不仅在展厅面积和内容方面得到了极大的扩充，而且在管理模式上也做了重大调整。香港特区政府在馆址建设和运营资金上给与了极大资助，凸显了政府对海洋文化遗产的重视。博物馆迁址中环以后，积极发展教育项目。目前这些项目刚刚起步，但已经收到了较好的效果。

1. 建立教育委员会(Education Committee)，与香港教育界密切合作

博物馆目前成立了一个由董事会成员，香港公立和私立学校的一些负责人、教师和顾问组成的教育委员会，负责制定博物馆的教育项目的政策，提供指导性的建议，监督博物馆教育项目的实施。该委员会同时还不定期地召集有关学校的老师和负责人为博物馆提供建设性意见。目前已经针对香港小学和中学的特点，制定了一系列教育活动。

2. 周日亲子活动(Sunday Family Corner)

利用海事博物馆位于维多利亚港的优势，结合展厅主题，博物馆设计了一系列周日亲子活动，包括讲海洋故事、设置小工艺作坊和海洋探险等。这些活动不仅很好地把博物馆的展品和故事介绍给了孩子们，而且也引起了家长的兴趣。

3. 学校导游活动

主动与有关的中小学联系，邀请他们组织学生来参观。博物馆根据学校的需要，为不同的年级提供不同的导游计划，重点介绍与学生正在学习的内容有关的展品和展厅。根据学校和老师的需要，博物馆也设计了一系列问题和活动(activity sheet)让学生在参观时完成，譬如海上导航、海上通信等活动，均以展厅的展品为主题来展开。

4. 周六系列学术演讲

这主要是针对成人设计的带有学术意味的系列演讲。主要邀请香港本地和外地相关的专家，就中国古代和近现代海洋文化、海洋技术等问题，介绍有关的研究。最近进行的演讲包括香港珠海学院的萧国健教授的“古代香港寇患”、香港大学冼玉仪教授的“金山梦：十九世纪华人出洋与香港的发展史”以及Stephen David博士的“船匠宝库：港制游艇”等，均收到较好的效果。

四、讨　　论

博物馆参与学校教育是实现博物馆职能的重要内容。但是，学校有自己特有的教学计划，不同国家和地区的学校制度也是千差万别。博物馆如何与学校教学结合是一个非常复杂的问题。从学校的角度来讲，学生也需要利用课堂以外的资源来增强课堂内的教学效果。博物馆以展品和互动展览等可见可触的实物，可以帮助学生理解很多书本上的内容，并开启他们的学习和探索的兴趣。所以，未来博物馆与学校的结合是一个提升教育水平的重要平台。毕世普博物馆和香港海事博物馆的探索和实践，就是充分利用了博物馆的资源，并与当地教育界密切合作，取得了较好的效果。

但是，博物馆的教育功能的实现需要探索多种途径，与学校的结合只是其中的一个方面。博物馆毕竟要面向全社会，需要照顾各个阶层和族群的兴趣。如何在展览设计、公众活动等方面提升教育的效果，也是业界在探索的问题。不过，这些问题已经超出了本文的范围。

附:香港海事博物馆简介

香港海事博物馆(Hong Kong Maritime Museum)成立于2005年。馆址最初位于香港岛南部的赤柱海湾,规模较小,只有两个展厅。2013年2月迁往香港中环8号码头,展厅扩大到15个,其中常设展厅13个,临时展厅2个,展厅规模和展览主题都得到了极大扩充。

香港海事博物馆以收藏、研究、展示香港、珠江三角洲古代海洋文化遗产为宗旨,是一个受香港政府资助的私立博物馆。目前藏品约4 000余件,包括中国历代船模、东印度公司的主要船模、中国历代外销瓷、外销艺术品、海图、海洋通讯器材、当代水上运动器材和潜水设备等。常设展厅的主题包括中国古代航海历史、中国外贸史、外销艺术、中国沿海的海盗、中国历代海上移民、香港维多利亚港发展史、中国航海的现代化过程、海上安全、香港的船厂、航海通讯与驾驶、水下考古、海洋资源的开发与生物污染、大海的声音等。其中很多藏品如东汉陶船、清代的卷轴画《靖海全图》、虎门炮台的“平夷将军”大炮、重达36吨的“海上巨人”号油轮的铁锚等,均为罕见珍品。

信息时代背景下博物馆的挑战与机遇

Museum's Challenges and Opportunities in the Information Age

李　浩*

（上海鲁迅纪念馆）

摘　要： 在信息时代的背景下，博物馆利用各种信息技术，逐步建设以藏品及相关数据库为基础、以互联网技术为支撑、以数字化应用和服务为核心的数字化运作系统。数字化技术的利用和信息化运作，为博物馆实现多层次社会服务和文化传播提供了新途径和新方式。信息时代对于服务性理念和行动的强化，促使信息时代中的博物馆进一步强化服务意识，从而为博物馆实现其社会价值和文化理念提供了一个全新的保障。

关键词： 博物馆　信息时代　数字化技术　文化传播

Abstract: In the information age, with the use of various information technology, museums gradually builded up digitization systems, which based on collections and related databases, supported by the internet technology, digital applications and services as the core operation. Digital technology and information, provided new ways and means for museums to achieve multi - level social services and dissemination of culture. In the information age, service ideas and actions which were strengthened promote the museum to further strengthen service awareness, and thus provide a new guarantee for the museum to realize its social value and cultural philosophy.

Keywords: Museum, Information Age, Digital Technology, Cultural Communication

一、信息化时代

2013 年 7 月 22 日，拥有 4 亿多用户的通讯服务平台微信大面积发生故障，在遍及全国的 30% 用户中①引发了一系列的恐慌，预定的微信会议无法

---

* 作者简介：李浩，男，上海鲁迅纪念馆研究室副主任。

① 参见《我国微信用户超过 4 亿》，《人民日报》（海外版）2013 年 7 月 25 日 1 版。

召开、出租车队无法完成调度，更重要的是无法联系到友人……①随着互联网技术应用的日益多元化，互联网技术应用已经渗透到社会生活的各个方面，当代社会已经无可争议地进入了信息时代。

(一)信息时代的特征

信息时代主要呈现以下三个特征：1. 信息资源的共享；2. 科技应用更新加快；3. 社会协作强化。

基于互联网技术应用的信息时代，将全球利用互联网的人们联系在一起，其信息资源共享内容的不断扩展成为吸引人们加入互联网的基本源动力之一，国家和地区差别受到广泛的冲击。由于信息资源的共享，各国各地区的经济和文化因互联网技术应用而进一步交融，并因此衍生出新的经济种类和文化形式。在信息资源全球化共享的趋势下，经济以及文化一体化已深刻影响了社会生活的各个层面。信息时代，博物馆既要顺应文化一体化的趋势，又要彰显博物馆文化的个性，这是现今博物馆发展中的挑战性课题。

信息时代中应用科技的更新速度加快，不仅深刻影响了传统的思维模式和生活方式，并由此引发了以云计算、3D 打印、工业机器人、网络协作化生产服务为核心的第三次工业革命。信息化对社会各方面的影响日益全面化和深度化，已经显著地影响了博物馆事业的发展，并给予博物馆事业发展以全新的课题。

在信息化时代里，通过运用互联网数字化技术，社会分工更细化，同时社会各方面协作也更为强化。社会协作的强化，有效地利用了社会各方面资源，促进了社会经济的持续增长。社会经济的增长给了博物馆事业良好的经济环境。截至 2011 年底，我国登记注册的博物馆数量已达 3 589 个，并且还在以每年 100 个左右的速度增长，平均每 40 万人拥有一个博物馆。②国内博物馆的高速增长，虽然可以看作是博物馆发展的机遇，但也揭露了充分利用博物馆文化资源，以及通过数字化技术在各博物馆之间有效展开协作、在发展中求创新等方面的问题。

(二)信息时代的博物馆信息化

博物馆信息化是指博物馆各个部门以互联网、服务器、终端计算机、通信设备和数字化技术作为应用工具，构成一个以藏品及相关数据库为基础、以互联网技术为支撑、以数字化应用和服务为核心的数字化运作系统。③ 博

---

① 参见杨洋、阮元元、薛松：《微信瘫半天 网友周身痕》，《广州日报》2013 年 7 月 23 日 A3 版。李斌、刘景慕：《微信昨天大面积瘫痪无法登录》，《京华时报》2013 年 7 月 23 日 23 版。

② 参见胡靖国、王学涛、刘怀丕：《三天建一座博物馆：建得起却养不好?》，《新华每日电讯》2012 年 11 月 22 日。

③ 参见王宏钧主编：《中国博物馆学基础》，上海古籍出版社，2001 年；黎巍巍：《浅谈现代博物馆信息化建设的基本内容》，《科学咨询(决策管理)》2009 年 7 期。

物馆信息化可以促使博物馆更深、更广地开发和利用博物馆的馆藏品、文献、学术成果等信息资源，促使博物馆改进工作流程，强化科学管理，最终提升博物馆工作效率、改善博物馆文化形象、促进科研发展，全面实现博物馆作为社会公共服务机构的职能。

近年来，以数字博物馆建设为基础的博物馆信息化日益受到博物馆业界的重视。2011 年 12 月，国家文物局发布的《博物馆事业中长期发展规划纲要（2011～2020 年）》中多处提到博物馆信息化建设。《纲要》指出，在博物馆发展任务中，博物馆公共文化服务要利用数字化技术进行创新："创新博物馆文化传播。充分运用信息、互联网、多媒体、新媒体等技术手段，通过数字博物馆、远程教育网络和文化信息资源共享工程，使博物馆文化成果惠及更多民众。"在博物馆科学研究和科技保护中也要强化数字化技术应用："研究制定博物馆基础信息管理利用要求，加快博物馆信息化进程。加强博物馆网络资源体系建设，搭建博物馆管理公共服务平台，推进数字化博物馆建设，不断提高博物馆管理现代化水平，为公众提供丰富多彩的公共文化信息服务。"同时，《纲要》将中国数字博物馆建设工程作为博物馆发展的重大项目之一："研究制定中国数字博物馆项目发展规划，集成和开发以国家一二三级博物馆、珍贵馆藏等为核心的科研、教育、科普及全社会的数字博物馆资源，搭建基于互联网的博物馆资源共建共享服务平台。"①

博物馆信息化涉及到环境建设、专业服务、公共服务、行政服务。环境建设，即硬件建设、系统软件选择；专业服务，即藏品、研究、展览等相关数据库建设和应用；公共服务，即网站、新媒体的有效利用；行政服务，即办公自动化、档案信息化等。其中，藏品、研究、展览等相关数据库建设和应用是博物馆信息化的基础性工作。一般来说，数据库建设愈完善，博物馆各环节的信息化工作开展得愈顺利，效果愈显著。

（三）博物馆信息化的意义

博物馆信息化对博物馆事业发展具有重要的意义。博物馆是一个不以营利为目的的、为社会发展服务的、向公众开放的永久性机构，其基本职能是以研究、教育和欣赏为目的，对人类和人类环境的见证物进行搜集、保存、研究、展览。因此，博物馆信息化是博物馆实现其基本职能和目的、完成博物馆文化目标的基本工具之一。

博物馆信息化可以使博物馆充分实现两个层面的知识共享。其一是博物馆内部知识共享，由于分工的细化和专业化，博物馆内部各部门之间难免会形成信息壁垒，如文物研究成果、展览资讯、宣教活动以及工作创新动态等信息常常无法为部门之外的员工充分了解。这种隔阂难免会在博物馆内

---

① 《博物馆事业中长期发展规划纲要（2011～2020 年）》，《中国文物报》2011 年 12 月 28 日。

部形成信息分布的不平衡，这种不平衡必然成为提升博物馆业务工作的阻碍。博物馆信息化，可以比较便利地解决这一问题，例如借助数据库和OA平台，即可使博物馆内部形成良好的信息分享环境。其二是博物馆信息化可以使博物馆打破地域的限制，不仅使博物馆之间进行知识共享成为可能，更为博物馆文化传播开拓了全新的领域。

博物馆信息化能够提高工作效率和工作流程的科学性，更为重要的是，信息化之后，博物馆可以有效地、全方位地实现其服务功能，完善其服务质量，提升其服务的准确性和快捷性，推进社会功能的实现。

二、信息时代背景下的博物馆

博物馆是“为社会发展服务”的社会文化机构，在当今社会，博物馆提供的服务已经从原有的陈列、教育和科研服务，逐渐扩展到为满足观众休闲和文化消费需求的服务。其服务范围也发生了两个层面的变化，就博物馆本身而论，其服务已经从简单的展品介绍，演变为对展品文化价值和学术价值的介绍，并从展品延伸到藏品。同时，各博物馆积极参与社区活动，利用博物馆的场地和文化资源，建设新型社会文化中心。互联网为基础的数字技术的利用，为博物馆更完善地服务社会提供了便利，促使博物馆文化传播进入一个全新的时代。

（一）博物馆信息化的内涵

博物馆信息化分成面向内部业务过程和面向外部观众两个方面。在面向观众方面，博物馆信息化的目的是最大限度地提供相关信息服务、更广泛而深入地传播博物馆文化，实现博物馆为社会服务的功能。信息时代背景下的博物馆服务并非以追求新技术为目的，而是以利用新技术提升信息服务质量和加强文化传播效果为目的的。

从上世纪90年代开始，国内面向观众的博物馆数字化技术的利用主要表现在以下几个方面：

1. 展厅设施的变化：博物馆信息化服务最早出现在展厅布置上。从上世纪90年代开始，大型博物馆在陈列改建中，率先引入多媒体技术和局域网技术，使陈列展厅的面貌呈现出与以往完全不同的形式。新技术的应用，给予观众以耳目一新的观赏效果，博物馆因此获得了大批观众，在社会上的美誉度也有所提高。

2. 共享资源内容的变化：在上世纪90年代之前，博物馆可提供的共享资源十分有限，而且仅限于在馆内使用。博物馆信息化之后，博物馆藏品及文献数据库日益完善，并逐渐对社会开放。数据库的建立与共享扩展了博物馆服务的内容，使博物馆从单纯的普及性服务，跃升到文化服务层面，博物馆的文化品性经由信息化而得到丰富和扩展。

3. 传播空间的变化：在博物馆信息化之前，人们只能通过参观博物馆陈列或者阅读专门书刊获得博物馆的文化信息（藏品及其所蕴含的文化资源）。博物馆主动外出进行文化传播也只能通过临时展览、讲演、编辑书刊等有限的方式进行。博物馆信息化之后，人们可以通过互联网方便地获取各个博物馆的相关文化信息，拟定参观计划进行有目的的参观。博物馆也可以通过以互联网为基础的信息平台，更灵活和多样地传播博物馆的文化信息。

（二）信息时代对于博物馆的要求

博物馆信息化并非简单的技术堆砌，在信息时代里，博物馆要保持清醒的目标意识，在眼花缭乱的新技术中寻找机遇，寻找能够实现其社会价值的数字化应用技术，同时创新文化传播模式，强化博物馆的独立文化品格。博物馆事业是社会主义文化建设中的重要部分，其在信息时代的背景下也有新的职责：

1. 基础建设的完善。实现信息化的基本要求就是充分利用现有的以互联网为基础的数字化技术。首先要完善相关的基础建设，包括机房、交换机、服务器、终端设备等的配置。然而，由于经费的限制以及领导的重视程度的差异，再加上硬件设备的更新速度快等因素，事实上，相当一部分博物馆——尤其是中小型博物馆的基础建设并不符合建设数字博物馆的要求。仅以机房而论，2008 年国家文物局曾发布《省级文物数据中心机房技术规范（内部）》，①若参照这一规范，一部分博物馆连最基本的要求都无法达到，更遑论其他。博物馆信息化进程是讲究科学的进程，它不但需要经费、场地和人力，更需要理性规划和科学管理。

在基础建设中，除了硬件设备以外，还要选择和应用基本软件系统。博物馆可选择的软件系统比较多，既可选择现有软件，也可定制。但是，无论何种软件系统，都必须符合具备完善的数据库管理、登录账户专有、科学的字段搜索以及对内统合所有服务器、对外建立应用服务等要求。软件系统的选择，从长远来看，它的重要性高于硬件设备的选择。如果软件系统缺乏适应性，它必将因硬件的升级而遭淘汰，最终造成无法挽回的损失。

博物馆数字化基础建设既要有前瞻性规划，也要有现实性实施步骤，只有这样才能使博物馆的信息化进程与技术的进步相适应。

2. 专业服务系统的建设。要将博物馆信息化这一概念落到实处，使博物馆能够真正借助于数字化技术，在信息时代发挥作用，必须依据博物馆的部门职能，建立起专业的服务系统。这些专业服务系统包括：(1)数据库系统，至少应由藏品数据库、研究资料数据库和业务资料数据库三个子数据库组成，其中藏品数据库是数字博物馆建设的基础性数据库。(2)藏品资料管理系统，该系统是将数据库从数据管理转化为现实服务的系统。(3)展览管理系统，即对博

---

① 参见国家文物局网站 http://www.sach.gov.cn/。

物馆所有陈列和展览，以及展厅中的文物安全、观众流量等进行管理的系统。(4)宣教管理系统，即博物馆社会教育、社会协作的管理系统。

专业服务系统构成了数字博物馆的基本框架，是数字博物馆的建立以及博物馆信息化运作的基础系统。

3. 人员的培训。作为博物馆员工，也就是作为博物馆信息服务的提供者，要熟练地掌握相关技能。互联网技术的信息服务不同于陈列讲解和论文撰写，稍有不慎就会造成无法挽回的影响，因此，除了创建和维护数据库系统的专业人员外，一般员工也必须掌握组织信息、辨识信息、发布信息、维护和保存信息等技能。

在信息时代，与博物馆相关的一般文化知识和信息已经为社会大众所共享，因此，社会大众需要博物馆提供更加专业化或个性化的信息服务，这是信息时代博物馆员工必须重视的问题。因此，在建设数字博物馆，实现博物馆信息化的同时，必须有系统地开展博物馆员工的信息服务培训活动。不仅要强化员工的信息意识和信息观念，更要培养他们熟练利用和整合信息资源的能力。

在信息时代，即便是博物馆专业信息也不会以固有形态存在，它们会随着整个社会的信息的流动而不断更新、丰富。因此，为社会大众提供有效的信息服务，对于博物馆员工来说，实际上是要求他们具有更高的对信息的搜集、整理、组织和综合能力；博物馆员工只有这样才能在信息的海洋中如鱼得水，为社会大众提供更高质量的信息服务。

（三）博物馆数字化技术的利用

在信息时代，数字化、信息化是博物馆适应新时代的必由之路。目前面向社会的博物馆数字化技术的利用主要体现在以下几个方面：

1. 展厅中的多媒体运用。国内博物馆展厅中利用多媒体已经有 10 余年的历史，在具体运用方面也积累了很多经验，技术也日益成熟。就目前发展的趋势来说，在展厅中怎样将多媒体更好地融合在展览之中是一个关键问题。新的数字化技术已经出现，一些馆利用移动网或移动局域网，借助云计算技术，实现了展厅多媒体与互联网的链接，使展厅多媒体能够通过互联网完整地展现在观众面前，强化了观众的体验。

2. 移动互联网相关数字化技术的利用。近两年，随着微博的兴起和智能手机的普及，人们的社交方式发生了巨大的改变。很多博物馆注册了官方微博账号，在与观众和潜在观众之间交流方面取得了良好的效果。新型的集社交、云计算运用的手机微信交互平台的出现，给博物馆提供了一个全新的展示平台。由于这类平台比以往的网站、博客、微博等交互性更为便捷，功能性更为丰富，一些博物馆已经率先进行相应的开发。如上海鲁迅纪念馆在江帆网络科技有限公司的帮助下，开通了智慧博物馆 GOS(Guide and Orientation System)数字服务系统，该系统基于移动互联技术和智能手机，具有很强的功能拓展性，操作简便。目前，纪念馆服务系统由微信公众平台系统、轻应用手机网系统和智能全自动 APP 系统三个子系统组成。观众可以通过智能手机获得展厅语音导览、360 度全景展示、信息发布、观众预约服务管理和互动等 10 余项服务功能。

上海鲁迅纪念馆智慧博物馆 GOS 数字服务系统之
入口端、主页和 360 度全景展示

3. 网站的改进。目前，建设官网已经成为博物馆的一项基本工作。然而，相当部分博物馆官方网站都存在着服务性差和实用性不强的问题。在内容上，如同“说明书”加“简报”，缺乏基本的藏品或研究数据库的支撑，利用率很低，信息含量也不高。其次，页面设计过于“官”化，缺乏亲切感，有些博物馆网站的参观事项中，充斥“禁止”、“须知”之类词语和条目，似乎在警告观众如要到博物馆参观，将会面临一次“文化苦旅”。移动互联网数字化技术的利用虽使网站的重要性降低，但作为在互联网中的“阵地”，博物馆官网在基于数据库的云计算技术的利用等数据集成、分享和协作等方面还有很大的改进必要和创新空间。

三、信息时代中博物馆的发展

数字博物馆的建设是博物馆踏入信息时代的通行证。在数字化技术不断推陈出新的信息时代，博物馆将会发生怎样的改变？这是博物馆学界所关注的问题。

1. 坚守博物馆的理念

博物馆在当今社会文化建设中越来越显示出其重要性，原因就在于各博物馆坚守了为社会服务、传播文化、参与社会文化建设的理念。2008 年，中共中央宣传部、财政部、文化部和国家文物局联合发布《关于全国博物馆、纪念馆免费开放的通知》，一大批博物馆实行免费开放，这是博物馆实现其社会价值和功能的转折点。在信息时代，博物馆不应在眼花缭乱的新技术中迷失自我，而是要清醒地认识新技术的特点，充分利用新技术，彰显博物馆文化理念和文化个性。信息时代，无论何种新技术的利用都离不开数据库及其应用，因此博物馆信息化的核心就是逐步实现博物馆藏品及信息数据库的共享，并逐步实现从有条件的共享到无条件的共享，以真正达到用藏品为社会主义文化建设服务的理念。

2. 强化服务性的体现

今天，云计算技术应用获得了大规模普及。所谓云计算是分布式计算技术的一种，是虚拟化（Virtualization）、效用计算（Utility Computing）、IaaS（基础设施即服务）、PaaS（平台即服务）、SaaS（软件即服务）等技术的组合体。云计算的核心理念是组合一切有效资源搭建一个以服务客户为宗旨的平台。云计算所强调的服务理念，正体现了信息化时代的本质，这也是博物馆信息化的本质。国内博物馆对服务机构的认识经历了从"教育阵地"到"休闲场所"的认识转变过程，实际上无论是"教育阵地"还是"休闲场所"，都属于博物馆服务的一部分。建立服务的理念，不仅仅是形式上的所谓实行"宾馆式服务"，而是要在整个博物馆业务开展过程中贯彻服务的理念，同样，在博物馆信息化过程中更要强调服务意识。

3. 信息化中的文化传播模式

信息化时代的服务，具有针对性强、准确性高和快捷的特点。博物馆信息化的服务也是如此。在信息化的条件下，博物馆可以用数字化技术有效地对观众需求进行分类，然后根据不同的需求提供有针对性的个性化服务。同样，也可以利用数字化技术，将博物馆所能提供的服务，分成功能与目标不同的模块。

在信息时代，博物馆文化传播依然将沿用传统的文化传播方式，如社区活动、博物馆课堂、市民讲座等。但是，由信息化派生出来的基于个性化服务的文化传播基本上是模块化服务：通过不同服务模块的组合，以实现个性化服务的要求。博物馆信息化条件下的模块化服务是博物馆文化传播的新模式。

总之，信息时代的数字化技术的利用和信息化运作，为博物馆实现多层次社会服务和文化传播提供了新途径和新方式。信息时代对于服务性理念和行动的强化，将促使信息时代中的博物馆进一步增强服务意识，从而为博物馆实现其社会价值和文化理念提供一个全新的保障。

附:上海鲁迅纪念馆简介

上海鲁迅纪念馆为事业单位,隶属于上海市文物局,为国家一级博物馆。

上海鲁迅纪念馆于 1950 年由华东军政委员会文化部着手筹备,同年 7 月批准建制,8 月鲁迅的夫人许广平来沪指导筹建,11 月周恩来题写馆额"鲁迅纪念馆"。1951 年 1 月 7 日正式对外开放,为中华人民共和国成立后建立的第一所人物类纪念馆。馆址在上海市虹口区山阴路大陆新村 10 号,9 号为鲁迅故居。1956 年,为纪念鲁迅逝世 20 周年,国务院决定将位于上海虹桥路万国公墓(现为宋庆龄陵园)内的鲁迅墓迁移到虹口公园(1988 年更名为鲁迅公园),同时在该园内兴建新馆舍,同年 9 月对外开放。1998 年馆舍在原址上改扩建,1999 年 9 月重新开放至今。

上海鲁迅纪念馆馆舍主体为具有江南民居风格的二层庭院式建筑,白墙、黛瓦、野山面花岗石墙裙。整体建筑由两组庭院式建筑交错围合而成,南立面建筑保持了 1956 年的设计外观;进入大门后为入口庭院,既为原建筑让出空间,又为新建筑设计了前庭前景;第二庭院是"百草园",该园取绍兴鲁迅故居中的百草园之意,内植鲁迅作品中提及的皂角树、何首乌、枣树等,并置有从绍兴运来的石井栏、乌篷船等。馆舍地下一层为文物库房和设备用房;地上一层为临时专题展厅"奔流艺苑"、多功能报告厅"树人堂"、专为收藏鲁迅同时代人遗存的"朝华文库"、鲁迅图书馆和其他服务设施;地上二层是鲁迅生平陈列厅。馆舍占地面积 4 212 平方米,建筑面积为 5 043 平方米。

上海鲁迅纪念馆的基本陈列"鲁迅生平陈列",从建立之初的概观式的简单陈列到今天多样化的展示,其间经历了几个阶段,最初由鲁迅研究专家唐弢、方行等担纲筹建,打下了坚实的基础,以后历经多次改陈,保持了先进水平。1999 年的鲁迅生平陈列"民族魂"是突破以前生平陈列局限的创新之作。2011 年鲁迅生平陈列改建完成,整个陈列分为"生命的人"、"首在立人"、"画出国人的魂灵"、"保存者、开拓者、建设者"、"精神界之战士"、"人之子"六个专题,分别表现鲁迅在文学、培养青年、中外文化交流、社会政治活动等方面的历史功绩以及对中国社会产生的深远影响。鲁迅生平陈列被国家文物局评为 2011 年度全国博物馆十大陈列展览精品。

"朝华文库"是 1999 年设立的专门展示鲁迅同时代人的文物资料专库,"朝华文库"库额由巴金题写。仿当年鲁迅编《艺苑朝华》、《朝花夕拾》的先例,取保存文化精华之意,兼有保藏、展示、研究、纪念四大功能。"朝华文库"目前分为两个专库,一库的库主主要是鲁迅同时代人,二库的库主则为鲁迅研究者和木刻艺术家。"朝华文库"采用青瓦粉墙、青砖地面、红漆木制门窗结构,有凝重洗练、古色古香的氛围。

上海鲁迅纪念馆的馆藏文物,主要由历年征集以及鲁迅夫人许广平、鲁迅生前好友捐赠组成。到目前为止,馆藏文物总数为 7.8 万余件,其中国家一级文物 93 件、二级文物 6 360 件、三级文物 11 398 件。这些文物中包括鲁迅石膏遗容、《故事新编》文稿、《赠邬其山》诗稿、《毁灭》译稿，瞿秋白、丁玲、柔石等手稿，以及 6 000 余幅中国现代木刻。

鲁迅墓原位于上海西郊虹桥路万国公墓(现为宋庆龄陵园)，1956 年 10 月 14 日迁葬上海虹口公园(现鲁迅公园)，由上海鲁迅纪念馆管理。鲁迅墓由陈植设计，墓碑文“鲁迅先生之墓”为毛泽东手书，墓穴前的鲁迅铜像为雕塑家萧传玖所作，墓的建筑面积为 1 600 平方米，全部由花岗岩建成。1961 年 3 月 4 日由国务院公布为第一批全国重点文物保护单位。

鲁迅故居位于上海虹口区山阴路(原名施高塔路)大陆新村 9 号，是一幢红砖红瓦带花圃的三层楼房。鲁迅于 1933 年 4 月 11 日迁入，1936 年 10 月 19 日在这里逝世。因大陆新村在上世纪 30 年代地处公共租界“越界筑路”地段，具有半租界性质，所以鲁迅称自己的书房为“且介亭”(取租界两字之半为“且介”，“亭”为“亭子间”之意)。鲁迅在这里先后撰写并编辑完成了小说集《故事新编》、杂文集《伪自由书》、《南腔北调集》、《准风月谈》、《花边文学》、《且介亭杂文集》等，翻译了《表》、《俄罗斯的童话》、《死魂灵》等，编辑了瞿秋白译文集《海上述林》以及木刻版画集《引玉集》、《凯绥·珂勒惠支版画选集》、《木刻纪程》等。鲁迅故居在 1950 年筹建上海鲁迅纪念馆时恢复并对公众开放，由上海鲁迅纪念馆管理。1959 年鲁迅故居被评为上海市重点文物保护单位，1977 年调整为上海市文物保护单位。

浅议博物馆的营销路线

Discussion of Museum Marketing Model

刘　莉*
（蓬莱古船博物馆）

摘　要： 为了更好地发挥博物馆的宣传、教育和社会服务功能，博物馆营销势在必行。博物馆的营销路线主要有内外两方面：对内，加强博物馆自身建设，做好产品营销；对外，加强与社会各界的联系，实现合作营销。

关键词： 博物馆　营销　宣传　社会效益

Abstract: In order to enhance and leverage museum's capabilities on propaganda, education and social services, it is imperative to start museum marketing. The museum marketing model has two key pillars: one is internal oriented which should focus on keeping constructing a qualified and well-designed museum with best products into market, and the other one is external oriented which should put more efforts on extending social connections and visibility to reach the best exposure and value promotion through cross marketing.

Keywords: Museum, Marketing, Propaganda, Social Benefit

一、概　述

博物馆作为一个地域社会发展的缩影，一个众所周知、影响深远的文化机构，已经慢慢成为现代城市的“名片”。国际博物馆协会对博物馆的定义是：博物馆是一个为社会及其发展服务，向公众开放的非营利性常设机构，为教育、研究、欣赏的目的征集、保护、研究、传播并展出人类及人类环境的物质及非物质遗产。我国古代没有博物馆之说。19 世纪以来，到过西方的中国人开始接触外国博物馆，他们把 Museum 译成“博物馆”（“博物院”）。自

* 作者简介：刘莉，女，蓬莱阁管理处蓬莱古船博物馆馆长。

此以后,“博物馆”之称逐渐通行于中国。[①] 从 1905 年张謇先生开办第一座博物馆——南通博物苑,到今天为止,我国已拥有各类博物馆超过 3 500 座,尤其是近几年,几乎是以每年 100 座的速度递增,中国的博物馆建设已经进入到一个快速发展的时期。随着人们物质生活水平的不断提高,休闲时间相对增加,知识流通速度增快,文化旅游、文化共享、智能科技等渐渐兴起,在这种情况下,博物馆面临着新的挑战,同时也面临着大好的发展机遇。正如国际博物馆协会中国国家委员会主席张柏先生在《经营博物馆》一书的前言中写到的,“无论是拥有悠久历史的老馆,或是适应形势刚建成的新馆,无论是综合馆,或是专业馆,无论是国家级或地方的国有博物馆,或是纷纷涌现的民营博物馆,都正是需要吸取养分,参考国际先进理念的时候”。那么,如何更好地与国际接轨,通过自身的一系列调整变化,积极投身到社会事务中,更好地发挥博物馆的宣传、教育和社会服务功能呢?

二、博物馆营销是一种趋势

国际营销学大师菲利普·科特勒一直倡导社会公益机构要用市场营销的理念和方法推进公益事业的发展壮大。国际博物馆协会出版的《经营博物馆》一书,也强调博物馆经营的重要性,并指导博物馆如何经营。可以说,将市场营销理念引入博物馆已经取得基本共识。

将市场运作方式引进博物馆在西方博物馆界已经相当普遍,并取得了良好的效果。从上世纪 90 年代开始,市场营销也渐渐成为我国博物馆界的热门话题,许多博物馆特别是大型博物馆也开始尝试开展营销活动。财政部副部长张少春在全国博物馆、纪念馆免费开放会议上作了题为《大力支持博物馆、纪念馆免费开放》的讲话,指出:“要吸引社会力量,建立博物馆、纪念馆多元化投入机制,在加大财政经费保障力度的同时,要积极采取措施,鼓励拓宽博物馆、纪念馆的经费来源渠道,更好地满足博物馆、纪念馆的改革与发展需要。免费开放的内容主要为基本陈列和使用财政资金举办的公益性专题展览,博物馆按市场化运作、引进的特别展览,可按规定适当收取费用,免费和收费的项目都应明确公示。要支持合理开发,制作具有各个博物馆、纪念馆自身特色的文化产品。有条件的博物馆、纪念馆可探索建立事业发展基金,引导社会力量捐赠。”[②]可见,国家也鼓励免费开放后的博物馆灵活运用市场运作方式,积极拓宽经费来源。博物馆营销势在必行。

博物馆作为非营利性机构,不能把营利作为终极目的,但并不是不可以

① 王宏钧主编:《中国博物馆学基础》,上海古籍出版社,2011 年。

② 黄洋:《博物馆:营销的大旗能举多高》,《中国文物报》2011 年 1 月 12 日。

有任何的营利行为。博物馆营销是指“运用或借用营销学中关于商业企业的营销理念与策略，结合博物馆实际情况进行博物馆运营和管理，在不违背博物馆社会服务机构的性质，坚持社会效益为先的前提下，创造最大经济效益”①。“不是把博物馆当成一般商业行为的运作，而是在作为社会需求，以非营利事业为主的博物馆，如何发挥更完善的服务工作。”②在免费开放的情况下，我国博物馆人对今后发展方向进行了调整，实现了以物为中心到以人为中心的转换，强调以人为本。从强调博物馆是文物保护、收藏、研究的机构，到现在更多地强调一切的保护、研究、展览陈列都是为教育服务，把教育、社会服务作为一项非常重要的工作。也就是说，博物馆营销不仅仅是为了获取经济效益，更大程度上是通过利用馆藏及陈列展览，进行自我宣传，让更多的观众了解博物馆的信息、动态，从而提高博物馆的知名度，并利用获得的经济效益更好地用于博物馆的发展建设，更好地发挥服务社会的功能，取得更大的社会效益。因此，市场营销已经成为博物馆发展的趋势，是博物馆发展的必备管理工具。

三、博物馆营销应遵循的路线

商业活动会犯的错误是把营销只是当做促销和买卖的过程，营销学最著名的教授菲利普·科特勒说过：“卖东西只是营销这座冰山的顶端技巧而已。”现代营销学的特色是，全程贯穿产品的设计，融入市场，安排促销活动，最后使客户满意③。市场营销导向出现以后，消费者成为焦点。对于博物馆来说，观众无疑是市场营销的重点。一个博物馆如果能将所有运作的重点都放在观众身上，在提出发展计划时，能够融入观众的需求，那么在增加观众人数方面将会有更大效果。

目前，我国许多博物馆已经同国际接轨，迈出了市场营销的脚步，进行了一些改革和尝试，取得了一些喜人的成效。但是大部分博物馆，特别是一些中小型博物馆，由于基础设施薄弱、管理缺乏活力、资源利用不充分、观众人数少、营销专业人员缺乏等原因，特别是免费开放后，财政拨款可以满足博物馆的基本需求，于是形成了安于现状、坐享其成的状态，市场营销的脚步踌躇不前。但是这种经营模式显然已经远远跟不上现代博物馆发展的步伐，正如国际博协主席雅克·佩罗特指出的，“当代的经济和社会问题影响着每个博物馆和博物馆工作人员。近年来，博物馆已越来越快地触及这些新的问题，新的财政政策，新的管理手段，对信息使用、网页和电子商务的新

---

① 徐玲、张礼刚：《试论博物馆营销策略》，《北方经济》2002 年 6 期。

② 黄光男：《博物馆行销策略》，台湾艺术家出版社，1997 年。

③ [英]博伊兰著，黄静雅、韦清琦译：《经营博物馆》，译林出版社，2010 年。

认识，都已成为许多博物馆每天必须注意的问题”①。所以，现代博物馆要顺应时代发展的需要，走创新发展之路，不仅需要开展市场营销，更要结合自身实际，注意研究营销的方式。

博物馆的营销方式主要有内外两方面：对内，加强博物馆自身建设，做好产品营销；对外，加强与社会各界的联系，实现合作营销。

(一)加强博物馆自身建设，做好产品营销

第一，打造精品陈列，强调“体验式营销”。

展览是博物馆“产品”的基础，也是观众的兴趣和需求所在。博物馆以展览的形式，把人类的精神文化产品投放市场。博物馆生产的是以陈列展览为核心的特殊产品。生产出高质量、上档次的精品陈列展览是博物馆品牌形成的第一步，它不仅要求陈列展览的内容和形式设计最大限度地符合公众的审美情趣，最重要的是要有自己独特的风格和特色②。随着我国博物馆事业的蓬勃发展，为了更好地发扬博物馆“以人为本”的办馆宗旨，博物馆应该更加注重研究观众的意愿、需求和行为，使陈列展览的质量不断提升，在研究展览主题及展览形式时，除了邀请专业人士外，更要邀请各个领域的社会人士参与展览设计，力求使展览更加贴近实际，贴近生活，贴近群众，并利用多媒体、高科技等展览手段，打造观众喜闻乐见的展览形式，提供一种身临其境的体验式参观，鼓励观众动手、近距离接触，强调参与和互动，将原来的走马观花式的简单参观发展为动手摸、用脑想的体验式参观。通过这种体验式营销，使博物馆产品真正走近参观者，给观众留下难忘的印象。随着1996年国家文物局启动博物馆陈列展览精品工程以来，越来越多的博物馆开始重视陈列展览，迄今为止，已经有100多个精品陈列展览脱颖而出，对博物馆的发展起到了引导作用。

第二，树立博物馆品牌，进行“形象营销”。

由于所处的地域环境不同，历史文化不同，每个博物馆都有其与众不同的特点。因此，博物馆要根据自身性质、藏品特点、地域特色等，充分发掘闪光点和独特性，树立标志性的形象，进行“形象营销”。

“形象营销”可分内部营销和外部营销两部分。从内部看，近几年，很多博物馆引进ISO9000质量认证管理体系进行运营管理，使内部管理更加规范化、人性化。博物馆内部从展览到服务处处以观众为中心，精心设计的特色展览、功能齐备的服务设施、工作人员细致周到高品位的服务，都会使观众产生宾至如归的感觉，从而树立博物馆的良好形象，给观众留下美好的回忆。从外部看，博物馆要有自己的标识，使竞争对手难以模仿，使社会公众易于辨识，如富有创意的博物馆建筑，既能给观众留下强烈的视觉震撼，又

---

① 王宏钧主编：《中国博物馆学基础》，上海古籍出版社，2011年。

② 田宝成：《博物馆的“体验式营销”》，《企业导报》2009年4期。

可以成为一个城市的地标；富有深刻文化内涵的“馆标”，既要出现在博物馆建筑物的醒目位置，也要出现在门票、纪念品、宣传材料、信笺、网站页眉等与博物馆相关的素材上，通过反复的视觉冲击，加深观众对博物馆的认知。

另外，博物馆也可以像商品一样，创建自己的品牌，进行商标注册，成为艺术品鉴定、组织文化教育展览等服务教育活动，甚至是观光旅游等方面专用的品牌。故宫已经成为我国文博界第一家拥有注册商标的单位。品牌的创建，有利于博物馆文化产业的繁荣和发展。

第三，创造经济利益，进行“拓展营销”。

随着社会公众素质的不断提高，他们对博物馆的要求也在不断提高。为了满足观众的要求，博物馆需要投入大量的财力物力，而政府拨款远远满足不了博物馆提供高品质服务的需要。所以，博物馆虽是“非营利机构”，但博物馆可以从事合法的经营活动，通过提供社会需要的物品和服务，获得超出成本的合理限度的收益①。充分运用市场经济的有效方法，拓展营销渠道，加大营销力度，更好地服务于社会，发挥更大的社会效益。

1. 展览营销

虽然目前博物馆大多实行免费政策，但通常指的是常规展览，博物馆在常规展览之外还可推出特别展览活动，可以通过宣传自身的展览条件和观众基础，吸引商业机构参与设展。同时，可以利用藏品特点，与专业的展览公司合作，组织策划可以走出去的专题展览，展览场所不仅仅局限于博物馆，可以是更为大众化的星级酒店、展览中心等，这样既可以收到很好的经济效益，又可以扩大展览的区域，扩大参观者的范围，取得更好的社会效益。

2. 商品营销

博物馆在重视展览陈列设计的同时，也应重视纪念品的开发设计。博物馆开发的旅游纪念品被赋予了地方特色、文化个性和艺术品位，承载着历史文化信息。相比市场上同类商品，博物馆的纪念品具有更高的人文和科技附加值，因而也具有更强的市场竞争力。所以，博物馆除了根据藏品特别是精品，制作精美的仿品或复制品外，还可以自主开发一些体现博物馆展览特色和展览主题的纪念品，作为博物馆教育和传播职能的扩展延伸。同时，要有针对性地开发不同档次的精美纪念品，满足不同人群的需要。

博物馆不要仅仅把销售纪念品的地点局限在馆内或固定的销售商店，还应加强和本地商场或其他零售渠道的合作，加大在线销售的力度，这样才能获得更多的经济收益。同时，博物馆建设的纪念品销售网，实际上也能形成新的文化传播渠道，从而使博物馆的历史文化传播更广泛、更持久、更深入，满足人们日益增长的文化需求，更有效地发挥博物馆的传播功能并增强

---

① 骆士泉：《论博物馆的营销策略》，《东方博物》2005年2期。

传播效果，推进博物馆国际跨文化传播。①

3. 会员营销

将会员制度引入博物馆，市民只需交纳一定的会费，便可以成为博物馆的会员并享受到博物馆提供的高端文化服务。无论是免费博物馆还是收费博物馆，会员制都对博物馆的资金筹措和社会影响产生了积极的作用。推行会员制是国际博物馆的通行做法，但在中国尚处于起步阶段。中国博物馆学会理事张文彬也指出："会员制目前只是市民走进博物馆的第一步，随着国民经济的进一步发展，博物馆会员制肯定会为大众所接受，其中也包括高级会员和贵宾会员。"现在有一些博物馆已经进行了积极的尝试，例如上海博物馆，通过推行会员制，很好地贯彻了为城市文化建设服务的宗旨，也有力地推动了中国博物馆的发展。会员制在中国的不断推进和成熟，终将成为博物馆联系社会的桥梁和开展社会教育的重要模式。

4. 互联网营销

随着营销观念的慢慢深入，博物馆界纷纷运用多种途径，积极开展自我宣传营销，特别是随着计算机产业的发展，互联网逐渐成为宣传营销的新媒体。网络营销、微博营销、RSS营销、SNS营销、数字博物馆等等，博物馆运用这些营销渠道，迅速、广泛地发布展览更新信息和最新活动动态，并实现博物馆与公众的实时交流、公众之间对博物馆信息的共享，为观众带来更加真实、便捷的体验等等。在互联网迅速发展的时代，借助互联网是提升博物馆营销效果的一种重要手段，对于一些新兴的博物馆而言，互联网营销甚至应该成为营销的首选和主要渠道。

（二）加强与社会各界的联系，实现合作营销

第一，加强与媒体合作，举办各种社会活动，做好广告宣传推广。

俗话说"酒香也怕巷子深"，有力的宣传能为博物馆吸引观众和向社会融资打下良好的基础。报纸、电视、广播、杂志是博物馆宣传的四大传统媒体，博物馆经营者要具有敏锐的新闻捕捉力，关注社会热点，加强"炒作"意识，借助国际博物馆日、世界文化遗产日、妇女节、青年节、儿童节等，举办相关主题的临时展览、巡回展览或相关的主题活动，并借助主题内容进行宣传营销。策划周密的宣传手段是博物馆营销制胜的一大利器。

第二，加强与旅游业的合作，提高旅游的文化品位。

随着社会物质文化水平的提高，旅游的层次也在不断提高，主题旅游的概念渐渐兴起。除了游山玩水之外，人们逐渐开始注重旅游的文化品位，而博物馆无疑是最具文化品位的景点。目前，国内除了一些有名气的博物馆如故宫、秦始皇陵兵马俑等早已是旅游的热点外，旅行社很少将博物馆纳入

---

① 申小红：《试论博物馆的营销理念》，《中国文物报》2007年9月19日。

旅游线路的组合之中。因此，博物馆与旅行业的合作有很大的发展前景。但由于博物馆作为旅游线路上的一个点，往往不是旅游的目的地，所以博物馆要与旅行社加强沟通，了解旅游动向，及时调整相应的服务设施，如实行联合包装，主题相同的博物馆联合推出博物馆旅游专线等等，真正将“博物馆与旅游”结合起来。旅游一直追求创新，也许博物馆旅游将会成为旅游的一个新导向。

第三，加强社会联系，争取社会融资。

我国博物馆建设的投资主体是政府，除了积极开展博物馆建设活动，取得政府的理解和支持，获得财政拨款以外，博物馆还要积极拓宽经费来源，社会融资就是一条重要的渠道。例如建立博物馆建设社会基金，采取政策鼓励的办法，或者深度挖掘博物馆的商业价值，力求找到回报点，面向社会进行资金征集或募捐。随着中国博物馆的蓬勃发展，社会影响力的不断提高，博物馆在吸引社会投资方面，存在着巨大的市场发掘潜力。

四、结　　语

综上所述，博物馆无论采取什么样的营销路线，都必须从自身的实际出发，进行科学的分析和决策，在加强自身建设的基础上，加强社会联系，求真务实，不断创新，既讲求多元性，又讲求科学性。只有这样，才能取得更快更好的发展。

博物馆作为社会公益事业单位的“非营利性”机构，营销的目的不是为了获取经济利益，而是要更好地发挥社会教育和服务功能。所以，我们要努力学习国际先进的营销理念，把握营销机遇，转变营销思路，创新营销模式，提高营销效果，不断进行自我完善，努力提高适应社会变革的能力，使博物馆事业的发展进入良性循环的轨道。

附：蓬莱古船博物馆简介

蓬莱古船博物馆建于全国重点文物保护单位蓬莱水城及蓬莱阁内，建筑面积 7 276 平方米，展陈面积 5 000 平方米，总投资 1 亿元。

蓬莱水城古称登州港，是连接东方海上丝绸之路的重要枢纽。1984 年和 2005 年，在蓬莱水城小海两次清淤过程中，相继出土四艘古船，其中，蓬莱 1 号、2 号古船为元明时期战船，3 号、4 号古船为明代高丽货船，种类之多、数量之大为国内外罕见。2005 年，由山东省文化厅主持召开了"蓬莱水城小海古代沉船保护专家论证会"，与会专家一致同意在发掘古船遗址上建馆，进行实物展览，原址保护。从古船发掘到船材保护，从结构分析到古船复原，每个步骤都有相关专家进行全过程跟踪指导，诸多研究成果令世人瞩目。沉船经过近 8 年的脱水脱盐固化保护，以历史原貌，呈现在世人面前。

2008 年 7 月，蓬莱古船博物馆新馆破土动工。崔恺院士欣然受邀为博物馆量身打造极具个性的建筑方案。建筑设计引入现代博物馆的设计理念，在遵循文物保护基本原则的前提下，博物馆主体采用半卧于地下的覆土式建筑，外观设计上造型独特，屋顶按照 1∶1 的比例复原了发掘的三艘古船，营造出古军港帆桅林立、战船森森的景象。整体建筑形式与水城的明代古军港风貌融为一体。

古船馆是在发掘遗址上建设的专题性博物馆。馆内主要陈列了四艘出土古船和大量的出土文物，是目前我国陈列古船种类最丰富，数量最多的博物馆，同时也是目前我国唯一发掘并陈列有外国古船的博物馆。

展馆主体陈列区位于海平面以下，游客通过平实简洁的入口通道，穿过室内栈桥步入厅堂，豁然开朗的空间里，出土古船静卧在小海之中。

博物馆展示区分五个部分：序厅、昔日回眸——古代中国北方第一大港、瑰宝再现——蓬莱水城海底沉船、船业史话——中国古代传统造船技术、多媒体互动区，突出"出土古船、登州古港、登州府城"三大主题，全面系统地介绍出土古船的历史以及与登州的关系，对研究中国古代航海史、造船史、军事史以及登州古港在中国古代海上丝绸之路和海防中的地位和作用都具有重大和深远的意义。

"出土古船"是博物馆的核心展示内容，为了让观众更好地了解出土古船的背景、意义以及与古登州港的关系，"昔日回眸"和"船业史话"是出土古船的两个重要的展示背景。其中，"昔日回眸"帮助观众了解出土古船与登州的关系，特别是登州在中国古代海上丝绸之路和海防中的地位和作用。"船业史话"帮助观众了解出土古船在中国造船及航海史上的技术成就及其所处的地位、价值。而"多媒体互动区"系配合展览内容的观众参与项目，涉及航海技术、驾船体验、天象观察等，旨在通过互动参与加深观众对展示内容的印象。

古船馆展陈运用了雕塑、壁画、模型、沙盘、大型幻影成像、场景复原、古船线条勾勒、发掘遗址展示等多种艺术手段及声、光、电、多媒体互动等现代化手段，用动态的影像营造活的历史。馆内除了陈列四艘古船外，还有黄花梨造船木、紫檀木舵杆、磁州窑云龙纹白釉罐、宋耀州窑刻牡丹纹执壶、碗口炮、千佛缸、铁锚、缆绳等珍贵文物，反映了古登州港较高的军事地位和繁荣的海上贸易。

步入馆内，一架栈桥穿越古船遗址陈列区，从桥上俯瞰，三艘古船尽收眼底；仿甲板的通道上，内嵌的三块青铜卧地浮雕，镌刻"船、港、城"，揭示了古船馆展览的三大主题。向栈道尽头望去，通过大型船型环幕"登州梦寻"，登州港气势如虹的历史一一展现在观众面前。

沿着两壁嵌有百船图的通道而下，到达"昔日回眸"展区，该区以展示登州港历史文化为主题，以朝代顺序为主线，宋代以前主要从海上丝绸之路的角度展示登州港在中、日、朝之间的贸易与文化交流；明代以后主要从海防角度展示登州港在我国海防中的地位和作用，兼及海上漕运。以大型幻影成像手段，通过虚实结合的形式鲜活生动地表现唐代登州古港"日出千杆旗，日落万盏灯"、舟船飞梭、商贾云集的繁荣景象。唐代登州街景实景复原，通过建筑复原、形形色色的人物塑像，与艺术画面延伸相结合，将唐代登州著名的人物典故、事件融入其中，辅以场景道具、音效等手段，使观众仿若穿越时空，置身其中去感受古港的繁荣与昌盛。

另外，馆中由国内外著名艺术家创作的"秦始皇东巡"大型汉白玉浮雕、"汉武帝"铸铜雕塑、"漕港登州"油画等，给整个展览更添几分华彩。

穿过"昔日回眸"展区，古船馆的核心展区——"瑰宝再现"展现在眼前。这里主要展示水城出土的四艘古船实物及其发掘、研究和保护状况。

展区中，1 号古船被微微托起，辅以金属线条，勾勒出原有的形态。通过木质与金属材质的反差，营造出强烈的视觉效果；2 号、3 号古船则静卧海底，呈现出出土时的沧桑，激发观众去探索古船原有的形态、技术以及它们身后的迷人身世。利用多媒体投影、灯光，营造海底水环境，游客漫步于遗址区，与古船进行近距离、跨时空对话。屋顶复原古船与残存的船体相互对应，形成奇妙的对话氛围，一道道荡漾的水纹，在遗迹上留下斑驳的光影，在新与旧、光与影的交织中，产生一种神秘而悠远的气氛。

2011 年，蓬莱、南京、扬州、宁波、福州、泉州、漳州、广州、北海九城市联合申报"海上丝绸之路"世界文化遗产。2012 年，这条线路被国家列入"申报世界文化遗产预备名单"。申遗要求有丰富的历史文化遗存。蓬莱 3 号、4 号高丽古船的出土，为研究中韩政治、经济、文化及造船技术的交流提供了重要的实物例证。

为了形象生动地表现蓬莱古船复杂的结构和精湛的建造工艺，在古船研究专家的指导下，博物馆制作了大量船构件，辅以图版、投影、复原造船场景等多种手法，力求将深奥的专业知识通俗化；通过对舵、帆、锚具等的专题展览，将随船出土的稀世珍宝——紫檀木舵杆呈现给观众。

穿越造船时空，到达“船业史话”区。墙面上，年代为经，船型为纬，直观地展示了中国造船发展的历史，旨在帮助观众了解蓬莱古船在中国造船及航海史上所处的地位、价值和技术成就。

为进一步丰富古船馆展览内容，在多媒体互动区，我们利用虚拟体验划桨搏击、视频演示打水手结等参与性项目，将古船知识趣味化，通过亲身体验加深游客对古船馆展示内容的印象。

展馆建筑主体 2009 年 4 月 30 日竣工，2012 年 5 月 18 日正式对外开放。蓬莱古船博物馆建成开放之际，“海上丝绸之路与蓬莱古船·登州港国际学术研讨会”隆重召开，中国、韩国、日本研究海上丝绸之路、海洋文化、海交史、古港史、古船史的 30 余名顶尖学者，围绕海上丝绸之路、蓬莱古船、登州港以及中外航海文化交流等主题进行深入研讨，会议共提交论文 50 余篇，其中 35 篇精品论文集结后，出版了《海上丝绸之路与蓬莱古船·登州港国际学术研讨会论文集》。

蓬莱古船博物馆是一座以古登州港及其出土古船为主题，集收藏、研究、展示、旅游、教育为一体的多功能的专业性博物馆，强调科普性、知识性、教育性、休闲娱乐性。另外，在四艘古船的发掘遗址上新建的古船馆，营造出古船出土的真实场景，是国内遗址博物馆的代表。蓬莱古船博物馆将会更好地发挥科普和教育功能，普及文物考古知识、解读古航运文化，宣传文化遗产保护理念，为我国的文物保护和利用作出更大的贡献。

信息时代背景下博物馆的挑战与机遇
——论博物馆信息之路

The Challenges and Opportunities of Museums under the Background of Information Age: The Road of Museum Informatization

刘尚清*
（鸦片战争博物馆）

摘　要：时间不能倒流，潮流不可逆转，因势而为方能立于潮流之上。本文探讨了在风云变幻的信息时代下，博物馆的IT应用正面临着什么，如何应对时代的一些问题。笔者结合自身相关的工作和学习中的经历，为如何建设数字博物馆提供一些参考。
关键词：数字博物馆　信息时代　信息化

Abstract: Water is irreversible, time can not turn the clock back. This article discusses what is the IT application of museums faces to under such an instantaneous changing age, and how to deal with the related problems. Basing on the experience of the related work and learning, this article tries to provide some advices for constructing the digital museum.
Keywords: Digital Museum, Information age, Informatization

"宽带中国"战略！这是李总理在7月12日主持国务院常务会议时提出的工业和信息化发展路径。透过此战略可见，在不远的未来我们将进入一个无所不及的全民信息网络时代。信息技术早已经全面渗入我们的工作和生活，现代社会已无法离开信息技术。

博物馆和信息密不可分，国际博物馆学委员会前主席冯·门施认为"博物馆学属于信息科学"（1994年）①。他认为博物馆的"物"是信息的载体。从这个角度理解，博物馆其实就是一个为公众生产（收集、保管、研究、挖掘）

---

* 作者简介：刘尚清，男，鸦片战争博物馆副馆长。

① 王宏钧主编：《中国博物馆学基础》，上海古籍出版社，2001年。

和传播(展览、宣教)文化信息资源的组织。自半导体和二进制将信息技术推进到数字时代,数字技术和信息技术便几乎画上了等号。基于博物馆和信息学的关系,博物馆已不可避免地运用越来越多的数字技术来为其工作服务。在这样瞬息万变的信息时代,为更好地促进博物馆的生产和传播,以更优的方式为公众提供更多、更好的文化信息产品和服务,数字化和网络成了最为必要并且高效的途径,这就意味着,我们必须加强数字博物馆的建设。

一、信息时代博物馆的挑战

数字博物馆建设已成为博物馆人的共识,而怎样建设,和建设怎样的数字博物馆是目前主要的问题。新信息时代下,要解决好这个问题,博物馆面临着三方面的挑战和问题。

(一)无法定界的数字博物馆

关于数字博物馆的定义业界讨论热烈,如美国博物馆学者里维斯认为数字博物馆是"一个可透过电子媒介存取与历史、科学或文化相关的数字化影像、声音档案、文件及其他数据的集合体"(1996 年)①。这类定义还有许多,是否准确,目前学者各执一词,莫衷一是。我个人视之为一个广义的概念,即将数字博物馆定义为数字技术的博物馆应用。本文所论述的数字博物馆即基于此定义。

博物馆的数字应用随着科技的发展而发展。上世纪 70 年代,随着电脑技术的应用,博物馆开始运用类似于 MIS 的信息系统以辅助藏品的管理,这也是博物馆信息化的开端。随后,局域网的发展,办公自动化走进了博物馆;互联网的发展,博物馆从建设网站开始慢慢走向网上博物馆;数据库和集成技术的发展,又出现了集藏品管理、文件流转和档案管理等多业务功能的网络数据库集成管理系统;视频压缩技术,又令安防数字监控在博物馆得以应用;多媒体技术,在发展了导览触摸屏等自助服务终端的同时也发展了博物馆的展览展示技术;3D 技术的发展,又出现了虚拟漫游的虚拟博物馆,并产生了 3D 数字采集技术;自动控制技术,又令楼宇场馆智能化走入了博物馆;RFID 技术的发展,又催生了票务系统。近两年,随着智能手机和智能终端的迅猛发展,又出现面向手机和平面电脑的应用,如微博、App、微信。不久的将来,云技术、可穿戴设备、3D 打印技术也将以不同的方式进入到博物馆的应用当中。

琳琅满目的数字技术带来了应接不暇的应用。这些数字技术在博物馆

---

① 顾恒:《浅谈数字博物馆》,《沧桑》2006 年 5 期。

的应用表明，运用于数字博物馆的技术在不断地发展更新，对于建设和管理者，想用一套系统或一个平台一劳永逸地完成数字博物馆的建设是不可能的。这也就决定了数字博物馆的建设是一个永恒持续并且迅速变化的过程，这为数字博物馆的建设增加了难度。

（二）多元化的数字博物馆

信息技术使我们这个时代越来越多元化，博物馆亦不例外。信息技术，尤其是网络技术的发展正在改变博物馆的服务内容、服务方式和服务手段，信息化、数字化和网络化使得博物馆的生产和传播也同样变得更加多元。

1. 信息传播的多元化

1）网络传播向多平台的转变

几年前，网络传播主要以网页的形式进行，想了解一个博物馆，就上它的网站去瞧瞧。随着智能手机和平板电脑的飞速发展，现在想了解博物馆，还可通过微博、App、微信等平台（图1）。

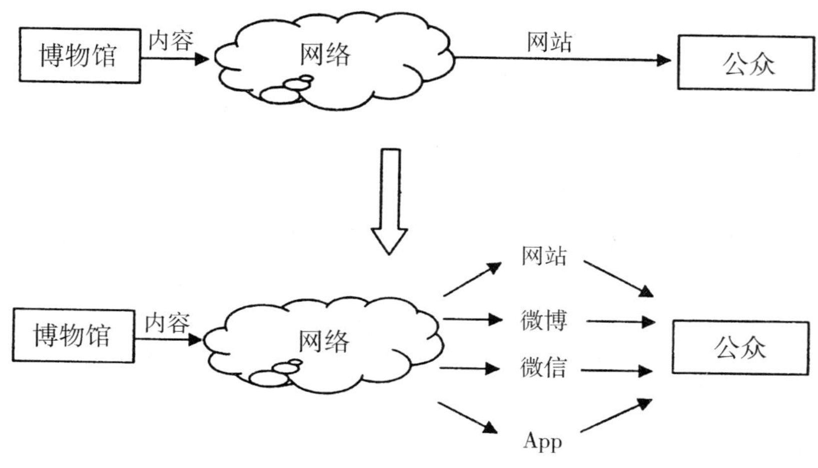

图1　网络传播向多平台的转变

但多平台并不代表就是好事，除了要建设好之外，还要运营好、应对好。从郭美美、“烟哥”周久耕到“表哥”杨达才，我们感受到了微博的力量，也感受到了微博的压力。媒体正由宣传媒体向全民媒体转变，这样的多平台对我们的舆论危机应对同样提出了新的挑战。

2）传播形式的多元化

博物馆的传播形式正在由单方的推动式、宣教式传播向多方的互动式传播转变。一直以来，博物馆以展览和宣教两种形式，进行着程式化的传播。数字技术给公众和博物馆之间带来了更多的互动，如，自助式的导览机、触摸屏查询系统、二维码标签、网站等；互动式的微博、微信、留言板等；

还有体验式的VR虚拟博物馆、3D文物展示等。

2. 数字博物馆涉及工作领域的多元化

博物馆信息技术部门的设置历史并不久远，初期主要工作是各类信息系统及相关软硬件的建设和维护。然而，随着技术的发展以及在博物馆中的应用，技术部门越发地感觉到自己像万金油，与各个部门都挂上了边，数字博物馆建设所涉及的部门也越来越多，其工作领域越来越多元化（表1）。

表1 与博物馆各部门工作相关的信息系统

相关部门	与其工作相关的信息系统
保管部	藏品管理系统、文物二维采集系统、三维采集系统、电脑虚拟复原
陈列部	多媒体展览展示技术、VR展示技术、二维码
宣教部	展览设备、展览应用
保卫部	数字监控系统、门禁授权系统、楼宇自控
办公室	文件流转、档案管理系统、电子票务
财务室	财务管理软件

3. 数字服务的多元化

博物馆除了是吸收知识的场所外，还是文化休闲场所和文化交流的平台。博物馆服务的多元化决定了博物馆数字服务的多元化。博物馆数字服务主要包括三方面的工作：一是提供数字服务条件，如提供网络和适当的终端设备；二是提供数字服务空间，如展示厅、电子阅览室；三是提供数字服务内容，如网页、语音导览、二维码查询等。

（三）数字博物馆建设与资源投入的矛盾

“政府存在的目的在于满足民众的需要。”①在信息时代中，博物馆必须满足民众日益多元的信息需要。随着数字技术的不断发展和多元化，在更好地服务公众的要求下，博物馆数字化建设显得任重而道远。然而，也正是由于数字技术的发展和多元化，博物馆数字化建设就不可能仅仅简单地开发一个信息系统，其持续的建设将是一个不菲的投入。如，首都博物馆建设网络、数据库，集成系统，数据采集及加工系统，馆藏文物、不可移动文化遗产、无形文化遗产管理系统，办公自动化系统，多媒体视听播放系统、多功能会议系统、网站，广播系统，多媒体展示后台支持系统等共八个系统，投资了3 700多万元；广东省博物馆软硬件总体投入3 000多万元；深圳博物馆软硬

---

① 罗伯特·B·丹哈特、珍妮特·V·丹哈特著，丁煌译：《新公共服务》，中国人民大学出版社，2010年。

件总体投入 2 000 多万元。

但毕竟这样的大手笔并不多，因此，如何平衡数字博物馆建设的紧迫性和资金的紧缺性，是一个难题。换句话说，在各个单位的发展讲求总体协调的情况下，如何争取到数字博物馆的建设资源，又如何在有限的资源下进行最优建设，又是博物馆人面临的一道难题。

二、信息时代赋予博物馆的机遇

如上所述，怎样建设和建设怎样的数字博物馆面临着诸多挑战和问题。然而，数字博物馆建设仍然是坚定的方向，这又是为什么？不仅仅因为数字博物馆是公众的新要求，是文化传播的高效途径，更因为它是博物馆在信息时代中的发展新机遇。

（一）新信息技术提供更多更好的服务平台

之前已论述，网络传播向多平台转变，有效利用好这些平台，将有效扩大博物馆的传播覆盖面，提升博物馆的传播效果。2012 年年底，腾讯微博注册账户数已达到 5.4 亿；2013 年初，新浪微博已宣布超 5 亿用户；而微信用户数至今也可能超 5 亿，这些都是不容忽视的数据。不仅如此，这些平台的多元化互动沟通传播形式，将更有利于公众对信息的有效摄取。

（二）新信息技术是应对免费开放的最佳举措

2008 年四部局免费开放通知下达后，全国相关的博物馆、纪念馆已基本实现了免费开放。根据免费开放通知的四点工作要求是：1. 改善管理和服务，努力满足观众需求；2. 坚持以人为本，提高展示传播水平；3. 改革创新，增加博物馆、纪念馆活力；4. 加强管理，切实做好博物馆、纪念馆免费开放的协调、指导工作。① 从四点要求的实现情况来看，数字技术是有效落实通知工作要求的方法，尤其第二点要求中更指明了数字博物馆是博物馆建设的必要措施。

总结几年来的情况，免费开放给博物馆提出了两个新的问题：一是如何解决好参观人数激增所带来的管理问题；二是如何满足好这庞大数量的观众多元的文化服务需求。这两个问题直接转化成大量工作量。科学技术是第一生产力，我们可借助新的数字技术来应对免费开放带来的工作量问题，新信息技术可以提供更具效率的管理工具。一些博物馆信息系统已经上线，大大提高了专业人员的效率，而不断出现的新技术又不断地提供了更有效率的管理工具。如 RFID 的应用使批量出入库和盘点工作变得简单；手持

---

① 中宣发：《关于全国博物馆、纪念馆免费开放的通知》，中宣发[2008]2 号，2008 年。

终端和 Wifi 设备的使用，使工作方式更为灵活；电子票务减轻了票务人员的压力；微信和 App 等借助观众自己的智能终端为其提供导览或介绍服务，等等。这些，都能够减轻免费开放给博物馆带来的压力。

（三）网络是博物馆营销的利器

关于博物馆营销的论述非常的多，在此不必重复其关于营销重要性的内容。营销意义集中在四个方面：一是提高品牌和美誉度；二是吸引参观人群；三是提高信息传播的准确度；四是提高服务质量。而在实现这些目标的途径中，网络具有非常大的优势。

1. 传播人群广

2012 年 6 月底，中国网民数量达到 5.38 亿。DCCI 互联网数据中心预测：到 2013 年，中国手机网民将会达到 7.21 亿，全面超越 PC 网民。

2. 营销方式多

网络营销手段无所不及，SEO（Search Engine Optimization，搜索引擎优化）、PPC（Pay Per Click 点击付费广告，百度、谷歌、搜狐、腾讯、雅虎等等）、博客（微博）营销、B2B 平台推广、电子邮件营销（如精准邮件投放）、新闻软文营销、QQ 群推广、微博、微信、App Store、论坛社区（BBS）、SNS……

3. 传播速度快

以微博为例，网络最显著特征就是传播迅速。一条热度高的微博在互联网平台上发出后短时间内就可以抵达微博世界的每一个角落。

4. 营销成本低廉

众多的网络营销方式，虽然许多是需要付费的，但较传统媒体营销相比成本是很低廉的。更具吸引力的是，现在许多平台，如微博、微信，只要你内容经营得好，就能达到良好的营销效果，完全能够实现低投入高回报，效果有可能抵得上一份全国报刊。如，明星姚晨新浪微博拥有粉丝 1 955 万，国家博物馆新浪微博拥有粉丝 136 万，故宫博物院 120 万。而《人民日报》现发行量也只是 280 万份。

三、数字博物馆的实践之路

在信息时代背景下，我们既看到博物馆信息之路的艰难，也看到信息之路的光明前景，如何走好这条信息之路？我认为，认真对待，理性分析，合理布局，逐步推进，是我们顺利走上信息大道的规划策略。

认真对待：我们要清楚认识数字博物馆建设的重要意义和作用。

理性分析：我们要清醒地分析、评估各类信息系统的效益，从投资收益、成本合理的角度去选择建设，避免信息系统的虚、大、空。

合理布局:我们要平衡好手中的资源,选择可行性强、效益高的系统用于建设。

逐步推进:在不断取得建设效益的同时,逐步推进数字博物馆的整体建设。

在具体的实施中,仍需要注意以下几个方面:

1. 内容为王,抓好数字文化资源的生产

数字博物馆成功的关键并不在于技术,而在于内容。数字博物馆只是一个平台,一个载体,如同博物馆的建筑物,能不能发挥效益关键还在于其中的内容,在于如何去运用这个平台,平台搭建毕竟只是第一步。数据库建起来了,却没数据,微信公众平台建立了,却没内容,这些都是很可悲的事情。

2. 灵活实效,抓好数字博物馆人才组织队伍

数字博物馆内容是成功的关键,内容运营非常重要,建立一支高素质的运营团队是数字博物馆发挥社会效益的关键。拥有基本运营力量是基础,在此之上,团队组织可以更灵活些。

不拘一格选人才。网络内容运营需要的不是技术高尖人才,而是网络经营人才。网络沟通需要网络语言、新媒体语言,才能充分发挥作用。

统揽全局用人才。在新形势下,数字博物馆建设是全局性的工作,其内容建设散落于各个业务部门,因而要求一个部门去囊括各类业务人才来解决所有问题既不现实也不经济。在数字博物馆中,可将这些内容工作分为日常型和任务型两类。日常型工作可纳入各部门、各岗位职责,任务型工作可以使用矩阵式的项目管理架构解决运营团队组织问题。而要成功完成这些工作,首先必须得到高层和各部门中层的充分支持。

3. 充分重视,加大资源投入力度

加强对数字博物馆建设的重视和投入。目前,一些新应用的上线,像微博、微信、App,并不需要很大的资金投入,但大部分系统建设要求有大量的资金投入。就整体现状而言,博物馆对于数字博物馆建设的重视程度和投资力度仍有所不足,同时往往因为资源不足而未能产生显著效益,进而又对再投入产生负面影响。

4. 畅通渠道,打造多种传播平台

多平台令信息传播更为丰富和有效,因而打造多种传播平台是非常必要的。只要内容工作做得好,多平台的运营并不会增加太多的工作量。当然,多平台不意味着越多越好,我们同样需要理性审慎地选择平台,不然将事倍功半。

5. 服务全覆盖,建设良好网络服务环境

仅仅有车而无路是无法形成良好的交通的,因此,在数字博物馆各类平台建设的基础上,需要进行配套网络服务环境的建设,如 Wifi 热点等。

四、数字博物馆的实践经验及教训

在过去的几年时间里，鸦片战争博物馆也在不断地进行数字博物馆的建设，在此过程中有不少的体会、经验及教训。总体而言，由于种种原因，我们的建设走得较为缓慢，系统也较为散、杂。

表 2　鸦片战争博物馆数字博物馆建设项目表

相关建设项目	项目简介
网站	2007 年推出网站，到 2010 年换版，日访问人数最多时达到 600 人次，共有 91 万人次访问。
网络及服务器	2006 年 9 月完成了馆本部办公楼和海战馆办公楼网络建设；2007 年 8 月完成全馆四个点间的光纤网络建设，敷设光纤总长超过 5 千米。电脑信息接入点超过 150 个。2007 年 8 月完成三台应用服务器的安装，2008 年配置了 10KVA UPS，2009 年 7 月完成核心交换机安装，2011 年 8 月完成存储服务器安装。
藏品管理系统	2007 年，引进了藏品管理系统软件《华青数博藏品管理系统 V2.0》。
网络收发文	2008 年 6 月，引入万维文件流转管理系统。
微博	2012 年 4 月，开通了新浪微博和腾讯微博，目前有“鸦片战争”、“鸦博鉴赏”、“近代史今日”、“鸦博快讯”、“展览精粹”、“展览动态”、“展览现场”、“微提示”等栏目。
虚拟展览	2012 年，运用 360°全景技术，制作推出了“虎门销烟”、“虎门故事”和“鸦片战争史实”网上虚拟展览，用户从多角度交互观看三维全景，达到虚拟参观、实地游览的效果。
数字安防监控系统	全馆共 170 多个摄像枪，硬盘录像平均存储时间超过 31 天。安防布控点 300 多个，近十年通过逐步建设已形成全数字监控。2012 年按《文物系统博物馆风险等级和安全防护级别的规定 GA27-2002》对整体安防方案重新设计，2012 年底《鸦片战争博物馆安防系统改造升级工程设计方案》通过了省文物局、公安厅的审核，《林则徐销烟池与虎门炮台旧址安防系统工程设计方案》送国家文物局、公安部审核。
三维虚拟漫游	采用 3D 建模和 Web VR 技术，建设虎门销烟等部分展览的 3D 漫游系统、部分文物的 3D 展示。2013 年 1 月启动，仍在建设中。
Wifi	2012 年 5 月开通林则徐纪念馆免费 Wifi 热点；2013 年 6 月完成了林则徐纪念馆、海战博物馆公众参观区域 15 个 Wifi 热点，供游客免费使用。
微信	2013 年 5 月注册公众微信平台，现已实现了语音导览、展讯活动和服务指南，实现“虎门销烟”、“虎门故事”、“鸦片战争海战陈列”、“沙角炮台”和“威远炮台”的微信导览。

在这些建设的过程中，有许多实际的困难体会和教训，也有许多的困惑，如在网站和微博的内容建设上的组织协调问题，微博的运营上缺乏互动和趣味性问题，在微博和微信建设上未能迅速反应的问题，对于 3D VR 虚拟

博物馆项目效益的疑惑等等。

本文是笔者工作和学习的一些体会和思考，水平有限，不当之处，望方家不吝赐正。

附:鸦片战争博物馆简介

鸦片战争博物馆是收藏、保护、展示、研究林则徐和鸦片战争文物史料的遗址性和纪念性相结合的专题博物馆。鸦片战争博物馆座落于广东省东莞市虎门,包括虎门林则徐纪念馆、海战博物馆、沙角炮台管理所和威远炮台管理所。其中,林则徐销烟池与虎门炮台旧址是全国重点文物保护单位,是鸦片战争时期的历史见证。管理面积共约 80 万平方米。

鸦片战争博物馆、虎门林则徐纪念馆、海战博物馆,三个馆名一套班子。鸦片战争博物馆始建于 1957 年,建馆初期馆名为“林则徐纪念馆”;1972 年更名为“鸦片战争虎门人民抗英纪念馆”;1985 年重新定名为“虎门林则徐纪念馆”。为便于对鸦片战争遗址的管理,在其基础上又增加一个馆名——鸦片战争博物馆。1987 年 7 月和 1988 年 1 月先后成立沙角炮台管理所和威远炮台管理所,分别管理沙角和威远岛诸炮台遗址。1999 年 12 月,海战博物馆正式对外开放。

鸦片战争博物馆负责收藏、研究、陈列林则徐销烟与鸦片战争文物史料,保护林则徐销烟池与虎门炮台旧址及有关文物,利用这些文物资料向广大观众进行爱国主义教育。

鸦片战争博物馆的基本陈列是“虎门销烟”、“虎门故事”、“鸦片战争海战陈列”以及“虎门海战半景画”。

虎门林则徐纪念馆位于虎门镇口社区,管理的销烟池旧址是 1839 年林则徐销毁英美鸦片的历史遗存。抗英群雕、林则徐铜像、虎门销化鸦片纪念碑、抗英大炮等,以及具有炮台神韵的门楼、陈列大楼,共同营造了浓郁的历史氛围。基本陈列“虎门销烟”展览更新后,于 2011 年 5 月 1 日正式对外开放,受到社会各界的关注和好评。

海战博物馆位于虎门镇南面社区,馆名“海战博物馆”由江泽民同志亲笔题写,由陈列大楼、宣誓广场、观海长堤等组成纪念群体。基本陈列“鸦片战争海战陈列”被评为“2001 年度全国十大精品陈列之最佳形式设计奖”。“虎门海战半景画”,采用艺术与声、光相结合的现代展示手法,具有强烈的艺术表现力和感染力。“全国禁毒教育展览”是青少年禁毒教育的重要课堂,海战博物馆也被列为全国禁毒教育基地之一。

沙角炮台管理所管理的炮台旧址位于虎门镇沙角社区,保存完好并对外开放的有沙角门楼、濒海台、临高台、捕鱼台、节兵义坟、林公则徐纪念碑、功劳炮、克虏伯大炮等文物遗存。沙角炮台是扼守珠江口的重要要塞,依山傍海,景色秀丽。

威远炮台管理所管理的炮台旧址位于虎门威远岛南面社区,包括威远、镇远、靖远、南山顶、蛇头湾、鹅夷等炮台。这些炮台构成立体的海防防御体系,被誉为“南方海上长城”。

多年来，鸦片战争博物馆在上级主管部门的正确领导和大力支持下，坚持贯彻“保护为主、抢救第一、合理利用、加强管理”的文物工作方针，努力做好文物保护工作，充分利用文物资源开展爱国主义教育，每年接待国内外观众超过400万人次。胡锦涛、江泽民、吴邦国、贾庆林、李鹏等百余位党和国家领导人先后到该馆视察。1996年，中央六部委（国家教委、民政部、文化部、国家文物局、共青团中央、解放军总政治部）公布该馆为“全国爱国主义教育基地”；1997年，中宣部公布该馆为“全国爱国主义教育示范基地”；2004年1月，被国家旅游局评为国家4A级旅游景区；2004年7月，被中宣部、民政部、人事部、文化部评为“全国爱国主义教育示范基地先进单位”；2009年，被评为“广东省首批红色旅游示范基地”；2013年，获得“海外华人最喜爱的广东历史文化景区”荣誉。

文化力量与博物馆挑战

The Strength of Culture and the Challenges Museum Confronted

年继业* 周群华**
(上海中国航海博物馆)

摘 要： 文化作为国家与社会影响力的重要组成部分，得到了社会各界的认可。作为重要文化载体的博物馆，其文化性、传承性与公益性，在经济发展与社会进步过程中发挥着愈加重要的作用。伴随社会消费环境、信息传递模式、文化消费习惯、经济取向多元化等社会价值的不断变化，博物馆正遭遇百年来最大的挑战。如何进一步发挥博物馆的文化公益性，扩大其宣传教育功能，如何紧跟时代经营管理好博物馆，如何更好地服务社会，发挥文化功能，传递博物馆的文化力量，是当前博物馆亟需思考并积极应对的重大问题。

关键词： 文化力量　价值　挑战　博物馆

Abstract: The concept that culture composes the significant part of the national and social influence has been increasingly identified by different walks of life in the society. Reflecting the nature of culture, featured with inheritance and non-profit, museum is playing an increasingly important role in the economic development and social progress. Along with the changing of social value, caused by variations including social consumption environment, information transfer mode, cultural consumption habits and economic orientation diversification, museum is confronted with the most serious challenges over one hundred years. How to enlarge its impact on public interest and extend its function of social education? How to maintain better management with instant update levels? How to serve society better and exert its importance upon cultural career? All these problems are urgent for contemporary museum to consider and to deal with.

Keywords: Culture Strength, Value, Challenge, Museum

* 作者简介：年继业，男，上海中国航海博物馆副馆长。
** 作者简介：周群华，男，上海中国航海博物馆学术研究部主任。

一、文化的价值与力量

“文化是民族的灵魂，是哺育和传承民族生命力的载体，是民族生存和发展的精神支柱。”中共十七届六中全会指出：“当今世界正处在大发展大变革大调整时期，文化在综合国力竞争中的地位和作用更加凸显，维护国家文化安全任务更加艰巨，增强国家文化软实力、中华文化国际影响力要求更加紧迫。”因此，制定和实施文化发展战略是提高国家文化软实力和综合国力竞争力的必然要求。

当前，世界各国文化软实力竞争愈发激烈，文化在综合国力竞争中的地位和作用日益凸显。十七大以来，党中央领导集体已经敏锐地意识到文化在当今国际竞争中的重大意义，在继承国家文化发展战略思想的基础上，把握文化发展主动权，不断加强对文化发展战略的研究，立足我国社会主义文化建设的客观实际和新的时代要求，对文化建设提出了许多新的战略思想。从“提高国家文化软实力”到“基本建立公共文化服务体系”，从“推动文化产业成为国民经济支柱性产业”再到“建设社会主义文化强国”，以及进一步强调“推动中华文化走向世界”，这些都充分说明我们党对文化建设规律性的认识达到了一个新的高度，并将推动中国文化发展战略迈向一个新的发展阶段。

中共十七大报告的第七部分用“推动社会主义文化大发展大繁荣”为题，以简练的语言和全新的框架对文化建设做出重要部署。报告指出：“要坚持社会主义先进文化前进方向，兴起社会主义文化建设新高潮，激发全民族文化创造活力，提高国家文化软实力，使人民基本文化权益得到更好保障，使社会文化生活更加丰富多彩，使人民精神风貌更加昂扬向上。”“提高国家文化软实力”的战略思想第一次在中央正式文件中出现，它的提出充分表明，国家已经深刻认识到文化软实力在全面建设小康社会和构建社会主义和谐社会中的重要作用，表明党对文化建设战略重心和思路的认识提高到了一个全新的高度。

文化作为“软实力”，已经成为衡量一个国家和民族进步的重要标志。作为中国特色社会主义建设事业的一个组成部分，文化建设具有重要的战略地位。随着社会主义市场经济的深入发展和对外开放的不断扩大，我国文化曾赖以生存和发展的基础和环境都发生了深刻变化。目前，我国文化建设总体上滞后于经济建设，文化产品和文化服务的数量与质量远远不能满足人民群众对精神文化生活的需求，与全面建成惠及十几亿人口更高水平的小康社会不相适应，与我国的国际地位和国际形象也不相匹配。因此，在新时期新阶段，面对文化发展的新要求，大力加强对文化力量的研究，推动文明价值的提升，对构建社会主义和谐社会和实现社会主义文化强国都具有重要意义。

文化力量不仅以其文化产业、文化资源、文化产品和文化设施直接产生经济效益的形式充实国民经济体系,而且还以其巨大的精神财富增进社会财富,成为衡量综合国力的重要方面。国家和民族要真正自立于世界民族之林,不仅要有强大的经济实力和军事实力,更要有强大的精神文化作为支撑。文化力量作为精神力量推动整个社会发展。春秋时期的"百家争鸣"之于封建社会制度在华夏大地的建立,文艺复兴运动及其后的新教改革运动之于资本主义制度在西方的推行,新文化运动之于新民主主义革命的胜利和社会主义制度在我国的确立,实践是检验真理唯一标准的大讨论之于我国改革开放的巨大推动,无一不体现着文化力量的强大作用。古今中外大国崛起的历史经验,当今世界各国经济增长的现实实践,反复证明一个普遍真理:"经济的背后是文化,文化的未来是经济。民族要复兴,文化要先行。"当今时代,谁占据了文化发展的制高点,谁拥有了强大的文化力量,谁就能够在激烈的国际竞争中赢得主动。因此,我们要借鉴世界历史进程中的发达国家和历史上的中国的文化力量的发展经验和教训,提高并彰显国家文化力量,推动社会主义文化大发展大繁荣,促进社会主义和谐社会的建设,促进中华民族的复兴,这也是当代博物馆必须承担的历史使命。

二、博物馆:文化载体和传承者

我国学者在新世纪之初曾经提出"文化就是力量"的命题,得到了社会各界的高度评价和积极响应。文化是国家和民族的灵魂,集中体现了国家和民族的品格。博物馆作为文化的重要组成部分,是文化的载体,是文明的传承者。文化作用于人的身心,塑造人的品格,锻铸人的精神,是博物馆的灵魂,也是博物馆发展的内在动力。今天,人们越来越发现博物馆文化所具有的非同寻常的伟大力量,人们无论是把博物馆视为人类创造的物质与精神财富,还是将其视为人类独特的生活方式,都表明博物馆为人类社会发展提供了巨大动力。

博物馆的文化力量,来源于它是人类文明的象征和缩影。它守护着文化之根,保卫着文化之源。博物馆收藏文物、探究真理,追溯并还原历史的本来面貌,代表了人文思潮的澎湃,代表了学术方法的革新。博物馆以其文化的震撼力、承载力和穿透力澄清着历史的迷雾,缕析着历史的脉络,使漫长历史的沧海桑田、岁月变迁的演绎成为可能。今天,博物馆事业发展的总体规模、管理水平和服务质量已成为衡量一个国家、一个民族文化发展程度的重要标尺,因而应以新的视角阐释博物馆的功能。博物馆既是文物收藏、陈列之地,也是"精神的家园"、"文化的绿洲"、"知识的殿堂"、"城市的客厅"、"文明的窗口"。今天的博物馆已愈发认识到自己的社会责任,也更加自觉地关心文化之进步,以推动社会发展、改善人文环境为己任,塑造积极乐观的价值观，鼓励人们创造更加和睦、文明的生存环境，从而使民族文化薪火相传、人类文明连绵延续。

博物馆文化力量是历史的力量、诚信的力量，也是创意的力量、经典的力量。博物馆文化力量主要表现在博物馆服务社会发展与社会公众的能力，其核心是博物馆人在其服务领域所表现出来的创造力，以培育公民的文化素质，适应经济社会的协调发展。今天，我们生活在深受博物馆影响的世界中，博物馆在现代社会中的作用是其他设施所无法取代的。作为历史的记录者和展现者，同时也是文化的重要承载者的博物馆，绝不仅仅为今天记录过去，同时也为未来留存今天，并敏锐地展望未来的发展方向。作为21世纪的文化动力之一，博物馆的存在正日益凸显其对社会进步的巨大推动力。今天，越来越多的城市拥有了先进的基础设施，一些城市居民甚至开始享受发达国家城市水平的物质生活。但是，这些无法代表人们所需要的城市生活的全部。如何化解人在社会发展中的各种矛盾，如何协调人与自然、人与人、人与社会的关系，如何发挥文化的陶冶、教化、激励作用，博物馆在这一特殊发展阶段必定要充当重要的角色。

三、海洋强国与博物馆使命

600多年前，世界上规模最大的远洋船队由郑和率领从中国江苏太仓刘家湾的港口启航。此后的28年间，郑和率船队七下西洋，经东南亚、印度洋到红海和非洲，遍访亚非30多个国家和地区。郑和下西洋代表了中国航海探险的高峰，比西方探险家达·伽马、哥伦布等人早80多年。郑和下西洋的历史意义，远超出航海。“郑和时代的中国，则是真正承担了一个文明大国的责任：强大却不称霸，播仁爱于友邦，宣昭颁赏，厚往薄来。”

2005年，党中央、国务院在北京隆重举行了郑和下西洋600周年纪念活动。作为此次纪念活动的重要组成部分，上海市人民政府、交通部及国家相关部委举办了“郑和航海暨国际海洋博览会”。以此为契机，经国务院批准，指定每年7月11日为国家航海日；同时在上海组建国家航海博物馆。2010年，在国家交通部和上海市政府的大力建设下，上海中国航海博物馆正式对外开放，她的建成结束了我国没有国家航海博物馆的历史。上海中国航海博物馆通过文物收藏、陈列展示、学术研究、社会教育等功能，全面展示我国航海历史，集中展现我国航海事业和航海技术的新发展，广泛普及科学航海知识，对于更好地传承我国航海文明，推进爱国主义教育，加快推进上海国际航运中心建设，构建国际航海文化交流平台，具有重要意义。上海中国航海博物馆开馆运营的三年，恰是国家提出“建设海洋强国”战略、建立海陆统筹新政策格局、建设航运强国、建设上海国际航运中心的关键时期。党的十八大报告中提出：“提高海洋资源开发能力，坚决维护国家海洋权益，建设海洋强国。”海洋强国战略的提出是“我们党准确把握时代特征和世界潮流，深刻总结世界主要海洋国家和我国海洋事业发展历程，统筹谋划党和国家工作全局而作出的战略抉择，充分体现了党的理论创新和实践创新，具有重大的现实意义和深远的历史意义”①。

改革开放以来，我国航运业与造船业均得到快速发展。中国已成为名副其实的世界航运和造船大国，同时也是海员劳务输出大国。但我国航运软实力和航运企业竞争力仍处于较低水平。以英国为例，其船队规模和港口货物吞吐量远远排在中国之后。然而英国伦敦聚集了众多著名的国际航运组织、航运咨询服务机构、研究机构和高水平航运人才，通过向全球提供航运领域的智力服务获得巨额回报；伦敦出台的航运规则影响甚至左右着全世界的航运活动，伦敦也是世界公认的最重要的国际航运中心。上海的货物吞吐量和集装箱吞吐量虽位列世界第一，但与世界主要航运中心还存在不小的差距。衡量一个国际航运中心，不仅仅要衡量港口货物吞吐量、港口设施、造船或港机制造等硬实力，还要衡量航运服务、航运信息、航运研究和教育等相关行业的软实力水平；航运软实力决定了其向全球提供航运服务并实现其在航运领域诉求的能力。目前，中国在航运服务、航运信息提供、航运研究和航运教育领域仍处于初期的上升阶段，与英、美等航运发达国家相比仍有较大差距。在这种情况下，国务院 2009 年 4 月正式通过了《关于推进上海加快发展现代服务业和先进制造业，建设国际金融中心和国际航运中心的意见》。《意见》指出，“到 2020 年，基本建成航运资源高度集聚、航运服务功能健全、航运市场环境优良、现代物流服务高效，具有全球航运资源配置能力的国际航运中心；基本形成以上海为中心，以江浙为两翼，以长江流域为腹地，与国内其他港口合理分工、紧密协作的国际航运枢纽港”，把上海建设成为世界第三代国际航运中心即资源配置型国际航运中心。

无论是海洋强国战略、海陆统筹思路、航运强国的建设，还是上海国际航运中心的建设，都离不开海洋意识的培养和航海文化的熏陶。正确的海洋意识是构成海洋强国的起点。“海洋意识是一种观念资源，其产生和发展反映了一个民族对海洋利益的依赖和对海上威胁的防范，是其对海洋的政治、经济、军事等战略价值的认识，以及对海洋与国家发展、国家利益和国家安全关系的考察。”古往今来，无论是罗马帝国的雄起，第一代海上殖民掠夺霸主葡萄牙、西班牙的盛极一时，日不落帝国的崛起，还是作为今天世界强权的美国的发展；无论是历史上中国秦汉的强大、唐宋的繁荣，还是鸦片战争及此后的百年耻辱，无不与海洋有着千丝万缕的关系。重海则兴、背海则衰，这几乎成了一条颠扑不破的真理。因此，向海洋进军、重视海洋意识，既是一个国家和民族向海洋发展的内在动力，也是构成国家和民族海洋政策、

① 刘赐贵：《关于建设海洋强国的若干思考》，《海洋开发与管理》2012 年 12 期。

海洋战略的内在支撑。

我国海洋文化是随着中华民族进化与发展逐渐积累、形成、发展和完善起来的海洋物质财富和精神财富的综合体现，是承载“海洋强国”战略别无选择的坚实基石。我们必须全面地、正确地认识和研究中华民族的海洋文明与航海文化。上海中国航海博物馆担负着历史和时代赋予的使命与责任，始终以宣传我国悠久的航海历史文化、建设上海国际航运中心、培养国民海洋意识、提高青少年的海洋文化为己任，为搭建航海文化交流平台、青少年航海科普基地、中外航海文明学术交流平台而努力。开馆三年来，我们一直积极致力于开展航海类文物征集，目前馆藏文物共计 18.7 万件；开馆至今累计邀请国内外知名学者来馆举办学术讲座 30 余场，博物馆科研工作有序展开；各项展览初显社会效应；各类知识性、趣味性和参与性为一体的社会教育活动如火如荼地开展，博物馆的宣教工作已从单一的“进校园”模式拓展为“进校园”、“进乡村”、“进社区”、“进外省市”等多元活动。三年来，我们始终以建设“国内领先、世界一流”的博物馆为目标，始终把提高国民的海洋意识、宣传航海历史文化、构建国际航运中心文化交流平台、建设社会主义海洋强国作为博物馆矢志不渝的奋斗目标。

四、博物馆的挑战

进入新世纪以来，信息技术的迅猛发展，给博物馆带来巨大的挑战，同时也为博物馆的发展带来新的机遇。“在今天这个充斥着科技智能的世界，数字技术新应用和海量信息的传播深刻影响甚至改变了人们的思想观念和生活方式，也挑战着传统博物馆的信息结构和传播途径。可以说，仅仅收藏和展示传统意义上的实体物品已经很难满足社会的需要了。如果说十几年前不少博物馆开始运用藏品信息数字化技术和互动展示项目是博物馆向现代化迈出的重要步伐的话，那么近年来围绕互联网、手机应用发展起来的新兴媒体形态则是博物馆亟需应对和解决的重要课题，因为这些新媒体有可能改变博物馆与社会公众关系的基本面貌，甚至重新界定整个博物馆文化的内涵和外延。”①新媒体技术的运用已经逐渐影响到博物馆的参观者群体、参观者要求、参观的体验和交流等。一些观众通过虚拟博物馆，足不出户地参观、浏览全球各家博物馆，对博物馆的精品文物、高档艺术品等进行比较、欣赏，对博物馆的各种信息也了如指掌。数字化博物馆已经颠覆了过去人们非参观博物馆不可的观念。

随着智能手机、IPAD 等电子产品的面世，微博、微信等在博物馆中的运用也如雨后春笋般的兴起，故宫博物院、国家博物馆和各省的知名博物馆都

① 宋新潮：《变革世界中的博物馆——新挑战、新启示》，《中国博物馆》2012 年 2 期。

有自己的官方微博、微信，成为博物馆与公众交流的新平台。博物馆开通官方微博，随时发布相关信息，及时收到并回答观众提出的问题，使大众能与博物馆实时互动，增强了博物馆与观众之间的联系。国家博物馆基于手机的导览"文博任我行"和苏州博物馆的新媒体导览"无线苏博、无限体验"等活动引起了广泛的社会关注。陕西博物馆在新加坡亚洲文明博物馆举办兵马俑展期间，专门推出了基于苹果手机的综合导览程序，尤其是增强现实技术的应用，引起了人们极大的兴趣。基于微信客户端的兴起，这两年微信成为很多博物馆语音导览和博物馆文化传播的新宠儿，目前广东省博物馆已经推出了博物馆微信导览服务，其他博物馆也在微信这一更加快捷、高效、实用的新平台上积极尝试，不断开发博物馆微信新功能。通过博物馆官方微信向博物馆的好友定时发送博物馆陈列、展览、藏品、学术讲座、教育活动等各种信息，与博物馆好友进行交流，促进观众与博物馆的互动体验。如何利用手机无线Wifi和3G功能，实现诸如语音导览、检索资讯、导航定位等功能来帮助观众与博物馆互动，是目前博物馆正热烈探讨的问题。可以说，新媒体、新技术给博物馆带来的既是挑战也是机遇，面对迅猛发展的新技术，我们需要积极主动地面对，提高我们运用新技术的能力，改善我们的服务水平，以顺应变革世界的挑战。

随着社会经济的发展，人们对职业、事业、理想的认识和理解也越来越多元化，博物馆工作相对社会上一些热门工作来说，并不具有比较优势，博物馆人需要有坐冷板凳的决心和毅力，这在今天的市场经济与市场诱惑前很难做到，因而博物馆的人才流失情况比较突出。在一些行业博物馆、纪念类博物馆，这些情况显得比较严重。

博物馆人才的流失，首先是由于博物馆人才的求大于供。以上海为例，目前上海能够培养考古文博专业人才的高校仅两所，而这几年上海新增、扩的博物馆迅速增加，人才流动成为必然。截至2011年，上海拥有各类博物馆120座，到"十二五"末，上海全市的博物馆规模将达到200座，从而更好地满足公众日益增长的精神文化需求。一个市、区两级，艺术、人物、革命史、行业博物馆等纵横交错的博物馆网络即将建成。虽然博物馆的发展需要策展人员、信息技术人员、教育人员、科技保护人员、文化产品开发人员以及语言学、民族学、民俗学、宗教学等专业的人才，但文博人才依旧是博物馆发展的根本，博物馆人才的紧缺已经钳制了上海博物馆业的可持续发展①。另一方面，由于博物馆从业人员的收入水平较低，客观上造成了一些人才流失的现象。"给不了编制，没有保障，工资低，招不到博物馆专业的正规大学生，甚至我们自己培养了几年的人才也会走掉。"八路军太行博物馆馆长张少鲲曾

① 陈恭：《国际文化大都市建设语境下上海文博人才发展战略思考》，《科学发展》2013年4期。

如是抱怨道。北京地区博物馆从业人员的平均学历位居中国首位，但是收入偏低的现状难以留住具有较高学历的专业人才。目前，博物馆专业人才匮乏，流失现象严重①。同时，一些博物馆缺少对从业人员合理的职业发展规划，对从业人员的管理和培训也没有相应的机制，一些博物馆工作人员无所事事，缺乏正确的职业观、价值观和理想信念。长此以往，博物馆从业人员难免会有出去闯一闯的冲动。

目前，中国博物馆数量已经上升到 3 866 个[国家文物局发布的 2012 年中国博物馆名录中，全国核准博物馆 3 866 家，国有 3 219 家(文物 2 560 家、行业 659 家)，民办 647 家]，博物馆的数量像雨后春笋般地增长，但博物馆建设后的运营质量却令人担忧。目前当地政府将国内博物馆作为政绩工程来规划建设，博物馆的外表独具匠心，建筑风格别出心裁，气势宏伟，外观优美，但建成后的博物馆很难摆脱"重建设、轻管理"的怪圈，博物馆的维护运营压力成为现实中的普遍问题。受限于资金短缺，一些博物馆出现半开放状态，甚至一些博物馆的库房和展区文物的恒温恒湿系统都处于关闭状态，这直接导致一些文物受损。"热热闹闹建设，冷冷清清运营。"可以说，目前各地博物馆发展中普遍存在只重建设不重后期保护、运营管理的问题。由于资金缺乏，一些博物馆面对多媒体等新技术只能敬而远之，展览陈旧、落后，无法跟上时代的需要，丰富的内涵被掩盖在陈旧的摆设中，无法引起参观者的兴趣，这使一些新建博物馆面临客观的生存困境，同时由于缺乏资金持续支持和投入，博物馆资源遭到极大浪费。

博物馆面临的不仅仅是新技术、新媒体的挑战，更多的是来自人的挑战，人们对博物馆有着很高的期待，希望博物馆带给人们的不仅仅是历史的记忆，还有未来的理想。因此，博物馆应当更加自觉地关心城市文化的进步，注重自身业务活动与改善人居环境的内在联系。今天，博物馆参观者的文化水平和欣赏水平都有了很大的提高，参观者的需求也发生了变化，这就需要我们顺应时代的要求，以更加积极主动的姿态去迎接这些挑战。博物馆一方面要优化展览、推介藏品、拓展教育活动、提高运营管理水平，同时还要提供更加贴切、温馨的服务，博物馆的从业人员需要根据市场和社会热点，去举办一些适应观众需要又能坚守博物馆文化的展览，从而真正履行博物馆的"三贴近"原则。上海中国航海博物馆 2012 年举办的"世纪轮回——泰坦尼克号 100 周年特别活动展"就是很好的明证，在社会各界收到了良好的反响，可以说是意外的惊喜。这个展览的成功为我们下一步进行新的展览设计打下了基础，也进一步要求我们更加关注社会需求，分析受众心理，进行科学地研究，从而保证其他展览的举办也能取得如此良好的效果，满足社会期待。

---

① http://www.chinanews.com/cul/2012/11-20/4344080.shtml.

博物馆文化产业的发展已经成为各界的共识，与此同时博物馆也需要开发资金来源。在国际上，很多博物馆能够基本上做到资金自给自足。除政府有限的拨款外，博物馆主要依靠社会支持，依靠乐于参与博物馆活动但又不从中渔利的人和团体。近年来，越来越多的博物馆开始尝试由“资金筹措”转向“资金开发”。然而博物馆要实现这种转变，尚需更多实践，还有很多现实及体制的问题有待解决。

“当今世界真的可谓日新月异，新理念、新技术层出不穷，社会的整体面貌在发生改变，社会变化的速率和程度为以往任何时期所不曾出现，甚至难以想象。一方面，博物馆也是这个变迁世界中的一部分，博物馆的整体业态在改变，博物馆界从存在形式、存在状态到心态都与以往有很大的不同，……新博物馆学（社会博物馆学）已经成为一种国际性的思想运动（新博物馆学运动国际组织就是证明）。”①博物馆应应对变革，接受挑战。

文化始终是世界向前发展的核心力量，这种带给人类最大价值的无形财富始终是社会进步的精神动力；作为文化重要载体的博物馆，其价值经久不衰；无论现实技术如何改变，无论社会如何喧嚣、躁动，博物馆将在无数挑战中保持冷静的睿智，伴着时光，担起文化公益使命。

① 潘守永、尹凯：《当代博物馆变迁的全球新视野：挑战与启示》，《中国博物馆》2012年3期。

附：上海中国航海博物馆简介

上海中国航海博物馆是经国务院批准设立的目前我国唯一的国家级航海博物馆，由国家交通运输部和上海市人民政府共同筹建，馆址位于浦东新区临港新城主城区滴水湖畔。建筑物占地面积 24 830 平方米，建筑面积 46 434 平方米，室内展示面积 21 000 平方米，室外展示面积 6 000 平方米。上海中国航海博物馆建筑由一座两层基础建筑和两座侧翼建筑构成。在两层基础建筑上矗立起的两座 70 米高的钢结构中央帆体，是整个建筑的亮点，其建筑外形犹如两叶白色风帆，凸显海洋主题，新颖而富有视觉冲击力。

作为我国规模最大、等级最高的综合性航海博物馆，其主要功能包括文物收藏、学术研究、社会教育、陈列展示、科普教育等。博物馆整体展示以“航海”为主线、以“博物”为基础，分设航海历史、船舶、航海与港口、海事与海上安全、海员、军事航海等六大展馆，渔船与捕鱼、航海体育与休闲两个专题展区，并建有天象馆、4D 影院和儿童活动中心。

突破博物馆固有的静态陈展模式，中国航海博物馆内 70 余项展项让人流连忘返。戴上 3D 偏振眼镜，走进虚拟船舶驾驶舱，黄浦江航道和世博园区跃然眼前；学打 30 多种水手结、观摩 270°环幕影院、焊接船板、吊装集装箱、登明代福船……让观众尽情享受航海乐趣。博物馆先后获得“国家 4A 级旅游景区”、“南京军区国防交通教育基地”、“全国科普教育基地”、“上海市全民国防教育基地”、“上海市爱国主义教育基地”、“上海市科普旅游示范基地”、“上海市专题性科普场馆”、“上海市志愿者基地”等称号。

中国航海博物馆秉承“服务优质、品牌优秀、运行优良”的运营目标和精益求精的服务理念，努力打造“国内领先、世界一流”的国家级博物馆，传承航海文明，弘扬航海精神，为推动我国海洋强国战略和建设上海国际航运中心作出新的贡献。

文化多元性下博物馆的应对之策

Countermeasures on the Museums under the Culture Diversity

孙建军*
（葫芦岛市博物馆）

摘　要：在多元文化并存的时代背景之下，博物馆的发展虽然呈现出一定的特点，类型和职能也体现了多元化的风格，但我们不能忽视博物馆在发展中存在的一些问题，本文通过分析文化多元性产生的根源，剖析多元文化的内涵、构成和分类，并提出文化多元性下博物馆应当继续完善收藏、教育、研究的“同心圆”职能，同时推进博物馆的产业化和社会化，最终实现博物馆的数字化，不断拓展博物馆的发展空间。

关键词：博物馆　文化多元性　发展对策

Abstract: Under the background of multiple cultures' co – existing, the development of museum presents several characteristics. At the same time, it reflects multiplex style on the type and function. However, we cannot ignore some problems during the development of the museum. In this article, though the analysis on the origins how the cultures have been diversified, the author dissects the connotation, composition and the classification of the multiple cultures, and then proposes that the museums should keep on completing the central functions of collection, education and research. Meanwhile, the museum should put forward on the industrialization and socialization, and finally achieve the digitalization, and then steadily broaden the development space.

Keywords: Museum, Culture Diversity, Countermeasures

在人类文明发展的早期，民族文化的记忆采用口耳相传的方式，通过口传史诗和传说、庆典、礼仪和祭祀等途径保存下来；文字、纸张和印刷术的先后出现，保证了历史记忆传承的准确性与持续性，同时突破了时空限制，使人类世界不同区域的历史相互影响，渐渐融为一体；“二战”以来，随着文化

* 作者简介：孙建军，男，葫芦岛市博物馆馆长。

的多元化及科学技术的发展进步，对历史记忆的存储方式和手段也越来越多。这些承载历史记忆的方式，尽管出现时间前后不一，但是在文化多元化的今天却共存着，并且发挥着各自的作用，满足人类对过往历史的探索。

在这些承载历史记忆的方式中，博物馆占有极其重要的地位，是其中不可或缺的一部分。博物馆中的藏品本身就承载着历史的记忆，人们可以通过对它们的认识来了解过去的历史。在多元文化共存的今天，博物馆的发展呈现出一定的特点，同时也出现了一些新的不容忽视的问题。解决这些问题就需要我们对当下社会的文化多元性有比较深刻的认识，只有认识到多元文化的社会所呈现的诸多特点，才能采取有效措施，推动博物馆事业的全面发展。

一、文化多元性的产生与构成

截至2012年年底，我国人均国内生产总值达到6 000多美元，预示着我国进入了社会转轨变型的新时期，社会的经济成分、组织形式、就业方式、利益关系分配方式多元化，导致社会群体不断分化，进而导致不同群体的经济状况、价值观念呈现明显差别，人们思想活动的独立性、多样性和差异性日益增强。

我们可以依据社会断层线把社会群体分为两类：一类是基于物质财产和社会地位差别的纵向分层，即人们基于对物质财产的不同占有而形成的地位、阶层、城乡、种族等利益群体；另一类是基于文化和价值认同差别的横向分类，即人们基于价值取向和对生活意义的不同理解而形成的民族、宗教、语言、地域等文化认同群体。不管是纵向分层还是横向分类，每个社会群体都有着本群体的利益需求和价值取向。具体来说，不同的年龄、地域、阶层、性别、经济状况的群体都有本群体的利益需求和文化需求。

在人类社会越来越复杂化，信息流通越来越发达的情况下，文化的更新转型也日益加快，各种文化的发展均面临着不同的机遇和挑战，新的文化也将层出不穷。这些文化服务于社会的发展，造就了文化的多元化，也就形成了复杂社会背景下的多元文化。

对于多元文化的划分，基于不同的划分标准，有不同的分类方法。按照是否掌握话语权为标准可以分为主流文化和非主流文化；按照文化所产生的时间为标准可以分为传统文化、现代文化和新兴文化；按照文化所处的地域为标准可以分为江南文化、西北文化等等区域文化；按照文化拥有者的群体为标准可以分为精英文化和大众文化；按照人群的年龄层次为标准可以分为儿童文化、青年文化、中年文化、老年文化。

当代中国的多元文化主要由以下三部分构成：（1）中国传统文化。中国传统文化是中国的本土文化，它是指居住在中国地域内的中华民族及其祖先所创造的，为中华民族世世代代所继承发展的，具有鲜明民族特色的，历史悠久、内涵博大精深的文化。该文化具体表现为：中国式的哲学、伦理、政治、法律、宗教、艺术以及人们衣食住行的风俗习惯和行为规范等。(2)外来文化。外来文化是相对于本土文化而言的，主要是指国外强势文化。这些文化以带有西方文化特征的物质产品和精神产品为媒介，影响着中国人的衣食住行、思维习惯、价值观念、审美情趣。韩流、日流、美国迪斯尼的电影大片等是外来文化的典型代表。(3)新兴文化。新兴文化是指凭借互联网和数字技术支持而衍生出来的，与文化产品和文化服务有关的文化。新兴文化作为随着经济的高速发展而迅速崛起的一种文化形态，主要包括新媒体、影视、动漫和网络等文化。新兴文化是一种具有高时效性的文化，具有虚拟性、开放性、集群性、共享性、多元性、平等性和交互性等特征。

这里我们要明晰传统文化与新兴文化的关系。传统文化是新兴文化的起点与基础，新兴文化只是传统文化的延伸与超越。传统是历史的，同时也是不断发展和变化的。作为起点，它存在的意义就是要为发展提供前提并在进一步的发展中被超越，由此获得新的发展和延伸。传统又是动态的、不断变化和发展的，不能把传统文化看作是一潭死水，简单地将其归结为“过去的历史”，而应看到它同时关系着民族文化的现在与未来。因此无论是传统文化还是新兴文化，它们都与当前中国特色社会主义文化密不可分。

二、当下博物馆发展中存在的问题

(一)重数量轻质量的“虚胖”现象

现代博物馆事业的发展可谓蓬勃向上，数量和类型都越来越多。但是，一些人在追求数量的同时，却忽视了博物馆的质量，“多”变成了“滥”。首先，不少博物馆的涌现是政绩工程的产物，一些地方的政府官员把建博物馆当作政绩，结果往往是华而不实、形式大于内容；其次，各地在博物馆建设中存在攀比之风，博物馆的规模档次并不是从当地文化发展的真正需求出发，而是盲目地贪大求全讲气派，动辄几千万甚至几亿、十几亿，虽添置了大量高档设施，但实际效用并不明显；再次，“重建轻养”，博物馆需要长期投入方能正常运行，而许多博物馆轰轰烈烈地建成开放之后，维护经费却捉襟见肘，很快陷入门可罗雀的尴尬局面。所有这些问题都说明，我们的博物馆发展在总体健康的状态下，呈现出了一定程度的“虚胖”。如何使博物馆健康稳定地发展，是有关部门应该尽快研究的课题。

(二)“贵族化倾向”与创意的缺乏

传统观念中博物馆的基本功能是收藏、研究、教育，这种把博物馆作为单纯的教育研究机构的定位，无形中拉大了博物馆与社会大众间的距离。

目前，国内许多博物馆的陈列展览因受到传统运作模式的制约和中国人重社会、轻人性的传统价值取向的影响，陈列展览往往主题陈旧，内容单调，形式呆板；由于片面强调陈列展览的专业性，而忽视了艺术性、趣味性和娱乐性，缺乏对社会生活和普通人的关注，致使观众进入博物馆容易产生高山仰止的感觉，这些都是造成参观者寥寥无几，博物馆门庭冷落的根本原因。

有些博物馆的陈列展览试图追求刻意的"精品化"。陈列展览一味追求豪华，有人称之为"精品式贵族化倾向"。这样的陈列展览，以炫耀自身藏品的豪华、精致为目的，在讲解、宣传方面下的工夫反而很少。结果，忽略了观众的感受，拉大了观众与博物馆之间的距离，也就很难起到社会教育的作用。

（三）数字化管理尚未成型

目前国内绝大多数博物馆的藏品被深深地藏在库房之中，不要说是社会上的研究者和爱好者不可能见到藏品资料，就是文博系统的甚至是博物馆自身的研究人员因文物安全保卫制度等原因，也无法接触到，而且大量的考古发掘出土的文物资料，鉴于管理和保护等方面的原因，常年被封闭在深深的库房中。当然无论哪一个博物馆也不可能将全部藏品一下子展示出来，就是将藏品轮流替换，也是不可能的。何况保护好藏品也是博物馆的一项重要职能。但是，如果将博物馆收藏的藏品进行数字化管理，让专业研究人员、社会上各个行业的研究者和爱好者，通过计算机网络就能查阅有关资料，这对于充分利用博物馆的藏品资源，更好地为社会服务，为广大人民群众服务，无疑是有益的。对于全国各地博物馆的数字化建设来说，资金不是问题，人才也不是问题，关键是重视程度和是否用心去办的问题。

三、现代社会博物馆的生存之道

（一）时刻把握以文物为核心的职能"同心圆"

博物馆的收藏、研究、教育三种职能好像一个同心圆，这个同心圆的中心是文物收藏，内圆是文物研究，外圆是宣传教育。如果没有文物这个核心，只靠辅助陈列，靠电脑、多媒体甚至更先进的科学器材的帮助，是根本行不通的。根据博物馆最原始的职能，一切应当以物为本，其余的方式和手段均只是起辅助作用。如果一所博物馆全都以图片和电子媒介为依托，就失去了它独有的特色，参观者还不如坐在家里看相关的书或者在网上浏览相关图片。博物馆中陈列的文物是历史的见证，是历史记忆的载体，它传达出久远时代的信息，这正是博物馆永恒魅力的所在。忽视了这一点，就偏离了博物馆的真正内涵。

博物馆应该立足文物资源，优化博物馆的陈列，以高水平的陈列吸引观众。由于各种原因，不少博物馆的展览存在三个陈旧：设备陈旧、内容陈旧、形式陈旧，难以吸引观众。要解决这个问题，博物馆必须按照“三贴近”要求，即贴近生活、贴近实际、贴近群众的要求，从社会发展和群众实际需要出发，在设备的更新、内容的选择、形式的设计上与时俱进，力争做精品陈列，从而适应当代观众审美情趣的需要，增强博物馆的吸引力。展品少的博物馆可以不断挖掘文物藏品的丰富内涵，采用多种陈列形式，将最新研究成果展示给观众；而藏品较多的博物馆，可以定期进行展品轮换。

（二）始终坚持以人为本的办馆理念

社会主义市场经济的不断深化，博物馆自身功能的拓展和丰富，促使博物馆由专业化向着社会化和市场化的方向发展。在博物馆以藏品为中心向以观众为中心的角色转化过程中，走“以人为本”的道路，不仅是博物馆自身功能的需要，也是社会主义市场经济发展的需要，这已成为现代博物馆生存、发展、走向繁荣的必然途径。

作为社会文化教育公益性机构，博物馆不同于学校，它的教育对象为全体社会大众，这也决定了博物馆与社会密不可分。国家关于博物馆免费开放的政策，实质上是国家关注民生的重要体现。博物馆作为人类文明记忆、传承、创新的重要阵地，作为政府公共文化服务体系的重要组成部分，最大限度地发挥教育作用，也正是实践和完善政府公共文化服务职能的积极体现。传承中华文明，传播优秀科学文化知识和进行爱国主义教育，是博物馆永恒的主题和根本任务，也是现代博物馆的重要职能之一。没有观众，教育本身就失去了存在的意义。陈列展览是博物馆发挥社会教育功能的主要途径，也是与大众交流的主要方式。现代博物馆陈列展览应着重体现对人的尊重和关注，把民众的爱好与兴趣、感觉与感受作为我们确定展览陈列主题、拟定陈列方案的基本依据，突破传统的陈列展览评判标准，将原来的专业价值标准和政府标准转化为社会公众评判标准，把群众是否满意、是否高兴作为评判陈列展览成功与否的重要标准，不断推出雅俗共赏、群众喜闻乐见的陈列展览。

（三）博物馆功能应多元化

从博物馆发展的历程来看，最初博物馆的功能以收藏为主，而现代博物馆则是集收藏、研究、教育于一身。这不是人们随意赋予的，而是历史发展的产物，是在漫长的历史演变中逐步形成的。三位一体已由理论和实践检验，并得到了国际博物馆界的公认，缺少任何一项都不能称之为博物馆。

目前，国际博物馆界，包括中国博物馆界，对博物馆功能的争论较多，认识不尽一致。但可以肯定的是，传统的三大基本功能依然为博物馆功能的核心。随着博物馆藏品及其类型的多元化，其功能也必然呈现多元化风格。

社会的不断发展及公众对精神文化的追求，要求现代博物馆应集文化、教育、休闲、娱乐于一体，成为人们求知启智、陶冶情操、休闲娱乐的重要场所，增强与社会大众之间的亲和力，同时也成为城市文化与形象的重要标志。在保持博物馆三大基本功能的基础上，以适应社会发展与公众需求为目标，不断探索、挖掘博物馆新的社会职能，是文化多元性下博物馆建设与发展的重要课题。

(四)博物馆的社会化与产业化

博物馆作为公益性的社会文化教育机构，从本质上说，它是为了服务社会公众而设立的，同时，它又必须依靠社会公众，必须依靠社会公众的支持，借助社会多方资源，扩大博物馆自身职能的覆盖面、影响力。

近年来，博物馆日益受到人们的关注，尤其在免费开放后，越来越多的人走进博物馆，这对博物馆的建设与发展提出了更高的要求。酒好也怕巷子深，博物馆苦练内功以后，应打破以往的观念束缚，主动介入社会文化生活，做好社会宣传，提升自身的社会影响力。首先，适时做好宣传工作，主动与新闻媒体联系，及时宣传报导博物馆的工作情况及临展动态；其次，与旅游部门建立良好的合作关系，推介旅行团来博物馆参观，增加参观人数，扩大博物馆的受众群体；第三，与学校、部队建立联系，组织新生、新兵到博物馆进行历史知识教育、爱国主义教育和革命传统教育；第四，大力开展博物馆之友、博物馆志愿者活动，面向社会公开招募有志于从事博物馆事业的各界人士，使之成为博物馆重要的服务力量。总之，利用多种方式和渠道，让更多的群众了解博物馆，走进博物馆，感受博物馆，认同博物馆，最终爱上博物馆。

此外，博物馆也应注重发展文化产业，满足不同群体对文化产品的需求，增加博物馆收入。到博物馆参观的观众不仅有学习知识、休闲娱乐的需要，还有收藏的愿望。针对这一需求，博物馆可以编辑出版一些馆藏的精品图录，同时开发具有馆藏特色的纪念品。这样既可以满足观众收藏的需求，又可以为博物馆树立形象，打造博物馆自身品牌。发展博物馆文化产业，从经济的角度看，可以增加博物馆的收入，增强博物馆自身的造血机能和生存发展能力；从文化的角度看，能为公众提供更多的精神性和感知性产品，比单纯的参观博物馆更能给人以幸福感。

(五)利用信息载体创新服务方式

信息技术的发展为博物馆事业的发展提供了现代化的技术平台，同时也给博物馆事业的发展带来了前所未有的生机与活力。早在上世纪90年代初期，法国卢浮宫博物馆、英国大英博物馆、美国大都会博物馆、日本东京国立博物馆等大型博物馆就在这一方面先行一步，或者建立了相关网站，或者建立了馆藏品数据库，或者实现了虚拟漫游展馆，开始了数字博物馆的建设。近年来，我国在数字化博物馆的领域也有了较大的发展，特别是在利用网络技术来创新和完善博物馆服务方面进行着大胆的探索和实践。博物馆网站是博物馆在网络空间的宣传载体，也是为广大网友提供学习和研究便利的信息资源平台。首都博物馆在利用网络创新博物馆服务方面为我国的博物馆开了个好头。2005 年，首博启动"首都博物馆新馆数字化博物馆项目工程"，按照"以人为本"的工作理念，重设服务架构，从观众的角度设想和分析各种需求，设置网站服务栏目，深受网友们的欢迎，点击率极高，在创新博物馆服务方面迈出了探索性的一步，走在了博物馆界的前列。此外，我国的一些省市在建立数字博物馆和博物馆网站方面也取得了不俗的成绩，例如陕西数字博物馆、成都数字博物馆、江苏数字博物馆、羌族文化数字博物馆等等。特别值得一提的是南京博物院网站，其浏览量长年雄踞全国博物馆网站的前三甲，并获得"全国优秀文化网站"称号，真正体现了博物馆创新服务的价值。数字博物馆在强化传统博物馆收藏、研究及教育功能的基础上，以其先进、便捷、共享等诸多优势，为现代博物馆的发展提供了全新的空间。

四、结　　语

博物馆肩负着继承和延续人类文明的使命，承担着向世人展示历史、传播历史文化的任务。虽然在多元文化共存背景下的今天，博物馆的发展存在一些问题，并面临着种种考验。但是实践证明，只要博物馆在其发展传统的基础上，履行为社会服务的宗旨，坚持改革和创新，坚持职能的不断转化，坚持多样且生动直观的展示方式，增强博物馆的吸引力，它就将永远生机勃勃，并越来越为社会所重视。

附：葫芦岛市博物馆简介

葫芦岛市博物馆成立于1990年，馆舍座落在风景秀丽、山海相映的著名国家级景区——龙湾海滨之畔，总建筑面积10 766平方米，展区面积4 000平方米，集文物展览、学术交流、文物保护、智能休闲、科普教育、公共服务于一体，是目前辽西地区建筑面积最大、功能最齐全的综合性博物馆，并以庄严、大气的建筑风格成为葫芦岛城市建设的新坐标。

葫芦岛市博物馆在20多年的发展历程中，始终得到了各级领导、业内同行及社会各界的厚爱，在深厚悠久、意蕴丰富的地域文化承载下，从无到有，由弱变强，其文化资源、文化遗产对和谐社会建设、经济发展的促进作用日益凸显。伴随着祖国的强盛、文化的繁荣和社会的进步，葫芦岛市博物馆事业不断发展壮大，文物藏品日渐丰富，社会影响力快速扩展，不仅成为葫芦岛市唯一的集文物收藏、保护、研究和宣传展示为一体的国有公益性文化机构，也成为葫芦岛市对外文化交流的重要窗口和公众感知历史、感悟文化的重要平台。截至目前，葫芦岛市博物馆馆藏文物达到6 739件，三级以上文物在数量和完好率上均名列全省前茅。2002年，成为葫芦岛市首家“爱国主义教育基地”，2012年又被确定为“辽宁省社会科学普及基地”。

葫芦岛市博物馆的陈列“走进葫芦岛”采取通史加专题的体例，共分为“岛城先民”、“文化交融”、“千古碣石”、“铁马冰河”、“塞上烽烟”、“佛国遗存”、“世纪风云”7个版块。每个版块既自成章节又互有联系，形成了一个以历史为线索，贯穿重大事件和文化名人的立体时间隧道。专题陈列以“海上丝路”为主题，设立了“丝路贸易”、“绥中沉船”、“水下考古”三个单元的专题陈列展。整个陈列除展出文物实体外，还配有大量的图表、场景复原、主题雕塑和多媒体互动演示等，极大地增强了陈列的知识性、趣味性、科学性和艺术性。通过博物馆这个平台，把复杂深奥的专业知识，用通俗易懂的现代化手法展现给观众，吸引更多的人走进博物馆，感受历史文化氛围。

建馆以来，为丰富群众文化生活，提高博物馆的社会教育功能，先后举办了形式多样的旨在宣传国家文物法规、重大社会事件、文化信息、民间文化艺术的专题展览30余次。在“5·18国际博物馆日”纪念活动中，葫芦岛市博物馆坚持宣传内容“进社区、进校园”，收到了很好的社会效益。另外，为配合社会和教育机构加强未成年人课外活动正能量教育，馆内专门设立了“未成年人课外活动基地”，分别设置了3D电影院、拓字山、陶吧及互动乐园，吸引了大量少年儿童走进博物馆，体验博物馆给他们带来的开发智力、寓教于乐的教育，既给孩子们带来了欢乐，又增长了他们的知识。

葫芦岛市博物馆一直承担着葫芦岛市境内的野外考古任务。多年来，独立或配合辽宁省考古所进行了大宗古墓、遗址等考古发掘项目十余次。特别是境内建昌东大杖子战国时期古墓群考古发掘项目，经葫芦岛市博物馆与辽宁省考古所共同申报，被评为“2011年全国十大考古新发现”。

中国小型博物馆人力资源建设刍议

Discussion on the Human Resource Building of a Small Museum in China

王记华*
（中国甲午战争博物院）

摘　要： 小型博物馆的数量约占中国博物馆总数的90%，是中国博物馆的重要构成，在社区文化建设、历史与科学知识普及、民众社会教育以及中小学教育等方面占据举足轻重的地位。中国的博物馆正处于发展的转型期，面临诸多制约发展的问题，其中最突出的是专业技术人员区域分布失衡以及小型博物馆人力资源匮乏问题。小型博物馆因人力资源匮乏，导致各项专业技术工作不能有效展开，影响了博物馆功能的充分发挥，阻滞了博物馆事业的总体提升，也必然会削弱博物馆在实施文化强国战略进程中的积极作用。为此，本文建议在国家层面和行业管理部门层面进行顶层设计，给予倾斜性扶持政策，力争用15年时间破解这个关系全局的难题。

关键词： 小型博物馆　人力资源

Abstract: About 90% of Chinese museums are small ones which are the major part of Chinese museums. They play a key role in building the community culture, popularizing the knowledge of history and science, developing the people's social education, the primary and middle school education etc. The Chinese museum in transition meets many restrictions on the development, and the most serious two are the unbalance of the regional distribution of professionals and the shortage of small museums' human resource. Due to the shortage of talents, much expert work can't be carried out efficiently, and the museum thus fails to function fully, consequently affecting the general development of the museum career, which will definitely lead to weaken the museum's positive function in carrying out the strong-cultural-country strategy. As the solutions and approaches, it's suggested that national and industrial

* 作者简介：王记华，男，中国甲午战争博物院副院长。

Administration should make top plan to support museums with preferential policy, in order to sort it out in 15 years.

Keywords: Small Museums, Human Resource

“文化实力和竞争力是国家富强、民族振兴的重要标志。”①“全面建成小康社会，实现中华民族伟大复兴，必须推动社会主义文化大发展大繁荣，兴起社会主义文化建设新高潮，提高国家文化软实力，发挥文化引领风尚、教育人民、服务社会、推动发展的作用。”②

实现民族复兴，不仅要建设经济强国、军事强国，更要在深层次上建设文化强国，树立文化自觉和文化自信，增强民族自信心。发展中国特色社会主义文化事业，是实现文化强国、增强文化自信的必然要求。作为公益性文化机构的博物馆，承担着继承、保护和弘扬人类社会文明成果的重任，是实现文化强国的重要实践者、参与者和推动者。只有充分发挥其独特的社会教育功能，更好地保存保护人类社会文明成果，不断奉献给民众高质量、富营养的博物馆文化产品，不断回应和满足民众的文化消费需求，博物馆才能立于不败之地。

在中国博物馆总体格局中，若就规模、藏品数量和专业技术人员比例等方面而论，国家级、省级及部分地市级大中型综合性博物馆无疑是占据主导地位的；若就数量而论，则大中型综合性博物馆仅约占博物馆总数的10%③，以专题类博物馆和纪念馆为主的地市属及以下小型博物馆，约占博物馆总数的90%。

“地市属及以下博物馆因其地理分布范围广，覆盖区域广，服务人群广泛多元，成为我国博物馆体系中最植根于民的基础构成。……以纪念类和遗址类博物馆为主体的地市属及以下博物馆，成为地方文化发展的主力军。”④在推进文化强国战略的进程中，以国家一级博物馆为龙头，特别是地市所属的国家一级博物馆，可以发挥承上启下的作用，带动地市以下的小型博物馆，在社区文化建设、中小学教育等基层文化领域和基层民众阶层实现全覆盖，从而发挥其水银泻地、无所不至的强大文化优势。

目前小型博物馆专业人才匮乏、业务素养偏低的现状，成为制约其发挥作用的最大瓶颈，难以承担起时代赋予的职责使命。因此，小型博物馆人力

---

①② 《坚定不移沿着中国特色社会主义道路前进，为全面建成小康社会而奋斗》，胡锦涛《在中国共产党第十八次全国代表大会上的报告》，2012 年 11 月 8 日。

③ 截至 2011 年，我国共有 34 个省级行政区，332 个地级行政区。以每个省级行政区建设 1 座大型综合性博物馆、每个地级行政区建设 1 座中型综合性博物馆计算，全国约有大中型博物馆 366 座，其中北京、天津、上海等特大城市有所突破，而西藏、新疆、青海、广西等地区则有所不足，两相抵消。如以 2011 年全国博物馆总数 3 589 座计，大中型博物馆约占博物馆总数的 10%。

④ 中国博物馆协会编：《国家一级博物馆运行评估报告》(2011 年度)，第三部分《年度数据分析、观察与评述》，译林出版社，2013 年，第 199 页。

资源建设①,成为当前和未来一个时期需要重点关注和解决的问题。小型博物馆如何直面现实挑战,抓住机遇、转变理念、制定对策、突破瓶颈,需要政府和职能部门、博物馆工作者共同谋划应对。

一、中国博物馆事业面临转型期的新挑战

中国近现代博物馆起步于20世纪初叶,至今不过100多年的发展历史,在其发展进程中,屡次被战争及重大社会变革打断,因而呈现发育迟缓、营养不良、功能失调的畸形形态。上世纪80年代以来的30多年间,中国博物馆如雨后春笋,呈几何式、爆炸式快速增长,全国登记注册的各类博物馆总数,从1980年的350座,到2003年的2 200座,"十一五"期间猛增至3 020座,再到2011年底达到3 589座②,"初步形成门类丰富、特色鲜明、分布广泛的博物馆发展新格局"③。不仅数量翻番,而且设施更加完善,陈展技术与手段更加新颖,在传播优秀先进文化,满足人们精神需求,促进文化消费,提高国民素质,构建和谐社会等方面,发挥了不可估量的社会教育功效。

经过30多年的快速发展,特别是近10年间的爆炸式增长,多种迹象表明,随着中国社会的转型,目前中国博物馆事业已面临发展转型期,或者说正处于一个发展的拐点。对此,博物馆自身应解放思想、更新理念,积极做好迎接转型的各项准备,从追求规模数量向追求质量转型,从粗放型运营管理向精细型运营管理转型,从简单功能向复合功能转型,从"有限数字化"向"大数据化"转型。要顺应形势,推进转型。但所有博物馆齐头并进是不现实的,而应兼顾博物馆的层级分布和整体提升,在两个层面上着手,既要推动具备条件的大中型博物馆先行先试,率先转型,实现与国际博物馆的接轨;又要关注小型博物馆的生存状况,帮助其逐步提升发展内核。面对这一双重挑战,应循序渐进,探索符合中国国情的、具有中国特色的博物馆事业发展之路。

衡量一个国家或地区的博物馆发展水平,不能仅以数量的多寡而论,博物馆的收藏、研究水平,及其融入社会生活的深度与广度是重要的衡量标准。为达到上述标准,配置合理、层次丰富、资源充足的专业技术队伍是前提保障。具体到中国的博物馆,国家与省级大中型博物馆发展较快较好,馆舍建筑已基本实现提档升级,各种软硬件设施齐备,当然一些馆也存在着观

---

① "人力资源",是源于西方的一个专业术语,Human Resource,简称HR。广义是指一个国家或地区的总人口中减去丧失劳动能力的人口之后的人口。狭义是指一定时期内组织中的人所拥有的能够被企业所用,且对价值创造起贡献作用的教育、能力、技能、经验、体力等的总称。

② 胡靖国、刘怀丕:《中国目前各类博物馆超过3 500座》,《新华网》2012年11月9日。

③ 乔欣:《"十二五"中国博物馆事业——从数量增长向质量提升转变》,《中国博物馆》2011年1期。

众量不足、社会效益不强、社会认知度不高等问题。而小型博物馆发展则相对迟缓，绝大部分馆舍陈旧、设施老化、资金短缺、专业人员匮乏、藏品收藏条件较差、陈列展览水平较低、管理运营质量偏低等，生存状况堪忧。

从 2008 年起，政府推行博物馆免费开放举措，到 2011 年底，免费开放博物馆达到 1 804 座①，占博物馆总数的 50% 强。“免费开放加快了博物馆融入社会的步伐，博物馆的文化辐射力和社会关注度得到提高，公共文化服务能力和社会效益得到进一步增强”②，博物馆社会宣传教育的积极性得到巨大释放；同时，免费开放馆获得国家财政给予的门票减收补贴，一定程度上缓解了部分博物馆在经费上的后顾之忧。如果换个角度来看，这些免费开放的博物馆，大多属于国家级、省级和地市级大中型馆，以及经济发达地区开放条件较好的小型馆；而 50% 未免费开放的博物馆，基本处于经济欠发达、开放条件设施较为落后的地区，其自身难以筹措足够的资金改善办馆条件，又享受不到国家财政的专项补助，成为“被遗忘的角落”。这项并非普惠的财政补贴政策，对于这些小型馆尤其是经济欠发达地区的小型馆而言，如久旱的禾苗得不到甘霖的滋润，某种意义上来说是不公平的。

如此一来，博物馆就形成了落差较大的两个集团，打比方说，就如社会的贫富差距在博物馆界的反映，如果这个问题不加以重视解决，差距必然会越拉越大。因此，要提升中国博物馆的总体发展水平，需要制定向基层小型博物馆倾斜的政策措施，扶持帮助其走出生存发展的困局。

博物馆实行免费开放，是实现文化大发展大繁荣对博物馆提出的必然要求，是文化工作“贴近实际、贴近生活、贴近群众”的一条有效途径。免费开放五年来，成效巨大，但“管理运行中的一些问题和深层次矛盾也日益凸显出来，譬如机制改革迫在眉睫、经费保障机制尚待健全、博物馆体系急需优化、陈列展示和服务质量亟待提升，以及文化产品难以满足观众需求等”③。上述矛盾问题中隐含的一个主要问题，即博物馆人力资源建设滞后。

二、小型博物馆人力资源现状堪忧

中国博物馆的人力资源现状，表现为构成比例失衡和区域配置失衡两大特征，这是长期以来专业技术人才引入机制缺乏规范、滞后于事业发展的

① 应妮：《中国免费开放博物馆 1 804 座，年接待观众逾 5 亿人》，《中国新闻网》2011 年 12 月 26 日。

② 乔欣：《“十二五”中国博物馆事业——从数量增长向质量提升转变》，《中国博物馆》2011 年 1 月 12 日。

③ 陈伟、陈洪、张瑄：《我国博物馆已达 3 020 座》，《人民日报》（海外版）2011 年 10 月 10 日。

必然结果。新近完成的《国家一级博物馆运行评估报告》(2011 年度)对省属综合类博物馆作了如下综合评述:“区域发展严重不平衡、人才短缺影响西部地区博物馆发展。”①省属国家一级博物馆尚且如此不容乐观,小型博物馆人力资源现状可想而知。

现状之一,博物馆从业人员构成比例失衡,非专业技术人员比例偏高,专业技术人员比例偏低。各博物馆并不缺少一般工作人员,而是缺乏专业技术人员。

2008 年,国家文物局曾对全国 2 300 多家博物馆开展问卷调查,关于博物馆从业人员学历构成的统计数据令人瞠目。据提交的 2 000 份问卷统计,“90% 的博物馆从业人员的学历在大专以下”,只有“10. 6% 的人拥有全日制大学本科或以上学位,其中毕业于博物馆专业的更是寥寥无几”②。接受文博专业教育的硕士、博士研究生占比不足 1%,实属凤毛麟角。

上世纪 80 年代之前,国内高校鲜有设立博物馆专业者,仅有少部分博物馆专业技术从业者是历史、考古及其他相关专业毕业,绝大部分则是毫无专业背景的非专业人员。所以博物馆界流传着这样一句笑话:博物馆里“圣人”和“贤人”多,其意即“剩余之人”和“闲散之人”,调侃博物馆从业者中非专业人员多。此话听来有些刺耳,却也是实情,时代条件使然,本也无可厚非。

据不完全统计,目前国内开设博物馆学专业的本专科院校有近 50 所,其中本科专业高校有 24 所,粗略估算每年本科毕业生约 500 人,再计入专科教育和短期培训班,每年总数约 700 人。比之 30 年前,专业人才培养的局面已然大有改观,但能够进入博物馆从业的本科生,乐观的估计不超四成,约六成被迫改行从事其他工作。也就是说,高校费尽心力培养出来的本就为数不多的专业人员,绝大部分在就业环节就流失了,这无疑造成了博物馆人力资源的巨大浪费。

由此看来,目前中国博物馆专业技术人员缺乏的现状,症结不在于高校培养的博物馆专业人才的多寡,而在于不能进入博物馆从业。这说明我国博物馆从业者的用人机制存在问题,已经远远落后于社会发展和博物馆事业要求,亟需制订这方面的标准规范。发达国家博物馆行业早有科学规范的成熟机制,足资参考借鉴。

英、法、美、日等发达国家,博物馆界同高等学校一样,是人才聚集的高地,不仅有深谙博物馆运营的管理者,更有大批造诣高深的专家学者型人才,拥有极其丰富的人力资源;即使是小型博物馆,也不乏优秀的专业技术

---

① 中国博物馆协会编:《国家一级博物馆运行评估报告》(2011 年度),第三部分《年度数据分析、观察与评述》,译林出版社,2013 年,第 196 页。

② 赵颖、吉哲鹏:《调查显示:中国博物馆从业人员专业素质普遍偏低》,《新华网》2009 年 7 月 29 日。

人员。这除了得益于其悠久的历史和优良的传统，更得益于其先进的现代博物馆理念对博物馆运营的严格规范，以及对博物馆从业者的严格选拔。

日本博物馆引进专业技术人员时，实行学艺员制度，其接受过相关专业教育是先决条件。日本《博物馆法》第五条规定，学艺员的资格“必须具有学士学位，在大学修完日本文部省规定的与博物馆有关的课程，并获得足够的学分”①。“与博物馆有关的课程”的具体课目有：博物馆学、教育原理、社会教育概论、视听觉教育、博物馆实习等（《日本博物馆施行细则》，1955年施行）。除了具备上述规定条件外，还需通过博物馆管理机构——地区教育委员会的专业性很高的考试。如此之高的从业门槛，自然保证了博物馆专业队伍的纯洁性，为博物馆各项业务的高水准推进、高质量运行提供了坚实的人力资源保障。

近年来，我国文物行政管理部门在规范博物馆运营方面，陆续出台了一系列标准规范性文件，推行了一系列有力措施，如，推行博物馆分级认定、一级博物馆运行评估；推进博物馆数据化和信息化建设；持续开展文物藏品鉴定评级、十大陈列精品评选；实施博物馆馆长培训计划、全国讲解员讲解大赛等等。这些措施对博物馆事业的健康发展，起到了积极的引导推动作用。但是，《博物馆从业者标准规范》迄今尚未制订出台，博物馆专业技术岗位的人员构成比例缺乏可遵循的基本标准，这不能不说是一个极大的缺憾。尽快出台博物馆从业者资格的标准规范，是提升博物馆运营质量，关乎博物馆发展前景的关键问题。

现状之二，专业技术人员区域分布失衡，大中城市的大中型博物馆专业技术人员比例偏高，小城市的小型博物馆专业技术人员比例偏低；东部经济发达地区博物馆专业技术人员偏多，西部欠发达地区博物馆专业技术人员偏少。

据国家文物局的专项调查统计显示，“北京47家博物馆中，9.4%的工作人员有大本以上学历；上海则达到29%，是全国最高的”②。不过，比例的差别是极其悬殊的，甚至严重失衡。在基层特别是经济欠发达地区的小型博物馆，本科以上学历专业技术人员比例低得可怜，仅有2%～3%，甚或为零。

大中城市能够提供较为优越的工作生活条件，大中型博物馆拥有从事专业活动所需的各类丰富资源，有利于人才的成长和脱颖而出。东部发达地区，从业者可以获得较高的薪酬收入，收入水平高出西部地区1倍或者更多，差距颇为悬殊。因此，专业技术人员地区分布不均衡的现状，是地区经济社会发展不均衡的直观体现。

一方面，优质的人力资源过度集中于大中城市和经济发达地区的大中

① 日本《博物馆法》第五条“学艺员资格”。

② 赵颖、吉哲鹏：《调查显示：中国博物馆从业人员专业素质普遍偏低》，《新华网》2009年7月29日。

型博物馆，有些大型博物馆专业技术人员过剩，受专业技术职称比例的限制，职称评定晋级聘用竞争相当激烈。另一方面，小城市和经济欠发达地区的小型博物馆，专业技术人员比例偏低，青黄不接，难以有效开展专业工作，事业发展停滞不前、甚而倒退的情况并不鲜见。

从上述分析可见，在中国，大中型博物馆与小型博物馆之间、东部经济发达地区与西部经济欠发达地区之间，人力资源在这两个方面的配置与分布，都存在巨大差距，而处于最低层次的无疑是小型博物馆。

三、小型博物馆人力资源匮乏成为制约瓶颈

小型博物馆人力资源极其短缺，是不可否认和回避的现实。这种现状已经成为制约中国文博事业总体提升乃至实现转型的瓶颈，必须引起高度重视并采取切实措施加以解决。

在基层小型博物馆，由于缺乏专业技术人员，一名专业技术人员往往需要身兼数个技术岗位，既要从事文物征集、库房管理工作，又要从事陈列展览、开放宣教，以及日常管理、安全保卫等等工作。诸多事务集于一身，业务上不免顾此失彼，工作难以展开。

文物管理保护是许多基层小型博物馆的短板。文物库房条件简陋，库房日常管理、通风除湿，缺少规范；文物藏品的管理不够规范，基本的分类编号、登记编目，不成系统；对纸质和纺织类文物藏品，不知如何防霉、防虫；对钢铁类文物藏品，不知如何除锈、防锈；对入库藏品，不知如何杀虫灭菌。文物藏品在保存和展览过程中，未能得到科学专业的管护，容易造成不应有的损害。这种事例多有发生，并非危言耸听，许多藏品在无声无息中受损或消逝。

陈列展览是博物馆实现其社会价值的重要途径，是向民众展示自我形象的重要窗口。实施基本陈列工程，需要完成主题策划与陈展大纲拟写、陈列内容设计与形式设计、方案可行性论证与修改完善、文物藏品选用与信息整理、版面制作与展厅布展等复杂步骤，是一项专业性很强的系统工程，要求策展人具有较强的统筹把握全局的能力，相关参与者要具有较高的专业素养，否则恐怕难以胜任。正是由于小型博物馆缺少陈展设计等专业技术人员，因此无不视陈列展览为畏途。

有些小型馆采取“借鸡生蛋”的策略，请来专家顾问指导陈展，这固然是一条捷径，但专家顾问不能事无巨细全盘包办，许多具体的专业设计仍须本馆专业技术人员协助执行。无奈之下，有些小型馆委托展览公司代为操刀，但由于设计者对博物馆陈展规律缺乏了解，对陈展主题及内容缺乏专门研究，往往导致形式重于内容，陈展手段与主题内容脱节，不能直达陈展主题。统观各小型博物馆，大多陈列展览内容陈旧、形式落后；即使新做陈列展览，

精品也屈指可数。

专业研究更是大多数小型博物馆的空白领域。专业学术研究既是博物馆各项专业工作的基础，更是引领博物馆发展提高的动力。一座博物馆是否拥有充足的发展后劲，专业研究水平是一项重要的衡量指标。如果说藏品管理和陈列展览还可以外请专家指导的话，那么本馆专业研究队伍的建设与成长，则是非本馆专业人员不可。绝大多数小型博物馆专业技术人员匮乏，相关历史和文物藏品研究不够深入，甚至呈现空白。许多重要的研究资料锁闭在库房囊箧中，得不到研究、公开和共享利用，令人惋惜。

这种局面，如果没有外来专业力量的注入，仅靠小型馆自身的努力，短期内是难以改观的。

四、探索小型博物馆人力资源建设新途径

“资源”是对一国或一定地区内拥有的物力、财力、人力等各种物质要素的总称。作为生产要素之一的自然资源是被利用和消耗的对象，是不可再生的；而作为生产要素之一的人力资源，则是可再生资源，不仅可以被利用，而且可以建设和储备。因此，博物馆实施人力资源建设具有可行性。

中国小型博物馆人力资源建设，重点是破解专业技术人员结构失衡与配置失衡的困局，这需要政府、管理部门以及从业者的集体智慧和共同努力。既要长远规划，纳入文化大发展大繁荣的总体战略格局，进行定位和全局性谋划；又要着眼当前，增强紧迫感，制定5～10年中短期规划，抓紧落实和实施。

首先在国家层面上，从国家长远文化发展的战略高度，对基层和经济欠发达地区的小型博物馆进行倾斜性资金及政策扶持。如，设立小型博物馆发展专项基金，由财政部、国家文物局统筹规划，从事业经费中筹拨专项资金，用于支持帮助这类小型博物馆提高自我造血功能，提高运营质量。西部经济欠发达地区的小型博物馆，还应纳入西部大开发战略，给予资金扶持，加强和改善软硬件设施建设。借鉴东西部对口经济援建的办法，开展博物馆对口援建，东部经济发达省份大中型博物馆与西部地区小型博物馆结对子，派遣专业技术人员到西部地区小型馆挂职，对挂职援建的专业技术人员，从专项基金中拨付专业岗位特殊津贴。最重要的是改善小型博物馆的办馆生存条件，缩小地区经济收入的悬殊差别，这是人力资源由恶性向良性发展的基本前提。

其次，建立规范有效的人力资源保障机制，有利于博物馆事业的健康、平衡发展。目前，建立有效可行的博物馆从业者准入许可机制，条件已经成熟，对于促进博物馆事业产生质的飞跃、推动博物馆事业的整体长远发展，将起到极为重要的作用。在博物馆行业管理层面上，国家文物局应尽快制定出台博物馆从业者资格标准规范，根据博物馆专业技术工作要求，提升从

业者的专业和学历门槛，设定各层级的专业技术岗位任职技能条件。以高校培养的文博等相关专业毕业生为主要选录来源，把有限的专业人员资源最大限度地吸纳到博物馆中来；以在职培训进修和内部师徒帮带传授为辅助渠道，逐步改变以往随意宽松的进入状况，建立顺畅的博物馆专业技术人员准入机制。

基层小型博物馆普遍存在职称人数"浮肿"的表象，与真实的专业技术水平不对称。因为工资待遇与职称挂钩，致使从业者无论是否从事专业技术岗位工作，几乎都吃专业技术职称这碗饭。因此，在严格从业准入条件的同时，还应严格职称评审条件，为"浮肿"的专业技术队伍"消肿"。同时，政府编制部门应适当增加小型博物馆事业人员编制数量，劳动人事部门应严把博物馆专业人员考录关口，确保录用专业对口人员；对自愿到此类博物馆长期工作的毕业生，给予同等条件下优先晋升职称等照顾。

再次，小型博物馆人力资源建设，应有可靠的组织技术依托。以省级行政区划为区域，各省文物局具体组织，依托博物馆协会，组成博物馆业务专家指导小组，梳理本省小型博物馆的基本情况，针对各小型博物馆专业技术工作问题，定期实地调研，开展专业技术指导培训，或提供其他专业技术支持。如，文物征集和鉴定、文物登记建账、文物库房管理、文物保护、陈列展览设计、学术研究等等。

同时，延伸国家文物局博物馆专业技术人员培训链条，委托相关博物馆专业培训机构或各省开设文物考古博物馆专业的高校，对小型博物馆从业者进行专业技术培训，逐步提高从业者的专业技术技能。培训周期以短期培训为主，培训内容可分门类、分项目、分专题进行；以大中型博物馆为教学基地，将课堂讲解授课与实际操作示范相结合，要求深入浅出、高效实用。培训费用由国家文物局直接拨付委托培训单位，避免挤占挪用。

第四，小型博物馆要坚持"走出去"与"请进来"相结合，制订专业技术人员培养计划，有针对性地派遣专业人员，到对口援建的大中型博物馆见习进修，邀请专家来馆示范讲课，等等，为专业技术人员创造尽可能多的学习交流提高的条件。

《国家一级博物馆运行评估报告》(2011 年度)指出："发展中的羁绊主要集中于科学研究与人才培养两个方面。……解决西部人才问题，对口帮扶只能解决部分问题，独特的地域性藏品策展，可以请专门领域的研究者与博物馆内部的人才共同协作，而长期的藏品研究及其相关科研工作，必须由馆内科研人员来完成。创新人才制度，建立和完善自己的人才体系是永续发展的必由之路。"①报告认识到人才的严重匮乏制约了博物馆事业的发展，西部地区情形更加严峻和突出，基层小型博物馆的生存发展更加艰难。人才

---

① 中国博物馆协会编：《国家一级博物馆运行评估报告》(2011 年度)，第三部分《年度数据分析、观察与评述》，译林出版社，2013 年，第 196～197 页。

培养与专业队伍建设是一项长期和艰巨的任务。

五、结　语

小型博物馆是中国博物馆事业大局的重要构成，小型博物馆的人力资源建设是关系中国博物馆未来发展局面的关键要素。解决好这个难题，中国博物馆就能打破现有的“数量不少、质量不高”的格局，真正进入“以质量取胜”的良性发展轨道。如果假以 15 年左右时间，多方共同努力，多管齐下，中国小型博物馆将会突破目前的困局，在繁荣发展社会主义文化事业中发挥更重要的作用。

附：中国甲午战争博物院简介

中国甲午战争博物院成立于1985年，是以北洋海军和甲午战争为主题的近代纪念遗址类博物馆，是第三批全国重点文物保护单位“刘公岛甲午战争纪念地”的管理保护机构，馆址设在威海刘公岛上的原北洋海军提督署及其附属建筑内。馆藏北洋海军与甲午战争等近代历史文物数千件，其中包括从海底打捞出水的、世所仅存的济远舰“克虏伯”前双主炮。

开放参观的景点内容有：甲午战争陈列馆，陈列面积4 500平方米，设有大型基本陈列“国殇：1894—1895，甲午战争史实展”，全面系统、真实生动地展示了甲午战争的历史及其深远影响。占地17 000平方米的北洋海军提督署，进行了原状复原陈列，再现了北洋海军发展顶峰时期的辉煌历史。此外还有刘公岛水师学堂、丁汝昌寓所、龙王庙与戏楼、黄岛炮台、旗顶山炮台、东泓炮台，以及北洋海军将士纪念馆等，总面积达10余万平方米。

中国甲午战争博物院是国家文物局公布的首批免费开放的博物馆之一，2008年5月入选首批国家一级博物馆，是著名的“全国爱国主义教育示范基地”、“全国青少年教育基地”、“全国国防教育示范基地”。经过28年的努力发展，中国甲午战争博物院现已成为北洋海军与甲午战争文物史料的收藏中心，甲午战争与中国近代海防的学术研究中心，爱国主义教育、海洋观与海防观教育中心。

知识服务视野下数字博物馆与实体博物馆的结合

Combination of Digital Museum and Physical Museum under the Concept of Knowledge Service

王小明* 宋 娴**
（上海科技馆）

摘 要：从以有形展品为主到以数字资源为主，从展厅、展柜到虚拟的数字空间，博物馆正经历着一场数字化、网络化的革命。这场革命给博物馆获取、制作、发布信息及提供服务的方式带来了巨大变化。信息技术的发展使公众对信息的获取变得越来越容易，公众关注的已不再是简单的信息获取，而是如何从大量的信息环境中捕获和析取所需要的内容，并将这些信息融化和重组为相应的知识体系或解决方案。因此，我们需要进一步审视如何有效地将数字博物馆与实体博物馆有效结合，从而为公众提供优质的知识服务。

关键词：知识服务 数字博物馆 实体博物馆

Abstract: With the quick development of digital technology and information technology, the museums are under a digital revolution. This revolution brings huge change to museum about how they supply information to the public. The development of information technology makes the public have a easy access to the information, however, the concern of the public is no longer simply getting information, but how to obtain what they need from a large amount of information, and then recombine and absorb these information to construct a knowledge system or purpose a solution. We need to reconsider how to combine digital museum and physical museum so that we can provide excellent knowledge service for the public.

Keywords: Knowledge Service, Digital Museum, Physical Museum

---

* 作者简介：王小明，男，上海科技馆馆长。
** 作者简介：宋娴，女，上海科技馆工程师。

数字博物馆作为一项新生事物，在其产生、发展的过程中，与实体博物馆的"碰撞"从来就没有停止：从宏观管理层面，如何把握二者在博物馆发展中的地位和作用？从中观展示层面，如何协调两者在展示内容与展示功能方面的互补？从微观的公众角度，如何帮助他们选择这两种形式的博物馆？如何为他们提供最适宜的知识服务？带着对这些问题的思考，我们才能更好地把握数字博物馆与实体博物馆的关系。

在数字博物馆的建设理念中，"虚"是指通过网络传播的信息，它需要帮助观众在思维中建立起相关科学知识的框架；但是仅接受别人加工过的信息并不能代替自己对事物的准确认知，最终还要引导观众回到实体博物馆中去，通过自身接触实物的体验，建立起观众自己的知识体系。

因此，数字博物馆与实体博物馆的关系不是相互替代，而是共生共存，并相得益彰。"虚"，属于信息、知识层面，"实"，属于实物、展品层面。虚实结合，最终达到的是数字博物馆与实体博物馆相得益彰的效果。我们应该从"虚实相生"的角度，进一步审视如何有效地将两者结合，从而为公众提供优质的知识服务。

一、知识服务的概念与特点

（一）知识服务的概念

网络技术的发展使信息的获取变得越来越容易，然而，越来越多且越来越便捷的信息通道使人们感受到了"信息超载"，正如美国未来学家约翰·奈斯比特在《大趋势》中所说，"我们淹没在信息的海洋里，但却渴求知识"①。正因为如此，大众的需求呈现出实用化、微观化和浓缩化的趋势②。这时，大众关注的已不再是简单的文献获取，而是如何从繁杂的信息环境中捕获和析取用于解决所面临问题的信息内容，将这些信息融化和重组为相应的知识或解决方案，并进一步将这些知识固化在新的产品、服务或管理机制中。为此，大众需要能够融入解决问题全过程、针对具体问题和个性化环境、直接帮助他们解决问题的服务，这就是知识服务③。

---

① ［美］约翰·奈斯比特著，梅艳译：《大趋势——改变我们生活的十个新方向》，中国社会科学出版社，1984 年。

② Peter Stuer, Robert Meersman, Steven De Bruyne, "The Hyper Museum Theme Generator System: Ontology based Internet support for the active use of digital museum data for teaching and presentation", *museums and the web*, 2001.

③ 张晓林：《走向知识服务 寻找新世纪图书情报工作的生长点》，《中国图书馆学报》2000 年 5 期。

(二)知识服务的特点

国外对知识服务的研究开始于20世纪六七十年代,最先是企业从提高竞争力的角度提出的,后来该服务理念受到许多学术团体和信息机构的重视,对其进行了研究和探索。随着图书情报机构对信息服务研究的深入,知识服务被引入到图书情报机构的服务体系中①。近年来,已有学者认识到将知识服务应用到数字博物馆中的必要性,逐渐重视和加强对信息服务的手段研究,同时以观众为中心,帮助观众提高科学知识的认知水平和运用科学知识解决问题的能力。总体而言,知识服务主要表现出如下特点:②

1. 服务内容的知识化、创新化

知识服务人员有针对性地提炼信息,将检索到的信息通过鉴定、分析、重组、过滤和浓缩,形成符合具体用户需求的知识产品,不断创造新的知识内容以满足用户不断增长变化的新的知识需求。

2. 服务手段的集成化、智能化

集成不同的系统、资源、人力和技术,实现知识服务的综合化、集成化和系统化。通过挖掘知识和构建知识服务平台、知识仓库等,实现知识服务。

3. 服务对象的个性化、专业化

知识服务是从用户的角度出发,为用户量身定做解决问题的知识方案。随着社会分工的细致化,知识服务需求将越来越专业化,知识服务将针对用户的个性化知识需求,提供连续的专业化服务知识。

4. 服务人员的专家化、团队化

知识服务人员必须是该领域的内容主题专家,并且以团队的形式有机地组织在一起,针对某一项目实施全面知识服务。

(三)新时期博物馆知识服务的发展诉求

那么新时期博物馆行业应该如何做好知识服务?或者说,新时期博物馆知识服务的发展诉求是什么?

从宏观层面看,新时期的数字博物馆应该设立不同的开放界面和服务级别,既能提供对高级管理层、库房管理层、研究层的内部平台,又能提供针对普通外界人士或社会公众的外部使用平台,以满足不同层次的需要,同时还应该为内外部的平台搭建沟通渠道,使得两者相互促进,彼此充实。③

从微观层面看,新的时代背景下公众关注的不再是简单的展品陈列或

---

① 贺德方等:《数字时代情报学理论与实践——从信息服务走向知识服务》,北京科学技术文献出版社,2006年。

② 任庆芳:《知识服务的特点及运营模式》,《科技情报开发与经济》2005年9期。

③ 齐越、沈旭昆:《博物馆数字资源的管理与展示意》,上海科学技术出版社,2008年。

者网络信息的机械获取，而是如何从繁杂的科学知识环境中迅速获得所需的信息，并将这些信息融化和重组为相应的知识体系。因此，数字博物馆的构建还应该注重提供个性化、定制化的问题解决方案或者知识服务体系，同时在进行知识服务的过程中，保持高度的人际交互，而不仅仅只是简单的提供信息。

二、从知识服务的视野构建数字博物馆与实体博物馆的关系

（一）数字博物馆的特点

从以有形展品为主到以数字资源为主，从展厅、展柜到虚拟的数字空间，博物馆正经历着一场数字化、网络化的革命。这场革命给博物馆获取、制作、发布信息及提供服务的方式带来了巨大变化。网络技术所具有的即时性及沟通的便利性，使得数字博物馆具有维护成本低、信息传播速度快等优势，以网络为传播平台的数字博物馆是博物馆发展的大势所趋。

数字博物馆是建立在互联网之上的一个特殊的载体，人们上网找到“数字博物馆”的地址，就可以进入博物馆参观。不论白昼还是黑夜，只要愿意，随时可以去博物馆，不必担心开馆和闭馆的时间限制。正是时间上的自由性和自主性吸引人们参观数字博物馆。同时网络也打破了地理意义上的距离，人们可以在家中只用短短的几秒钟，就可以跨越几千公里的距离进入地球另一端的博物馆。

（二）数字博物馆与实体博物馆的虚实结合

1. 数字博物馆的特点

网络技术所具有的即时性及沟通的便利性使得数字博物馆具有维护成本低、信息传播速度快等优势，以网络为传播平台的数字博物馆是博物馆发展的重要方面。① 随着信息技术的发展，数字博物馆将凭借实体博物馆所不能比拟的展示的多样性以及与观众的互动性，带给参观者以真实的观感，甚至带来全新的体验。

2. 实体博物馆的不可替代性

数字博物馆的出现在很大程度上弥补了实体博物馆的局限和不足，这也是众多学者早已达成的共识。② 但是正如众多学者所言，数字博物馆绝不

---

① 陈宇玺、王明军、李龙济等：《论数字博物馆的陈列语言》，《西安建筑科技大学学报》2003 年 4 期。

② 孟中儿：《对数字化博物馆的认识与思考》，《中国博物馆》2000 年 2 期。

能替代实体博物馆，而只是实体博物馆的有益补充和延伸。“物”永远都是博物馆存在的基础，数字博物馆虽可将博物馆的展示、教育等功能以数字化的方式来实现，甚至可实现得更好，但却无法给予公众在实体博物馆中动手做、动手参与时的体验感。

无论是数字博物馆还是实体博物馆，它们的正常运转和发展，都必须持续地获得能源和物资，需要对自己的信息进行“新陈代谢”：不断增加新的展示内容，淘汰过时的内容，更正错误的内容，这些信息都必须从实体科技馆中获得。“问泉哪得清如许，为有源头活水来”，作为数字博物馆的源头活水，实体博物馆办得越好，办得越活，数字博物馆才有更大的发展后劲。

3. 两者虚实结合，提供知识服务

数字博物馆作为一项新生事物，在其产生、发展的过程中，与实体博物馆的“碰撞”从来就没有停止：从宏观管理层面，如何把握二者在博物馆发展中的地位和作用？从中观展示层面，如何协调两者在展示内容与展示功能方面的互补？从微观的公众角度，如何帮助他们选择这两种形式的博物馆？如何为他们提供最适宜的知识服务？

对这些问题的思考，仁者见仁，智者见智。如果我们用宏观的、全局的视角，把数字博物馆与实体博物馆放入博物馆行业的发展趋势中，一定会看到在新的形势下，数字博物馆与实体博物馆互为对方发展的催化剂。而中国传统美学“虚实相生”的概念，就体现了这样一个宏观的、全局的视角。故宫博物院胡锤先生曾提出：“每个人的认知过程都是虚实结合的，虚从实中来，回到实中去。”如何实现实体博物馆与数字博物馆更好地“虚实相生”将是博物馆工作者面临的新课题。

三、知识服务视野下上海自然博物馆（上海科技馆分馆）展示功能的拓展

在新的时代背景下，公众关注的不再是简单的展品陈列或者网络信息的机械获取，而是如何从繁杂的科学知识环境中迅速获得所需的信息，并将这些信息融化和重组为相应的知识体系，因此，数字博物馆应该提倡知识服务的理念，不应仅仅局限于提供简单的藏品信息。对于上海自然博物馆新馆而言，我们将力图构建一个完整展示自然演化与社会发展关系的知识创新体系。以系统的视角布局展示主题，支撑知识体系的完整性；以创新的思路突破时空界限，以数字博物馆为载体，为观众营造由馆内到馆外，全方位互动体验的自然博物馆。

1. 实现馆内馆外的互动

上海自然博物馆新馆将引入新一代互联网技术和物联网技术，使得原

本有限的馆内空间拓展到馆外。在新一代互联网技术的支持下，我们能够把国内或国外自然保护区的实时图像再现在相应的主题展区，同时这些实时图像也将同步上传到数字博物馆。在物联网技术的支持下，观众将通过移动媒体终端深度了解展览或藏品背后的故事。通过馆内与馆外的联动，为日渐远离自然的都市公众提供更多的手段或途径亲近大自然，与大自然进行无障碍的沟通，重新唤起人们与地球家园中其他成员的情感。

2. 搭建观众与专家互动的平台

上海自然博物馆的数字博物馆将根据不同的对象设立不同的开放界面和服务级别，既能提供给高级管理层、库房管理层、研究层一个内部平台，又能提供给普通外界人士或社会公众一个外部使用平台，同时还为内外部的平台搭建沟通渠道，使得两者相互促进，彼此充实。例如：通过数字博物馆的平台，观众可以在线向专家提出各种各样的问题，专家根据公众所关注的问题实时地把最新研究成果以科普化的方式呈现在数字化博物馆上。

3. 成为数字化科学传播的供应商

在现代互联网和物联网技术的支持下，观众可以通过数字博物馆平台或者移动媒体终端进行关键词查询，直接获得所需的科学资料，下载各种资源包；观众可以通过 3G 或 4G 移动通讯技术将馆内的主题内容或教育活动传输到移动终端上；在这一互动的过程中，博物馆将逐渐成为数字化科学传播内容供应商，为公众提供各种各样优质的科普资源。

四、结　　语

数字博物馆存在的价值，在于通过现代科技给予使用者一个高自主性的多媒体互动环境，不再有开放时间与展示空间的限制。随着信息科技与通信技术的发展，数字博物馆的服务功能将不断得到提升，有效地达成科学知识的保存、传播与教育的目的。

在信息高度发达的当今社会，信息的采集、选取、整合、传输、接受、消化成为整个社会活动的主轴，人们的生活方式、学习方式、工作方式、社交方式都因此发生了重大变化，博物馆行业如果继续用传统的方式进行收藏、展示、研究，其社会认同度必然下滑，其进一步发展的空间也将受到压缩。博物馆在新的社会发展阶段，从“实物导向”转变为“信息导向”，从现场服务拓展到超越时间、空间的虚拟服务，将成为必然。所以，我们应该以知识服务的理念构建数字博物馆，实现实体博物馆与数字博物馆的“虚实相生”！

附:上海科技馆简介

上海科技馆是上海市政府为在新世纪提高城市综合竞争力和提升全体市民的素质,从“科教兴国”及“可持续发展”的战略高度,投资兴建的重大公益性社会文化项目。

上海科技馆座落于上海浦东新区,占地面积 6.8 万平方米,建筑面积 10.06 万平方米,2001 年 12 月 18 日开放一期展览,2005 年 5 月开放二期展览。其以科学传播为宗旨,以科普展示为载体,围绕“自然・人・科技”的大主题,设置了生物万象、地壳探密、设计师摇篮、智慧之光、地球家园、信息时代、机器人世界、探索之光、人与健康、宇航天地、彩虹儿童乐园和张江创新成果展等 12 个常设展厅,蜘蛛和动物世界 2 个特别展览,中国古代科技和中外科学探索者 2 个浮雕长廊,中国科学院和中国工程院院士信息墙,再加上由巨幕、球幕、四维、太空、动感五大特种影院组成的科学影城,为观众营造了一个身临其境、寓教于乐、生动活泼的氛围。

自 2001 年开馆以来,上海科技馆以丰富多彩的常设展、紧跟热点的临时展和震撼心灵的科技大片,吸引了国内外观众超过 3 300 万人次,年平均客流在 280 万人次以上。通过一流的展示、管理和服务,不断提升品牌知名度和社会影响力,推动了国内科技馆行业的发展,得到了国内外领导、专家及同行的认可。作为国家一级博物馆的上海科技馆由于其富有特色的服务,成为上海市最主要的科普教育基地和精神文明建设基地,也成为深受市民,尤其是青少年欢迎的国家 5A 级旅游景点、上海特色文化地标。

城市,让生活更美好;科技,让生活更精彩。上海科技馆将在科学发展观的指导下,牢记建馆宗旨,紧跟社会热点,追踪科技进步,不断打造科普文化创新平台,为公众奉献专业、精彩、有趣、新颖的科普展教节目。

社会化的融入和实践

——浅谈上海公安博物馆的社会化运作

The Practice of Contemporary Museum Integration with Society: Case Study of Shanghai Museum of Public Security

汪志刚*
（上海公安博物馆）

摘　要：博物馆需要在社会的运作中，最大限度地体现自身的价值。博物馆自身价值的体现，取决于社会的认可度，取决于自身功能的社会化融合，更取决于自身资源利用的最大化和最优化。上海公安博物馆建馆15年来，共接待了国内外观众300多万人次，社会功能得到了充分体现。所有这些，均得益于博物馆在传播和推介公安警察文化的同时，积极推行博物馆的社会化融入和实践。

关键词：博物馆　社会化

Abstract: Museum needs to be operated in social context so as to achieve its value. It depends on a range of required standards, including social recognition, social integration and even the maximization and optimization of its resources. In the past 15 years, Shanghai Museum of Public Security has received more than 3 million visitors at home and abroad since its foundation, during which the social functions of museum were mostly reflected. All these benefits from the efforts on disseminating and promoting the museum culture among public, as well as from the active practice of museum integration with society.

Keywords: Museum, Socialization

1750年，世界上第一个具有现代意义的博物馆——大英博物馆建立。自此以后，博物馆事业便随着各国的政治、经济和文化的发展而迅猛发展起来。博物馆作为一个国家、一个民族或一个地方的文化标志，体现了社会、经济、历史、自然、传统文化、艺术成就和文明进程。博物馆也是一个城市、

* 作者简介：汪志刚，男，上海公安博物馆馆长。

一个地区的象征，在这个有限的空间里，包容着已逝去的无限时光。在这里可以寻访过去、感受现在、探究未来。博物馆的文化传承和文化娱乐功能，已为全民所共享。

1999 年 9 月建成的上海公安博物馆，正是在博物馆建设的大潮中涌现出来的一个具有明显行业特征和职业特点的专业博物馆。这个在全国公安系统中建馆最早、规模最大、藏品最多的博物馆，同样具备了各类综合博物馆和行业博物馆的基本特征，同样需要在社会的运作中，最大限度地体现自身的价值。博物馆自身价值的体现，取决于社会的认可度，取决于自身功能的社会化融合，更取决于自身资源利用的最大化和最优化。上海公安博物馆正是秉持着这种理念，致力于打造一个合格的、规范的，具有雄厚收藏实力和最佳陈展手段并倾情服务于社会的博物馆。建馆以来，连续三届被中央文明委评为全国文明单位，被国家文物局评为国家二级博物馆，还先后被确定为“全国科普教育基地”、“全国青少年科技教育基地”、“全国青少年自我保护教育基地”、“全国消防科普教育基地”、“上海市爱国主义教育基地”、“上海市志愿者服务基地”，被上海市人民政府授予最高专项奖——第七届“儿童工作白玉兰奖”。

建馆 15 年来，共接待了国内外观众 300 多万人次，受到各级领导和社会各界的好评，社会功能得到充分体现。所有这些，均得益于博物馆在传播和推介公安警察文化的同时，积极推行博物馆的社会化融入和实践。

一、社会化的前提是功能定位

上海公安博物馆是上海公安文化建设的一个重要组成部分。因此，上海公安博物馆的工作必须体现时代性，把握规律性，富于创造性。

体现时代性，就必须把博物馆的收藏保管、科学研究、教育普及和休闲娱乐这四大功能融合到体现上海城市精神和上海公安精神这个大环境、大背景中去思考，为塑造上海城市精神和上海公安精神，从行业系统角度提供长久的文化支撑。

把握规律性，就必须坚持市局政治部的领导，主动参与上海文博系统尤其是行业博物馆系统的业务交流和沟通，掌握运作规律，汲取先进经验，不断提升内在文化含量，使上海公安博物馆始终保持争先创优的状态。

富于创造性，就必须把建设上海公安大文化作为出发点和归宿点，充分利用、最大限度地发挥上海公安博物馆的资源优势，为尽快创建、完善具有时代特征、中国特色、上海特点的上海公安主流文化，充当载体、搭建平台。

二、社会化的途径是积极融入

融入的目的就是要把博物馆最大限度地纳入社会，立体化构思，扁平化操作，项目化推进。

1. 常变常新，推陈出新，不断更新常规展览内容

常规展览是整个博物馆的主体展览部分，也是日常吸引观众的重头戏。这些年来，博物馆的展陈内容、展陈形式以及展柜改造和灯光设置，每年都有15%左右的调整幅度。改变老面孔，以新形式，不断吸引观众，争取回头客。“英烈馆”和“警用装备馆”的调整，分别荣获最佳展陈奖，得到上海市文博系统专家的充分肯定。

2. 认真筹划，整体布局，不断推出重点主题展览

一是紧扣主体，把握节奏，大力弘扬上海公安精神。

“陈卫国、肖玉泉英雄事迹展”、“城市英雄——蔡立群先进事迹展”、“上海政法30年”、“永不放弃——上海公安抗震救灾纪实展”、“上海公安世博安保纪实展”等紧贴公安中心工作的大型专题展，以其珍贵的实物、精彩的画面以及精炼的文字，吸引了社会各界观众，让大家了解公安在干什么。

二是搭建平台，创造条件，打造上海公安文化基地。

“上海公安文化艺术收藏展”、“上海公安优秀书画、摄影作品展”、“历史凝聚文化——近现代警察文物精品展”、“上海公安廉政书画、摄影作品展”等极具文化含量的专题展，充分展示了上海公安队伍的文化修养和文化追求。社会各界观众也从中领略到上海公安的文化素养和文化功力，警察柔性化形象得以有效展示。

三是内外联动，优势互补，主动融入区域文化建设。

“掌中乾坤——大铜章精品艺术展”、“穿越时空——古生物化石展”、“军魂颂——建军80周年展”、“圣火之光——奥运体育珍品展”、“草原精粹——内蒙古博物院馆藏精品展”等大型主题展，吸引了社会各方面高精尖的展品，实现了与社会各界的合作，进一步提升了公安博物馆的展陈实力和组织水平。

3. 因地制宜，拓展功能，积极开发参与互动项目

如今的博物馆已经从收藏保管、学术研究、教育普及三大功能向休闲娱乐功能延伸，寓教于乐正成为博物馆的发展方向。这些年来，公安博物馆先后建成了集消防知识、安全防范为一体的“消防模拟演练馆”，集训练精度和快速反应为一体的“情景互动射击馆”。这些充满趣味性的参与互动项目，不仅蕴含着大量的公安教育元素，同时还得到了观众的积极响应和高度认可。

4. 搭建平台，提供机会，为志愿者脱颖而出服务

公安博物馆是第一批被确定为“上海市志愿者服务基地”的十家单位之一，已经与上海市的16所高校和重点高中签订了志愿者服务协议。几年来，在志愿者的宣传、招募、面试、培训、考核、表彰、奖励方面，形成了一整套规范的操作程序。迄今为止，已有80批2 000多名志愿者，带着经过规范培训、自我历练的累累硕果，走向人生的第一个工作岗位。

5. 整合资源，内容配套，积极推动学校二期课改

上海市中小学的二期课改，就是要求学校组织学生走出课堂，走进基地，把涉及“民族精神教育”和“生命安全教育”的内容放到相关场馆去学习。上海公安博物馆是市教委、市科委指定的第一批学生课外实践基地。博物馆在理论和实践上积极探索，将馆内现有资源整合成21个具有很强科学性、探究性、实用性的探究课程，供不同年龄段、不同年级组或个别学生团队选择，并制定配套的教学及参观保障方案，对学生的科学探究进行有效指导。博物馆已经与上海14个区的56所学校签定了“生命教育”实践基地协议，免费提供活动场所。几年来，策划并组织了80余项生命教育、爱国教育、普法教育主题活动，共完成全市165所学校30多万名中小学生的科普拓展教育，取得了良好的社会效果。

6. 党建联建，合作共建，推动双方精神文明建设

这些年来，博物馆先后与部队系统、交通系统、卫生系统、教育系统、经贸系统的18家单位，签订了精神文明、党建联建合作共建协议，确定了签约双方的权力和义务，实现了资源共享，优势互补，从机制上保证了博物馆的社会化融入。

7. 社会任职，广泛联络，争取更多更大合作平台

上海公安博物馆的地位，已经逐渐为社会接受和认可。馆领导先后应邀担任中国博物馆协会理事、上海市文博学会常务理事、上海市收藏协会顾问、上海市科普教育基地副理事长、上海市中小学德育研究会副会长、上海市徐汇区政协委员等岗位职务。这样就可以在更多更大的平台上，交流、宣传、推介上海公安博物馆，不断提高博物馆的知名度和知晓率。同时，也让更多的社会大众了解公安、理解公安、支持公安工作。

8. 快乐工作，幸福生活，全力推开文化惠警之旅

上海的文化设施和文化产业走在全国的前列。如何使我们的民警在繁忙、紧张的工作之余，享受这些成果，是我们应该研究并为之破解的课题。今年以来，我们用了整整2个月的时间，走访了上海大部分场馆，进行沟通，寻求合作，得到了大家的理解和支持，成功推开了“上海公安文化惠警之旅”。目前已有上海科技馆、上海博物馆、中国航海博物馆、上海城市规划展示馆、上海中医药博物馆、上海航空科普馆等24家场馆作为首批合作场馆，为全市公安民警、公安文职和公专学员提供免费参观服务。

三、社会化的保障是自身健全

1. 领导要高度重视

从上海公安博物馆筹建之始，十几年来，上海市公安局党委和政治部领导始终高度重视，大力关心、支持博物馆工作。2006年初，上海公安博物馆率先实行对未成年人免费开放，原来近百万元的门票收入由财政预算给予解决，确保了博物馆的整体正常运行。

2. 中心要紧抓不放

公安博物馆的功能定位，决定了博物馆必须紧紧围绕公安中心工作，最大限度地为公安工作服务，为广大公安民警服务。通过举办临时展览、组织开展警察文化专题的报告会，筹办典型人物、先进事迹展览，民警文化艺术展，举办公安文物鉴赏、文化艺术讲座，开设收藏沙龙以及播放红色影片等活动，多形式、多层次地拓宽公安文史的宣传渠道，大力弘扬公安主流文化，提高公安文化建设意识，提升公安队伍的文化品位和公安民警的文化素养，激发民警的进取意识和团队精神，营造团结、进取、创新、向上的警营文化氛围，增强公安队伍的凝聚力和战斗力。

3. 自身要主动作为

博物馆的整体工作只有与社会有机地结合、更好地融入，才能受到社会普遍的关注和重视，才能成为社会教育的殿堂。公安博物馆坚持"以人为本"的工作理念，以观众为导向，不仅努力成为公安民警学习公安历史、展示公安文化的宣传高地，而且充分发挥公安博物馆教育基地的各项功能作用，加强社会参与，做好资源共享，承担社会教育责任，努力成为青少年的第二课堂和成人的终生学校。

4. 设施要继续完善

陈列是博物馆各项业务工作的综合体现，博物馆的陈列设计要以广大普通观众的需求为基础，重视博物馆与观众之间的联系。展览形式上，要尽量采用各种先进的和现代化的展示手法，努力打造精品陈列，最有效地吸引观众。要让观众有看、有动、有操作、有实验，以此来强化教育效果。

5. 活动要保持常态

继续开发参与度高、互动性强的科普项目，使学生在活动中潜移默化地了解、掌握与公安有关的各类知识。在不断整合现有展馆资源的基础上，开发整合新资源，积极与各警察公共关系实践基地建立协调联络制度，适时推出各种丰富多彩的主题活动。进一步搭建未成年人思想道德教育的实施平台，努力探索课堂教学与基地一体化的教学模式，逐步形成教育的特色和亮点。

6. 队伍要凝心聚力

以继续创建、保持全国文明单位为契机，全面贯彻党的十八大文件精神，深入学习实践科学发展观，根据上海市公安局“十二五”发展规划确立的奋斗目标和战略部署，将创建工作与业务工作、队伍建设、形象建设有机结合，充分发挥上海公安博物馆的职能作用和整体功能。以“创建学习型支部、争当学习型党员”主题活动为抓手，有计划地组织全馆同志参加各类业务培训，实现一岗一专业、一人一爱好。提升在编同志的文博专业知识水平，使每一位同志都能更好地适应业务要求，进而充分利用有限的警力创造出最大的价值与最高的效率。

综上所述，社会化的融入是警察博物馆存在的基础，也是警察博物馆发展的必由之路。蓝图已经展开，前景非常美好，我们将为此不懈努力。

附：上海公安博物馆简介

上海公安博物馆是国内首座公安专题博物馆，于1999年9月11日正式对外开放。馆内设公安史馆、英烈馆、刑事侦查馆、治安管理馆、交通管理馆、监狱和看守所馆、消防管理馆、警用装备馆、警务交流馆、消防模拟演练馆、情景互动射击馆等11个分馆。博物馆记录了自1854年上海建立警察机构100多年来的历史沿革；着重展示了1949年6月2日上海市人民政府公安局建立后，上海公安在打击犯罪、保障各项建设、维护社会稳定等各方面的业绩；收藏了从晚清至今相关的公安(警察)题材藏品50 000余件，其中包括国家一级文物49件(套)。

开馆至今，先后被确定为“全国文明单位”、“国家二级博物馆”、“全国青少年自我保护教育基地”、“全国青少年科技教育基地”、“全国科普教育基地”、“全国消防科普教育基地”、“全国中小学消防安全教育社会实践基地”、“上海市爱国主义教育基地”、“上海市志愿者服务基地”，并荣获上海市第七届“儿童工作白玉兰奖”。

船政博物馆人力资源建设实践探析

An Exploration on the Human Resource Construction of China Marine Museum

吴登峰*
（中国船政文化博物馆）

摘　要：人力资源是第一资源。新时期如何加强博物馆人力资源管理和建设已成为博物馆管理者实现博物馆事业可持续发展必须思考的问题。本文对船政文化博物馆人力资源现状、存在问题以及管理实践做初步探析。
关键词：人力资源管理　船政博物馆

Abstract: Human resource is the primary resource. The consideration on approaches of strengthening the human resource management and construction of museums have become a must for museum administrators in sustainable development of museum cause.The essay presents a preliminary exploration and analysis on the current situation, existing problems and the management practice of China Marine Museum.
Keywords: Human Resource Management, China Marine Museum

人力资源是第一资源。博物馆管理工作的基础，就是要有一批较高素质的人。新时期如何加强博物馆人力资源管理和建设已成为博物馆管理者实现博物馆事业可持续发展必须思考的问题。笔者试从船政文化博物馆人力资源现状、存在问题以及管理实践做初步探析。

一、船政文化博物馆人力资源现状

船政文化博物馆是以宣扬船政文化为主题的专题博物馆，成立于1998年，原名“中国近代海军博物馆”，2005年后更名为“中国船政文化博物馆”，

* 作者简介：吴登峰，女，中国船政文化博物馆馆长。

隶属于福州开发区政府，为国家三级博物馆，福建省暂定二级博物馆。

船政博物馆现有在职职工计 29 人，其中在编人员 14 人，本科以上学历 11 人（其中 9 人通过继续教育获得本科文凭），大专 1 人，中专及以下 2 人，平均年龄 37 岁。专业技术人员 12 人，占在编人数的 85.7%（表 1）。队伍成员中所学的专业涉及法律、经济管理、旅游管理、汉语言文学、心理学等多个领域，但却无一人是历史或博物馆学相关专业毕业。

表 1　船政博物馆在编人员知识结构表

<table>
<tr><th colspan="3" rowspan="2">文化程度</th><th colspan="2" rowspan="2">年龄</th><th colspan="5">业务职称</th></tr>
<tr><th colspan="4">专业技术</th><th>工勤人员</th></tr>
<tr><td>学历</td><td>人数</td><td>是否文博相关专业</td><td>年龄段</td><td>人数</td><td>高级</td><td>中级</td><td>初级</td><td>高级</td><td>中级</td></tr>
<tr><td>大学本科</td><td>11</td><td>否</td><td>50 岁以上</td><td>0</td><td rowspan="4">1</td><td rowspan="4">3</td><td rowspan="4">8</td><td rowspan="4">1</td><td rowspan="4">1</td></tr>
<tr><td>大学专科</td><td>1</td><td>否</td><td>45～49 岁</td><td>2</td></tr>
<tr><td>中专</td><td>1</td><td>否</td><td>35～44 岁</td><td>8</td></tr>
<tr><td>高中以下</td><td>1</td><td>否</td><td>35 岁以下</td><td>4</td></tr>
</table>

从船政博物馆的专业队伍和知识结构看，专业人才短缺，整体人员的专业化程度都比较低，科研队伍力量薄弱，这也是全国县区级博物馆普遍存在的问题。

二、博物馆人力资源管理存在的问题

目前全国大部分的县区级博物馆由于长期以来受计划经济的影响以及地方政府直接参与或干预管理的影响，管理上无法完整体现我国博物馆的“三性”（即博物馆是珍贵文物和标本的收藏机构、宣传教育机构和科学研究机构）。县、区级博物馆基本不配备科研、文物修复的专业技术人才和独立开展科学研究的队伍。在博物馆实际运作中大量起用无管理经验和对文博知识知之甚少的人员从事博物馆管理工作，同时在招收博物馆工作人员时，只考虑讲解等实际岗位，不考虑科研类专业技术人才的引进和培养，甚至大量安排老弱人员到博物馆“养老”，造成博物馆在职人员知识结构配置不合理的现象。博物馆一方面人满为患，另一方面却缺少专业技术骨干，从业人员的职业热情普遍不高，创造性工作更无从谈起。

奖惩机制不明了也是博物馆人力资源高效管理难以有效实施的重要因素。目前体制内的公益性博物馆的管理体制和运行机制以及在用人制度和分配制度等方面，改革步伐相对滞后。众多博物馆管理者为减少内部矛盾，妥协性地选择照顾大多数人的利益，奖罚仅停留在规章制度上，无法实施，这样不但严重地挫伤了员工的积极性，造成部分人员工作情绪不高，易于满足自己现状，不求创新；同时也挫伤了管理者的工作热情，无法创造性地开展工作。

船政文化博物馆人力资源配置存在同样的困惑，如何管理和有效开发博物馆人力资源，使其发挥最大的效益，更好地达成博物馆的管理目标，是我们探索的课题。

三、船政博物馆人力资源管理实践

有效管理博物馆的人力资源是实现博物馆长远发展的关键，因此要特别重视和挖掘每位员工的价值，营造氛围，最大限度地发挥每个人的潜力，调动他们的积极性，通过启迪、示范、鼓励等多种手段，让每位员工在努力实现博物馆发展目标的前提下，充分发展自己，实现员工个人价值与集体价值的统一，增强博物馆的凝聚力，以更好地达成博物馆的管理目标。

（一）树立共同价值观，形成核心凝聚力

文化环境是开发人力资源的外部条件，对博物馆人力资源开发和管理具有重要的影响。船政文化底蕴丰厚，是中国优秀文化的代表；福建船政爱国图强、科技创新的精神，也可成为船政人共同的精神支柱；船政先辈们所取得的成就可引发船政人的共鸣，增强自豪感。船政精神的内涵不断强化全体工作人员的荣誉感和责任感，使全体人员有强烈的精神归属感。通过组织专项培训、筹办展览，准备博物馆的评估测评等，使内部各个成员之间配合更加密切，促使员工形成群体价值观。同时创造条件让员工参加各种培训，鼓励员工继续学习，提供公平职务晋升、职称评聘的机会等，不断调动职工的积极性，挖掘个人潜能，使其创造性地开展工作。员工的职业认知和价值认同得以不断增强，从而树立起“以事业发展为己任”和“事业兴我兴”的信念，确立起一种内在的自我约束、自我管理、自我控制的行为标准，形成持久的向心力和凝聚力。

（二）重视人力资源的继续教育，加强人才队伍建设

继续教育对博物馆人力资源水平和事业持续发展的影响越来越广泛和深入。博物馆事业要发展，工作质量要提高，就必须要求所有工作人员，包括管理人员，不断更新自己的知识结构，学习新知识、新技术，只有这样，才能使博物馆在新形势下适应发展，跟上时代的发展步伐。

船政文化博物馆为福州市重要的公务接待窗口，每年接待游客近 16 万人次，讲解 3000 余场，其中省、部级以上接待达上百人次。近年来接待了胡锦涛、李长春、朱镕基、吴官正等党和国家领导人，及董建华、曾荫权、萧万长、连战、吴伯雄、郁慕明等香港政要和台湾知名人士。为实现船政文化博

物馆的持续发展，取得更好的社会效益，培养和提高从业人员的整体素质成为船政文化博物馆的重要工作之一。积极培养专业技术人才，采用交流、培训、评比等方式，努力提高博物馆员工特别是管理人员和专业技术人员的综合素质，不断提升整体专业水平。通过每周一次的中层人员例会，不断总结工作中出现的问题，及时理顺各部门之间的工作关系。管理上逐步做到从遇到问题、解决问题向及时预见问题、排除隐患转变。采取让专业技术人员参加各种学术研讨会和聘请专家到馆开讲座、现场指导等方式，不断开拓工作人员的视野和工作思路。利用全国博物馆等级评定的契机，组织人员至福建省博物院、福州市博物馆等上级或兄弟单位学习文物库房规范管理，建立藏品数据库，完善藏品从接收到登账、鉴定、编目和建档的程序，使文物及藏品做到总账清晰、账物相符，编目详明、查用方便，改善了以往文物管理随意性大，馆藏底数不清的问题。同时为进一步加强捐赠及馆藏文物的管理，要求所有文物藏品资料一入库就拍照，入藏的藏品有完整、清晰的原始资料，以备对照查询。所有藏品放置合理、规范，入库的藏品分类保存。2011年，船政文化博物馆组织力量按时超量完成了国家文物局关于做好珍贵文物数据采集、录入、上报的工作，完善了船政文化博物馆文物数据库建设。该项工作受到省文物局专项工作通报表扬。采用针对性强的边学边干机制，能够逐步激发员工潜能，更好更快地适应博物馆各项工作的需要。

着力提高讲解员四种素质：一是良好的道德素质。按照“个人形象一面旗、工作热情一团火、谋事布局一盘棋”的要求，强化游客至上的服务理念，培养热爱游客的情感品质。二是良好的文化素养。为加强讲解员的专业素养，要求讲解员不断提高自己的知识层次，拓展知识面，及时更新知识内容，努力钻研业务，做到因人施讲。同时建立讲解员培训、考核制度，定期或不定期对讲解员进行专业知识和讲解礼仪培训。选送讲解员至重庆歌乐山革命纪念馆、福建省博物院、福州市博物馆等单位跟班学习讲解技巧，不断提高讲解水平。因此，船政文化博物馆讲解员曾获得福建省文化厅组织的“古田杯讲解员大赛”三等奖和全国爱国主义教育基地讲解员电视大赛“优秀讲解员”称号。三是良好的外在形象。船政文化博物馆要求讲解员上班时间统一着装，佩戴标识牌，仪态稳重、举止大方。四是良好的演讲才能。船政文化博物馆专职讲解普通话均达到二级乙等以上水平，其中两人达到二级甲等以上水平。目前，船政文化博物馆工作人员的整体素质大幅提升，讲解工作也得到游客的肯定，开馆至今没有发生重大游客投诉事件。近年来船政文化博物馆获得了“福建省第一届博物馆陈列展览优秀奖”，被授予“市级青年文明号”、“省级巾帼文明岗”、“省级工人先锋号”等称号。

(三)深挖潜能，创造性开展工作

美国管理学权威彼德·杜拉克曾说过：“企业或事业唯一的真正资源是人。管理就是充分发挥人力资源以做好工作。”博物馆人的素质高低往往决定着博物馆的面貌。因此人的主观动机、工作态度、敬业精神，以及对工作的满意度决定着人力资源的发挥程度。只有给馆员更多的机会参与博物馆的实际工作，甚至参与综合管理，才能充分发挥他们的主观能动性，自觉自愿成为事业的参与者，才能释放出更大的潜能。

2006 年 11 月至 2013 年 6 月，船政博物馆举办了三场较大规模的特展，其中包括两次出境展（香港、台湾），展览均取得了较好的社会效益。2006 年，为纪念福建船政创办 140 周年，扩大船政在港澳的影响，船政文化博物馆与香港历史博物馆在香港海防博物馆联合举办了为期 8 个月的"福建船政——近代中国海军的摇篮"特别展览，世界各地近 10 万游客参观了此次船政特展。展览在香港引起较大的反响，香港各大报纸争相报导，如香港的《大公报》就以《百载福建船政展现香江》为题作了大幅报导。本次展览的成功举办，进一步扩大了船政的影响。

2010 年 12 月，为加强闽台文化交流，船政博物馆与台湾长荣海事博物馆在台北联合举办了为期 8 个月的"福建船政——清末自强运动的先驱"特展，共接待台湾游客 2 万余人次，其中未成年人 9 000 余人次，邀请两岸专家学者举办船政相关专题讲座 9 场，取得了预期的社会效果。央视四套对本次展览进行了专报。在展览期间，船政文化博物馆还收到了在台船政后裔和老海军人士捐赠的文物资料 30 余件。船政文化成为闽台文化交流的又一重要内容。2011 年 6 月，福建船政文化遗址群被国台办确定为"海峡两岸交流基地"。2013 年 6 月，为配合 6·18 中国海峡项目成果交易会"船政文化活动周"的活动，船政博物馆在马尾造船股份有限公司（原福建船政船厂）现存中国最古老的车间举办"深层脉动——船政对台湾近现代化的影响"特展，特展的内容和展示手法受到海峡两岸游客赞誉。三次特展的活动策划、资料的收集挖掘、展纲的撰写、版面图片的处理和编排等，都是充分发挥船政文化博物馆全体工作人员的集体智慧完成的。通过这几次特展筹展、布展的工作实践，船政馆的工作人员的工作潜能得以挖掘，在陈列布展、图片处理、资料整理等方面的水平均得到较大幅度的提升，员工的主观能动性得到进一步发挥，各成员间的协作也更加和谐。

人是生产力中最活跃的因素，人力资源的开发和利用是博物馆事业发展的根本动力。新的发展时期，博物馆必须树立人力资源新理念，创新人力资源开放管理工作机制，培养核心竞争力。引进具有专业技术的高素质人才，同时不断培育新"人才"，快速改善人才队伍的知识结构，提高人才队伍的整体水平，只有这样才能使博物馆创造出更大、更多、更广的社会效益，博物馆事业的发展才能更有后劲。

附：中国船政文化博物馆简介

中国船政文化博物馆是以宣扬船政文化为主题的专题博物馆。博物馆位于古港马尾马限山麓，筹建于1997年，1998年5月对外开放，原名为中国近代海军博物馆。2005年后更名为中国船政文化博物馆，为国家三级博物馆、福建省暂定二级博物馆。

船政文化博物馆为五层建筑，依山而建，建筑面积约8 000平方米（含博物馆前开放式广场，面积约3 800平方米），其中展厅面积约3 600平方米。馆舍建筑正面造型为两艘乘风破浪的战舰，是一座颇具现代建筑风格的馆宇。

博物馆分五个部分展示船政的内涵。一层为门厅，通过大型浮雕和“扬武”号舰模诠释船政独特的文化内涵。二层为“船政概览”，设船政衙门景观，概略介绍二次鸦片战争后，清政府仿效“西法”，兴办洋务的背景；介绍左宗棠首创、沈葆桢接办福建船政，使马尾成为中国近代工业之嚆矢的过程；展陈马尾作为近代海军之摇篮和近代航空业的萌生地的历史脉络。三楼为“科教夙兴”，以模拟学堂为主展线，系统介绍福建船政学堂大胆挑战“私塾、官学、国学”等旧学教育，汲取外来精华，传授科学技术，培养和造就一大批推动中国近代化进程的政治、经济、文化、科学、教育、海军精英的历史。四楼为“产业先驱”，设置船政轮机车间景观造型，通过船政造船三阶段的代表性舰模和中国自制的首架水上飞机模型，来体现船政师夷长技，大胆引进西方的先进技术、设备、人才和管理，使马尾成为近代中国折射西方工业文明的重要窗口，极大地推动和影响中国工业近代化的进程。五楼为“海军根基”，通过中国近代史四大保卫战——1874年台湾保卫战、1884年中法甲申海战、1894年中日甲午战争及抗日战争等，来反映福建船政在建设海防，发展中国近代海军方面的卓越贡献。

船政文化博物馆馆藏品以船政文物为专题，现有馆藏文物582件，其中一级品2件，二级品9件，三级品161件；非文物展品及文物资料2 000余件。藏品按质地分为九类：石器、陶瓷器、铜器、铁器、木器、皮革、玻璃、书法、杂项等。目前文物藏品以船政后裔和老海军人士捐赠为主。

近年来，随着船政文化宣传力度的加大，船政文化的品牌效应业已显现。船政文化博物馆自改建以来共接待中外游客百余万人次，其中包括胡锦涛、李长春、吴官正、朱镕基、蔚健行等党和国家领导人，及董建华、曾荫权、萧万长、连战、吴伯雄、郁慕明等香港政要和台湾知名人士。

船政文化博物馆分别于2006年、2010年与香港历史博物馆、台湾长荣海事博物馆联合举办以福建船政为主题的特展，共有10余万港、台民众参观了船政特展，取得了良好的社会效益。2011年6月船政遗址群被国台办授予“海峡两岸交流基地”称号，船政文化成为闽台文化交流的又一重要内容。

船政博物馆为实现博物馆的社会职能，与多所中小学、大中专院校及部队建立共建，为他们免费提供爱国主义教育及实习场所，先后被确定为“国家国防教育示范基地”、“东海舰队战斗精神教育基地”、“航海科普教育基地”、“福建省社会科学普及基地”、“福州大学阳光学院实习实训基地”、“福建师大职教师资培养培训研修基地”，取得了良好的社会效益。同时获得“市级青年文明号”和“省级巾帼文明岗”、“省级工人先锋号”等荣誉称号。

船政文化是中国优秀文化的代表。2009 年 5 月国务院通过的《关于支持福建省加快建设海峡西岸经济区的若干意见》，将船政文化确立为海西建设着力打造的七大文化品牌之一。中国船政文化博物馆将借势福州市东扩规划和马尾新城建设，进一步发挥船政文化在推进海峡两岸交流的纽带作用，向着“品牌优秀，运行优良，服务社会”的办馆目标继续努力，为海西建设与发展发挥新的作用，做出新的贡献。

纪念馆多元化发展的探索与思考

——以陈云纪念馆为例

Diversified Development of Museum: Take Chen Yun Memorial for Example

徐建平*
（陈云故居暨青浦革命历史纪念馆）

摘　要：在急需加强红色文化传播和免费开放全国爱国主义教育示范基地的新形势下，纪念馆必须更新观念，积极探索，通过多种渠道来促进自身的发展。在最近和今后一段时间内，陈云纪念馆在阵地拓展多元化、宣教模式多元化、资源利用多元化等方面将进行积极的探索和总结，并期待在凝聚观众人气、扩大文物征集、营造宣传网络和全面提升纪念馆水平等方面取得更进一步的发展。

关键词：纪念馆　多元化

Abstract: In need of strengthening the communication of the red culture and in the situation of the opening for free, Museum must renew the idea and actively explore to promote the development of Museum. Take Chen Yun Memorial for example, in the past few years, it has gotten some experience in the diversified development.

Keywords: Museum, Diversification

在中国共产党成立92周年前夕，中共中央总书记习近平在主持中共中央政治局一次集体学习时强调，历史是最好的教科书，要继续加强对党史、国史的学习，在对历史的深入思考中做好现实工作，更好地走向未来。作为革命领袖类的纪念馆，是加强党史、国史学习和宣传的一个很好的载体，同时担负着广泛地传播和发扬我们党的为民、务实、清廉的好思想、好传统、好作风的重任。如何应对新的机遇和挑战，推动纪念馆向更高层次发展，取得更好的社会效益，是今后必须研究的一个课题。在过去的几年里，陈云纪念

---

* 作者简介：徐建平，男，陈云故居暨青浦革命历史纪念馆馆长。

馆在多元化发展方面进行了一定的探索和实践,现把一些经验和思考归纳如下,以和大家交流。

一、纪念馆多元化发展的探索与实践

(一)阵地拓展多元化

成熟的阵地是纪念馆可持续发展的前提和基础,是凝聚人气、增强社会效益的主要场所。因此,建立立体的、网络化的阵地是每一个纪念馆都必须考虑的问题。陈云纪念馆在10多年发展积累的基础上,在阵地多元化发展方面进行了不懈的努力和持续的实践。事实证明,这些努力和实践的成效是显著的。

首先,优化共建模式,进行深度合作。作为全国爱国主义教育示范基地,纪念馆的教育资源深受社会的青睐。自开馆以来,50余家单位与纪念馆建立了共建关系,包括高校、机关、企事业单位和军队,等等。近年来,我们在优化共建模式,推进深度合作方面取得了突破性进展,通过把展览送到高校和社区,形成了具有规模的宣传效应。在十八大召开前后,学党史·讲陈云·迎接党的十八大——"陈云与中国共产党"、"为民、务实、清廉——陈云与党风廉政建设"两大专题展览先后在共建单位上海交通大学、复旦大学、同济大学、华东师范大学和山东临沂大学等20多所高校巡回展出,受到了大学生的欢迎。与此同时,我们把"陈云与中国共产党"、"一心为民,风范永存——陈云生平业绩专题展"送到杨浦区委、普陀区委各自所属的街道(镇)社区文化中心,以满足广大社区居民学习党史和就近享受文化服务的需求。

第二,构建纪念地网络,推行长期合作。陈云在70年的革命生涯中,在全国各地工作和生活过的遗址有30多处,这些纪念地串联起来就构成了陈云生平足迹的完整链条。近年来,陈云纪念馆经过联络和合作,已经把这些纪念点相对固定地连接在一起,建立了协作交流年会制度,并逐渐形成了长期固定合作的模式,完善相关设施并进行陈列展览。在这种思路的指导下,现在贵州遵义会议会址纪念馆、吉林白山七道江纪念馆、延安凤凰山革命旧址纪念馆、东方绿舟国防教育基地等多地都有纪念馆的固定展览。陈云的生平业绩展览走出纪念馆,展在其他红色旅游景区内,拓展了宣传教育的广度,扩大了社会影响。

第三,筹划数字纪念馆,向虚拟网络拓展。今天科学技术已经非常成熟。随着如今掌中宝似的电子产品普及率的提高,数字纪念馆建立的条件也已具备。正是基于这种判断,我馆开始筹备建立数字纪念馆,计划把阵地展览放到网上,把全国陈云纪念地放到网上,把纪念馆馆藏的部分文物放到网上,把收集整理的文献资料放到网上。通过链接,大家不用进入场馆参观，也能方便、全面地了解到纪念馆的陈展内容、馆藏文物和重要资料、重大活动。现在，这个项目已经获得立项，相关工作正在积极准备之中。

（二）宣传模式多元化

创建多种宣传教育模式是全面、形象地展现陈云的精神、思想和品格，满足多层次观众的需求的必然要求。结合馆主陈云的人格特点，借鉴同行在这方面的经验，纪念馆在宣传模式的多元化方面进行了如下探索：

首先，因人施讲。讲解是纪念馆的基本宣传方式，是宣传教育水平的直接体现。讲解的最终目的是使每一位观众都能听得懂、受感动、有共鸣，在感触中受到教育。调查显示，纪念馆的观众层次比较分明。针对青少年观众，我们主要介绍陈云的成长过程和学习故事，通过讲述一些不怕艰难险阻的细节说明他成为革命家的过程，尽量还原他平凡、刻苦、坚强的品格和意志。针对领导干部，我们侧重讲解一些历史背景、重大事件细节，以凸显他的领导艺术和责任意识。针对一般的观众，我们主要讲述陈云作为儿子、丈夫、父亲、朋友的一些平凡的生活细节、兴趣爱好等等，让观众体验陈云的精神世界。

其次，开发文艺产品、丰富表现形式。纪念馆联合上海木偶剧团共同创排了情景木偶剧《童年的足迹》，通过立体互动的表现手法、通俗易懂的台词、色彩绚烂的舞台背景，生动地展现了陈云青少年时期的成长历程。该剧于 2009 年 11 月荣获金玉兰“优秀剧目奖”，于 2010 年 5 月获“第八届上海优秀儿童剧展演”活动特别纪念奖。另外，纪念馆与上海市话剧中心共同创作了大型话剧《共和国掌柜》；与练塘镇党委宣传部合作，举办了电影《风起云涌》的展映活动。我们的讲解也结合陈云喜欢评弹的特点，尝试在讲解中穿插评弹演唱。这些文艺形式做到了教育性与娱乐性相结合，增强了宣传教育效果，同时也在一定意义上开辟了新的受众面。

第三，开办专题讲座。纪念馆根据观众的要求和一些共建单位现场教学的需要，设计推出了陈云的党建思想、经济思想、党性修养的专题讲座，由馆领导带头，业务人员参与，给入党积极分子培训班、党校培训班、干部学院进修班、高校师生上课，深入介绍陈云的生平、业绩、思想和风范。目前，这种形式已经取得了很好的社会效果，且成了纪念馆的一项特色宣教服务项目。此外，我们还汇编了很多小故事，并把这些小故事送到学校课堂，把伟人精神宣讲和学校思想教育连接起来。

（三）资源利用多元化

充分利用各种社会资源是纪念馆得以持续发展的基本动力之一。近年来，我们积极走向社会，对社会资源的利用也越来越多元化，在文物的丰富、史料的收集和研究的深化等方面发挥了积极的作用。

现在纪念馆已经和众多党政机关、企事业单位、院校、部队建立了共建关系，具有丰富而多样的社会资源，对纪念馆多方面的发展具有直接的推动作用。比如前面提到的举办巡展就是一个成功的范例。不仅如此，纪念馆还积极邀请相关共建单位如同济大学多媒体艺术学院、上海工程技术大学的在校师生参与纪念馆馆标的设计。这既为高校相关专业提供了一个实践平台，纪念馆也分享了他们的才智。因此，这种合作是双赢的，今后可以进一步开展。

加强与陈云亲属和身边工作人员的联系，在文物征集方面有所突破。文物是“立体教科书”，是纪念馆的立足之本和发展之源。与陈云相关的遗物遗留在了曾经与陈云有过亲密接触的人的身边和他曾经工作、生活过的地方。通过和家属及相关部门的多次协商，我们把陈云1979年以后在中南海201居所的所有物品征集到纪念馆内，使纪念馆成为全国最大的陈云文物收藏中心。此外，我们通过抢救口述史项目，与陈云身边的工作人员包括秘书、警卫、医务工作者取得联系，并对他们进行采访，通过口述史的整理，让陈云的生平事迹得到进一步的延伸深化。

加强和相关机构的合作，不断提升我们的研究水平。我们与设有陈云研究处的中央文献研究室长期合作，已经联合举办几次大的活动，如“学习陈云同志崇高风范，努力建设马克思主义学习型政党座谈会”、“纪念中国共产党成立90周年暨学习陈云调查研究思想座谈会”、“陈云与党风廉政建设座谈会”等。与设有“陈云研究中心”的当代中国研究所长期合作，已经连续召开了七届“陈云与当代中国”学术研讨会。此外，像中共上海市委党史研究室、中共文献研究会、中国监察学会反腐倡廉历史研究会、中国博物馆学会名人故居专业委员会、全国革命纪念馆协作发展年会暨共和国领袖诞生地合作与发展论坛、中国博物馆学会纪念馆专业委员会年会、“名人故居保护与发展论坛暨革命领袖诞生地联谊会”等等，也是我们固定的合作团体。

二、纪念馆多元化发展的显著效果

1. **观众数量显著增加。**由于地理位置偏远等客观原因，纪念馆观众流量一直不大。在陈云诞辰100周年前后，全年观众量也仅仅40余万。在开展保持共产党员先进性教育期间，观众量虽不时出现小高峰，但总量一直没有上去。自2008年实行免费开放以来，据统计，共接待观众不超过50万人次。但是，近年来，经过阵地多元化拓展，主动送展上门，大大扩大了陈云生平业绩展览的宣传覆盖面。我们设置在遵义会议纪念馆、东方绿舟、中共松浦特委办公地点旧址、小蒸和枫泾农民暴动旧址、延安凤凰山革命旧址内的展览四年来观众近500万，推出的各类专题巡回展观众约有200多万，大大提升了纪念馆的观众流量和社会影响力。

2. **文物、展品得到有效汇集。**从多种渠道征集文物一直是纪念馆的主要工作任务。除了上述提到的对陈云在中南海201寓所的大批量文物、文献的征集外，纪念馆还从其他陈云纪念地如上海虹桥迎宾馆、在江西"蹲点"时期的江西化工石油机械厂等征集到多件文物。2004年以来，我们先后十余次从与陈云有关的不同纪念地征集相关的文物史料，并与各地党史办、档案馆沟通协作，使相关的文物史料得到充实。

3. **基本形成立体的宣传网络。**目前，随着协作交流和合作模式的形成，全国各陈云纪念地基本构成一个立体的宣传网络，在文物的汇集、共享，展览的输送上已经形成了比较成熟的发展形式。两年来，纪念馆先后在馆外举办了"陈云与遵义会议"、"陈云在新疆"、"风云岁月——中共淞浦特委主要领导人陈云"、"陈云与小蒸、枫泾地区农民武装暴动"、"陈云与延安"、"陈云与西藏"等展览。此外，在与湖南刘少奇同志纪念馆、朱德故居纪念馆、毛泽东故居纪念馆、天津周恩来邓颖超纪念馆、湖南雷锋纪念馆、淮安周恩来纪念馆互送展览的同时，我们还合作举办了"共和国领袖的青少年时代"综合展览，长期布置在东方绿舟内。该活动不仅得到了各个纪念馆的全力协助，还得到了伟人后代的倾力支持。

4. **纪念馆工作得到全面提升。**通过在多方面推动多元化的发展，纪念馆的整体素质得到提高。部室设置逐渐合理，文物保管、陈列编研、宣传教育三大业务部门人员结构匹配合理，队伍稳定，工作目标清晰。分工明确以后，文物征集与整理、研究挖掘和展现、宣传推介和联络、讲解接待与服务基本形成了比较顺畅的流程，并最终推动了纪念馆各项工作的顺利开展。这两年来，我们共计推出各类展览20多个，参与举办各类研讨会，开发大型文艺创作项目，纪念馆相关活动的见报率和社会影响力都得到了一定的提升。

三、多元化发展的思考与展望

1. **多元化发展必须夯实基础。**纪念馆基础是场馆的阵地建设。不管是馆外馆，还是流动馆，都要依托不断完善的阵地馆基础。即便把再多的东西送出去，主馆没有吸引力也是等于零，所以立足基础还是主馆的建设。纪念馆正在进行2015年陈云诞辰110周年基本陈列改造工程，改陈大纲目前已基本定稿。届时，陈列内容将更加深入和丰富。展览将采取编年和专题相结合的形式，既全面介绍陈云的生平，又要突出陈云的经济思想、党建思想和崇高风范，以满足多层次观众的需求。在陈展手段上要充分利用多媒体的手段，多设置互动和参与环节，在细节方面要做好文章，在新颖性和创新性方面下功夫，争取使基本陈列成为精品，创出品牌。同时，我们还不断加强本馆其他陈展项目的建设，一是计划建立文物馆，把一些意义重大的文物展示出来，供大家参观、学习；二是加强老街开发，设置书吧、多媒体互动馆、伟人雕像馆、算盘文化馆，等等，增加服务设施和文化设施；三是加大对陈云调研地的宣传力度；四是加大纪念馆和周边环境的融合度，推出“游古镇，学伟人”的绿色旅游项目。另外，我们计划突出讲解特色，实行讲解员星级评估，编写多种版本的讲解词，排练陈云爱听的评弹曲目，等等，不断提升我们的宣传水平。总之，我们希望在配套设施齐全、服务全面到位、环境优美适宜的前提下，使观众参观有感有获，高兴而来，满意而归。

2. **多元化发展必须找准动力。**动力即指纪念馆的队伍建设。动力分为外在动力和内在动力。国家文物局近年出台了两大改革措施即建立博物馆评估定级制度和建立中央地方共建博物馆模式，这是纪念馆多元化发展的首要动力。特别是评估定级制度为博物馆行业管理和绩效评估搭建了基本的框架。拥有一支稳定的、高素质的队伍是纪念馆发展的内在动力。因此，加强纪念馆队伍建设是必须常抓的工作。队伍建设的首要任务是凝聚一批热爱文博事业、具有专业技能和可塑性的人才。首先，我们计划营造一个良好的工作环境和氛围，培育纪念馆文化，以价值认同吸引人才。我馆发动全体员工讨论纪念馆的馆训，并贯彻到宣传工作当中。通过商讨、研究和反复修改，吸取全体员工智慧，形成了“坚守、唯实、求精、超越”的八字馆训，在统一员工思想，调动员工积极性方面起到了很好的宣传教育作用。其次，突出主业，通过成就事业吸引人才。纪念馆设立“四个中心”发展目标，成立名人故居委员会、学术委员会、顾问委员会，对外承接课题、举办各类交流会议，内外发动一起努力，不断推动纪念馆向前发展，在勾画美好事业发展前程的同时，把人员队伍建立起来。第三，以人为本，通过提高待遇吸引人才。改变纪念馆待遇偏低的问题是纪念馆多元化发展的基础和前提。多元化发展需要多元化人才，纪念馆必须自己具有“造血”功能，提高收入水平，才能满足多元化人才的需求，也才能打造更具战斗力的队伍。

3. **多元化发展必须制定战略。**多元化发展是一项系统的、动态的工程，具有一定的规律。目前，纪念馆还仅仅处于尝试和探索阶段，有些方面需要调整，有些方面还没有涉及，有些方面根本没有深入。我们应该紧紧抓住促进纪念馆多元化发展的契机，制定宏观的发展战略，制定中长期发展规划，确定发展的重点、难点和立足点，并形成科学的、可行的推行方案，从而充分调动纪念馆员工的积极性，带领大家团结一致为之奋斗。不仅如此，纪念馆的多元化发展还需要借助社会的力量，需要上级指导部门的大力支持。宣传部应该对纪念馆多元发展有一个联动的整体规划，通过整体布局把上海各具特色的纪念馆联合起来，形成整体优势，进一步提升上海的爱国主义教育实践基地的水平。单个纪念馆的多元化，影响毕竟是有限的。重庆将博物馆资源纳入旅游规划，形成文化旅游精品路线，社会反响就比较好。上海也有红色精品路线，各个示范基地多元化发展也都有亮点，但还没有形成整体的规模效应。目前，这种现象正在发生变化。免费开放后，各种针对纪念馆的调查研究都在进行，对纪念馆情况的整体把握和发展方向也在进一步的规划之中，这是多元化发展战略形成的前提条件。

附：陈云故居暨青浦革命历史纪念馆

陈云是伟大的无产阶级革命家、政治家，杰出的马克思主义者，我国社会主义经济建设的开创者和奠基人之一，党和国家久经考验的卓越领导人。他为中国人民的解放和社会主义建设事业奋斗了70多年，功勋卓著，永载史册。1995年4月10日，陈云逝世。为了缅怀陈云的光辉业绩和不朽风范，表达对陈云的衷心爱戴和尊敬，1996年11月，经中央批准，中共上海市委决定在他的故乡——上海市青浦区练塘镇，在改扩"陈云故居"和"青浦革命历史陈列馆"原址的基础上，建成系统展示陈云生平与业绩的纪念设施，并将馆名定为"陈云故居暨青浦革命历史纪念馆"。党和国家领导人十分关心纪念馆的建设，2000年4月，中共中央总书记江泽民亲笔题写了馆名。2000年6月6日，"陈云故居暨青浦革命历史纪念馆"正式建成并对外开放。开馆以来，陈云故居暨青浦革命历史纪念馆被确定为"全国爱国主义教育示范基地"，同时被评定为国家4A级旅游景区和"全国重点红色旅游景区"、"上海市文明单位"。

陈云故居暨青浦革命历史纪念馆位于上海市青浦区练塘镇朱枫公路3516号，馆区占地面积52亩。纪念馆由铜像广场、主馆、陈云故居、长春园、碑廊和办公用房、附属用房组成。主馆高14米，共三层（地上两层，地下一层），建筑面积5 500平方米，陈展面积5 500平方米。建筑设计既体现江南民居风格，又兼顾现代化纪念馆的大体量特点，朴素而庄重。陈云铜像矗立于陈云故居暨青浦革命历史纪念馆南广场正中央，铜像的塑造以党的十一届三中全会前后的陈云同志为原形，铜像自身高度为2 005毫米，寓意2005年是陈云诞辰100周年。江泽民同志题写的"陈云铜像"四个大字镌刻在绛红色大理石基座上。

序厅内矗立了一尊陈云汉白玉全身雕像。它用现实主义的手法，栩栩如生地刻画了陈云在上世纪50年代为我国社会主义经济建设进行开创性工作的光辉形象。塑像左右两方种植了陈云生前最喜爱的植物——竹子，象征着陈云的高风亮节。塑像后面的浮雕采用了竹子竹笋的图案，寓意着老一辈无产阶级革命家开创的社会主义事业如雨后春笋般的欣欣向荣、蓬勃发展。

陈云生平业绩四个展厅分别位于主馆的一楼、二楼。陈列分设八个单元，按时间顺序反映了陈云伟大、光辉的一生。陈云故居在主馆的北侧，它位于练塘镇下塘街95号，是一座砖木结构的清代老式江南民居，建筑总面积为95平方米。故居临街为店面，曾先后为裁缝铺和小酒店。店面后是两层小楼，楼上为陈云舅父母所居，楼下为陈云居住。故居里的陈设基本保持了当年的原貌，再现了少年陈云生活的场景。2002年4月，陈云故居被上海市人民政府列为市文物保护单位。

长春园是少年陈云耕读之余常去听评弹的场所，开设于民国初年，园内的陈设保持了历史原貌，陈列了“陈云与评弹”专题展览。长 124 米、宽 3.6 米的陈云手迹碑廊位于南广场的西侧，方亭、长廊、园景组合为一体，达到了教育与欣赏的最佳效果。

如今，经过十多年的发展，纪念馆在文物收藏、编辑研究、宣传教育和纪念地协作发展等等方面进行了积极的探索，并获得了许多实践经验。文物收藏的数量也逐渐增加，其中比较特别的是收藏并保存了陈云在中南海居所的所有文物。在编辑研究方面，纪念馆创办了一年四期的《纪念馆馆刊》，和每年一期的《上海陈云研究》，并定期参与陈云学术研讨会，发表学术论文。在宣传教育方面，年参观量在 13 万人次左右。同时，纪念馆还结合形势，经常举办专题展览与临时展览，送往全国各地，这些专题展览吸引了大量的观众，发挥了一定的社会教育效果。同时，纪念馆还是中国浦东干部学院、中共上海市委党校、宣传党校、经济党校等指定的现场教学点。参观、讲座、研讨三位一体的现场宣教模式，成为纪念馆的特色，受到各级领导的肯定、社会各团体的赞赏。不仅如此，陈云纪念馆还把全国陈云纪念地汇集起来，形成了立体的宣传陈云生平业绩的网络。

再析海事博物馆

Rethinking of Maritime Museum

袁晓春*
(登州博物馆)

摘　要： 中国是世界海洋大国，作为其海洋文化的重要载体——海事博物馆的建设与发展，面临着重大机遇与挑战。据不完全统计，中国建有30余座海事博物馆。虽然数量不多，但包含有国家一级博物馆泉州海外交通史博物馆、中国甲午战争博物馆等国家级博物馆。截至2012年，中国建成博物馆3 589家，而海事博物馆所占份额不到1%。作为具有8 000年航海历史的航海古国和造船出口量占世界第一位的造船大国来说，海事博物馆的建设与发展空间极大。本文对中国海事博物馆的基本概况、发展模式、有待发展之处等进行探究，希望对中国海事博物馆的发展与研究有所裨益。
关键词： 海事博物馆　概况　模式

Abstract: China is the world's maritime country, as an important carrier of its marine culture - the construction and development of Maritime Museum faces significant challenges and opportunities. According to incomplete statistics, Chinese Maritime Museum has more than 30 seats. Although it's a small number, there are Quanzhou Maritime Museum, Sino - Japanese War Museum etc., which are the 1st grade national museum. As of 2012, there are 3 589 museums built in China, while the share of Maritime Museum is less than 1%. For China, with 8 000 years of maritime history and its ship exports accounted for first in the world, there is great room for its construction and development of the Maritime Museum. In this paper, we research the basic situation of China Maritime Museum, its development model, pending development etc., which we hope will benefit to development and research of China Maritime Museum.
Keywords: Maritime Museum, Survey, Model

* 作者简介：袁晓春，男，山东省蓬莱市登州博物馆馆长。

进入21世纪，位于太平洋西岸的中国的崛起与发展，将成为人类文明发展史中的重要事件。中国的发展离不开海洋经济与海洋文化。中国作为世界海洋大国，在走向海洋强国的进程中，其海洋文化的载体——海事博物馆的建设与发展，面临着重大机遇与挑战。中国是兼具大陆与海洋国家特质的文明古国，其海洋文化历史悠久。浙江萧山跨湖桥8000年前的独木舟、山东蓬莱海洋文物新石器时期的陶鬶、陶鬲等，无不显示中国的航海文明滥觞于8000年前的新石器时代。然而作为海洋大国的中国，其海事博物馆建设与发展的基本概况、发展模式、有待发展之处等，博物馆业内少有专文述及，故不揣浅陋就此探究，希望能对中国海事博物馆的研究与发展有所裨益。

一、海事博物馆基本概况

据不完全统计，中国建有30余座海事博物馆。虽然数量不多，但包含有国家一级博物馆泉州海外交通史博物馆、中国甲午战争博物馆等国家级博物馆。截至2012年，中国已建成博物馆3 589座①，而海事博物馆所占份额不到1%。作为具有8000年航海历史的航海古国和造船出口量占世界第一位的造船大国来说，海事博物馆的建设与发展空间极大②（详见表1）。

表1　海事博物馆一览表

序号	名　　称	简　　介	地址
1	中国航海博物馆	为我国首个国家级航海博物馆，占地4万多平方米，馆内一层设航海历史馆、船舶馆、海员馆，以及渔船与捕鱼专题展区；第二层设置了航海与港口馆、海事与海上安全馆、军事航海馆，以及航海体育与休闲专题展区。	上海市浦东临港新城
2	泉州海外交通史博物馆	旧馆陈列出土宋代远洋海船及珍贵海外贸易文物，新馆陈列数百方外来宗教石刻、160余艘古船模型以及古代石碇、木碇、铁锚等古代锚具和中国古代陶瓷器等。	旧馆：福建省泉州市开元寺；新馆：福建省泉州市东湖
3	广东海上丝绸之路博物馆	占地约13万平方米，是以“南海1号”宋代古沉船保护、开发与研究为主题，展示出水文物及水下考古现场发掘动态演示过程为特色的专题博物馆。	广东省阳江市海陵岛十里银滩

① 袁晓春、张爱敏：《从登州文会馆博物馆到南通博物馆苑——传教士狄考文与中国早期博物馆的发展》，《中国博物馆》2012年3期。

② 袁晓春：《中国海事博物馆的建设与发展初探》，载《跨湖桥文化国际学术研讨会论文集》，文物出版社，2012年，第111～124页。

（续表）

序号	名　　称	简　　介	地址
4	中国甲午战争博物馆	属纪念遗址性博物馆，以北洋海军和甲午战争为主题，包括北洋海军提督署、龙王庙、丁汝昌寓所、水师学堂、铁码头等28处纪念遗址。馆藏历史照片1 000多幅、北洋海军与甲午战争文物资料200多件、打捞出水的舰船文物标本300多件，其中济远舰双主炮为当今海内外所仅有，堪称“镇馆之宝”。	山东省威海市
5	鸦片战争博物馆	为鸦片战争古战场所在地，分为“林则徐禁烟与鸦片战争史实陈列”、“鸦片战争中英海战陈列”、“虎门故事展览”、“全国禁毒教育基地展览”四个基本陈列，是一所收集、陈列、研究林则徐禁烟及鸦片战争文物史料的纪念性与遗址性相结合的专题性博物馆。	广东省东莞市
6	武汉理工大学航海博物馆	位于武汉理工大学余区航海四楼，由四个展区组成，主要展示造船模型、藏品、图片等1 000余件。馆内的船舶模型藏品、驾驶设备模型对中国造船史、船舶航海发展史等进行了诠释。	湖北省武汉市武汉理工大学
7	蓬莱古船博物馆	展示中国、朝鲜古船4艘，石碇、木碇、铁锚等古代锚具30余件，从新石器时期至清代的海洋文物及朝鲜和日本等出水陶瓷器合计600余件。	山东省蓬莱市
8	中国船政文化博物馆	为中国第一个以船政为主题的博物馆，分为序厅、船政概览厅、船政教育厅、船政工业厅、海军根基厅、船政名人堂六个部分。通过珍贵文物、图片、模型以及各种仿真场景，运用声光电等现代手段，展示了中国船政在中国先进科技、新式教育、工业制造、西方经典文化翻译传播等方面取得的成就。	福建省福州市马尾区
9	嘉兴船文化博物馆	为国内首家船文化博物馆，展示内容分四大块：舟船史话、水乡船韵、名船世界、船舶科技。其中三楼展厅由中国古船、西洋古船、近现代战舰、现代民船四部分组成，模型精致，展示了世界航海史上众多的科技成果。	浙江省嘉兴市栅堰路
10	浙东海事民俗博物馆	位于宁波市庆安会馆内，以全国重点文保单位庆安会馆为依托，配有《明州与妈祖》大幅连环画、“宁波与‘海上丝绸之路’图片展”、“千年海外寻珍图片展”以及妈祖祭祀实景、“妈祖与中国红”等陈列。	浙江省宁波市江东区
11	长岛航海博物馆	为有关航海的综合博物馆，馆址设在庙岛显应宫内，开设中国航海史、中国航海技术史、航海起源、郑和纪念馆、天妃史迹等五个专题陈列厅，收藏并展出了有关航海方面的文物、典籍、模型、图片1 000余件。	山东省长岛县庙岛

（续表）

序号	名　　称	简　　介	地址
12	韦氏古船模型展览馆	韦文禧是古船船模设计与制作爱好者。他制作的船模与工艺品不同，是严格按照真船比例制作，同样可以升帆、行驶、下仓，这些古船模型为多地古船博物馆所收藏。为此沙家浜景区为他建立韦氏古船模型展览馆，用以陈列各类古船模型。	江苏省常熟沙家浜
13	中国海洋渔业博物馆	突出海洋捕捞主题，展示舟山海洋渔业百余年来发展史；运用海洋生物剥制标本，大型生物骨骼、鱼类浸制标本以及各种类贝、藻类编织五彩缤纷的海洋世界；运用船具、船模、渔网等实物，展示舟山海洋渔业史及近代渔业捕捞知识；陈列渔行的水票、帐薄、秤等工具及渔商、渔民生活用品等，是一个集科学研究、文物保存、科普教育为一体的综合性博物馆。	浙江省岱山县
14	中国台风博物馆	运用图片、实物、台风模拟、台风科普投影等手段，展示台风灾害和抗台成果，模拟台风生成及行动过程，提供台风实地观赏台，并结合浙江省水利厅《海塘抗御超标准越浪能力的试验研究》的科研课题，对风暴潮和工程开展现场波浪要素、越浪量和波浪打击力进行观测，对海塘遭遇台风风暴潮时的情况进行实时监测，并通过信息系统将图文传输到各防汛指挥机构，为防汛防台决策提供重要参考，是融科普、旅游、科研诸功能于一体，演绎台风发生、发展和消亡的全国首家灾难博物馆。	浙江省岱山县
15	中国灯塔博物馆	基本陈列为“世界灯塔历史文化和中国灯塔发展史陈列”，整个建筑是仿美国著名的波特兰灯塔造型，以 1∶1 的比例建筑而成。陈列有近 300 件灯塔图版，以图片和实物相结合，介绍了世界灯塔历史文化和中国灯塔发展史。	浙江省岱山县
16	中国岛礁博物馆	为露天开放式的海岛自然博物馆，拥有面积大于 500 平方米的岛屿 134 个、海礁 69 个，除 8 个岛现有人居住或渔民在渔汛期临时居住外，其余 126 个岛皆为岛屿环境未遭破坏的原生态火山岛。充分利用海岛、海礁资源将海上观光、海岛保护与海洋科普有机结合起来。	浙江省岱山县
17	中国海防博物馆	分为四大区域，利用 600 余幅图片和模型，展示从春秋战国到近现代及新中国成立以来的海防史，复原了原驻岛官兵用房的设施和场景，用实物真实再现海军生活，为集军事、历史、文化、娱乐为一体的多元化现代文化场所。	浙江省岱山县

（续表）

序号	名　　称	简　　介	地址
18	上海交通大学董浩云航运博物馆	内设中国航运史馆和董浩云陈列室。中国航运史馆通过图片、文献资料和实物模型及航海贸易物品，概括反映了中国古代自新石器时期以来的舟船及航运历史。董浩云陈列室，用照片、资料、实物，浓缩“世界七大船王”之一董浩云的传奇一生。	上海交通大学徐汇校区
19	武汉船舶职业技术学院海事博物馆	馆内陈列船模 30 多艘，其中以当代船模居多。	湖北省武汉市
20	哈尔滨工业大学船舶博物馆	陈列古今中外有价值的船舶模型、船舶辅助设施和属具模型（或实物），展示中外船舶发展史、船舶科技史、海军发展史、重要船厂厂史、重要舰船设计院（所）史、重大历史事件中与船舶相关的实物、模型、图片、书籍、文字报道等。	黑龙江省哈尔滨市
21	中国海军博物馆	内设中国人民海军史展室、海军服装展室、礼品展室，用以介绍中国海军的起源、发展及其维护国家主权和领土完整的重要作用，展出人民海军自 1949 年诞生以来各个时期装备的海军服以及 60 多个国家的军队赠送的珍贵礼品 300 多件，为一座全面反映中国海军发展的军事博物馆。	山东省青岛市
22	海军上海博览馆	前身为长江舰纪念馆，占地 18 000 平方米，包括主体展览馆、海洋科普与海洋艺术馆、海军历史馆、海军兵器馆以及轻武器实弹射击馆等七个展馆和上海宝山海军少年军校。展览馆通过图片、文字及实物等展示方式对青少年学生进行爱国主义和国防观、海洋观教育。	上海市宝山区
23	南京郑和纪念馆	为仿明建筑群，以郑和下西洋的航海活动为主线，展现了伟大航海家郑和的生平和业绩。除实物外，还有模型、图表、照片、文献等 170 余件，囊括目前国内已发现的有关文物和遗迹，介绍了我国秦汉至宋元以来的航海科技成就、航海活动以及明代封建统一国家的建立和社会经济的发展，揭示了郑和大规模航海活动的时代背景，并展出 11.07 米长的大舵杆和巨型绞关木、铁锚、石臼等，及按 1∶85 比例精制的郑和所乘大宝船模型。	江苏省南京市
24	太仓郑和纪念馆	设于刘家港省保单位天妃宫内，内有郑和手握航海图的三米塑像，以及与郑和下西洋相关的图片、实物 200 余件，展示郑和生平和航海业绩。	江苏省太仓市

（续表）

序号	名　　称	简　　介	地址
25	晋宁郑和纪念馆	位于郑和故里月山的郑和公园内，共六间展室，通过实物、图片、模型、复制品、拓片等向观众介绍郑和七次航海的壮举，并陈列了《郑和下西洋》电视剧的部分道具。	云南省晋宁县
26	香港海事博物馆	包含中国海事文化、广州贸易、海岛海岸、维港掠影、中国航线发展、与西方列强的关系、航海通讯、绘制地图、导航与领港、大海音韵、航运现状、港口蜕变、海上安全和中国海洋艺术等主题，除涉及中国、亚洲和西方的船艇、海洋探险、贸易和海战等古代发展史外，还介绍环球趋势和船务对香港经济的重要性等现代海事概况。	中国香港八号码头
27	香港海防博物馆	为香港历史博物馆分馆之一，由旧鲤鱼门炮台修建而成。展出藏品 400 多件，全部与香港的海防历史有关，包括枪械、大炮、手提武器、军服及纺织品等。	中国香港筲箕湾
28	澳门海事博物馆	位于妈阁庙对面，分为博物馆大楼、渔民天地、海上贸易、航海技术与交通、水族馆五个部分，介绍内容包含中国南部的捕鱼方法和传统渔船、科学技术和交通工具、葡萄牙和中国的海事历史。	中国澳门妈阁庙前
29	台湾长荣海事博物馆	馆藏种类丰富的模型船，从中国古代的独木舟到西方的各式帆船、机械动力船、工作船，还有展现台湾海岛风情的竹筏以及具有宗教信仰意义的王船。同时，展出以海洋为背景的画作，年代为 18～20 世纪。	中国台湾台北市
30	台湾淡江大学海事博物馆	位于淡江大学校园内，前身为淡江大学商船学馆，专门为淡江大学培育航海、轮机科技人才，后改为海事博物馆，展示古今中外各类船舰模型 60 余艘，包含 15～17 世纪大航海时代到未来超导体电磁推进的各国船只模型。	中国台湾台北县
31	中国港口博物馆	占地 5.2 万平方米，为正在建设中的国内规模最大的综合性港口专题博物馆，展陈框架由中国港口历史馆、现代港口知识馆、科技体验中心、“数字海洋”科普教育馆四部分组成，建成后将为观众介绍中国港口的历史，为探求港口未来的学者提供学术交流的平台。	浙江省宁波市
32	中国国家海洋博物馆	为正在筹建中的综合性国家海洋博物馆。占地 30 万平方米，建成后将极大改善中国海洋文化的面貌，增强中国海洋强国的地位，成为集收藏保护、展示教育、科学研究、旅游观光等功能于一体的国家级爱国主义教育基地。	天津市滨海新区

（续表）

序号	名　　称	简　　介	地址
33	宁海海事博物馆	筹建中的宁海海事博物馆将展出中国古代船模130余艘，新石器至清朝水下文物数百件，以及大型木碇等古代航海文物。	浙江省宁海县

二、海事博物馆不同的发展模式

1. 海事博物馆中“一馆、一会、一刊”的发展模式

泉州海外交通史博物馆成立于1959年，为我国最早的海事博物馆。该馆宋朝沉船及货物、宗教石刻等展览享誉中外，馆内设有历史悠久的中国海外交通史研究会，已正式出版《海交史研究》杂志63期，现有馆舍发展为东湖新馆、开元寺旧馆两处馆舍。该馆是从最基层的县级博物馆起步，历经数十年的艰难发展，逐步发展成第一批国家一级博物馆。该馆的成功经验在于依托泉州海外交通史博物馆、中国海外交通史研究会、《海交史研究》杂志，“一馆、一会、一刊”三位一体互相依托的发展模式。历届的研究会会长从学术界著名学者中遴选而出。数十年来，该馆及研究会孜孜以求，培养了几代国内学术界相关领域内的专家，在海内外享有盛誉。其“一馆、一会、一刊”三位一体的发展模式，被国内许多海事博物馆借鉴学习。

2. 海事博物馆中依托“古港古船”的发展模式

位于山东半岛的蓬莱市，目前保留有距今1 000多年的登州古港。登州港是唐朝“登州海行入高丽渤海道”的一条重要海路的起航港，为目前国内唯一保存的唐朝古港。古港内先后出土元明时期四艘古船，其中两艘为朝鲜半岛古船①。蓬莱从1990年兴建专题性的古船博物馆起步，目前有建有5 000多平方米展厅、展示四艘古船的蓬莱古船博物馆；展示新石器海洋文物以及重要佛教文物——隋朝经幢等文物的登州博物馆。先后历经20多年建成的两处博物馆，保存了较完好的登州古港与四艘中外古船，且在蓬莱召开多次有关蓬莱古船、登州港与海上丝绸之路的国际国内学术会议，公开出版了六本会议论文集，这些使蓬莱这座北方国家级历史文化名城，在中国的海洋文化中闪耀着迷人的光彩。蓬莱相关海事博物馆依托“古港古船”的特殊人文资源逐步发展，形成极具古港古船特色的海事博物馆。

3. 海事博物馆中依托“重大历史事件”的发展模式

近代史中发生了许多影响我国进程的重要海洋事件。在历史事件的发生地，利用其遗址和遗迹，建起具有纪念意义的海事博物馆，其中比较著名

---

① 袁晓春：《中国蓬莱水城古船发掘与成果》，《14世纪亚洲海上贸易与新安海底遗物国际学术研讨会论文集》，韩国国立海洋遗物展示馆，2006年，第471～509页。

的有中国甲午战争博物馆。该馆从北洋海军署残旧的古建筑群发展为多处馆舍，馆内出版了《中国甲午战争博物馆馆刊》49期，编辑出版《勿忘甲午》系列丛书，多年来持续举办国际和国内关于北洋海军与甲午战争的学术讨论会，从而成为我国北洋海军与甲午战争学术研究中心。由于该馆出色地展示了关于北洋海军与甲午战争的文物和资料，成为重要的研究基地，形成了广泛的影响，因此被国家文物局评为国家一级博物馆。

与中国甲午战争博物馆发展模式相同的还有鸦片战争博物馆。该馆地处广东省东莞市虎门镇，地理位置并不优越。该馆征集了大量鸦片战争的实物和史料进行展示，并编辑出版《明清海防研究》7辑，从而在国内形成了以研究明清海防及鸦片战争为主的学术研究中心。

以上两馆均地处偏僻，虽展示内容单一，但因其扎实的专题性展示和研究，在国内相关领域均形成了一定影响，从而在我国的海事博物馆重大海洋事件的展示与研究中占据重要的一席之地。

4. 海事博物馆中依托“海洋文化”的发展模式

舟山群岛的海岛县岱山县，依托岱山丰富的海洋人文与自然资源，分别建起海洋渔业、灯塔、海防、台风、岛礁等各种海洋文化博物馆，征集并展示了别具特色的海洋文化展品。其中如中国海洋渔业博物馆，展出的“船眼”引人注目。在日本保存的重要的中国古船航海资料《唐船图》，形象描绘了中国明清时期赴日贸易的海船，在船头安装有大大的眼睛，称为“船眼”。古代福船和浙船中的“船眼”，有的“船眼”向前，有的“船眼”向下。在全国的海事博物馆中唯独该馆展有“船眼”展品，向观众形象地展示了从事经商与进行渔业捕捞生产船舶的“船眼”的不同，构成了该馆独特的海洋文化习俗展览。岱山县根据发展海洋经济与文化的需要，兴建了功能不同的海洋文化博物馆，成为海事博物馆中的特殊范例。

5. 海事博物馆中依靠“政府和民间资助”的发展模式

香港海事博物馆作为国际航运枢纽香港展示港口文化的重要场馆，该馆没有固定场馆，以前位于香港赤柱，目前搬至香港8号码头。博物馆办公与展示场所均为租赁，年需运营费用1 000多万港元。香港特区政府资助经费仅占三分之一，绝大部分经费需要企业和其他社会组织捐助。该馆虽无自己固定的场馆，而且绝大部分经费需政府和社会经济组织资助，但是依然坚强地生存发展，这种发展模式可供企业与私人海事博物馆学习借鉴。

三、海事博物馆有待发展之处

目前，中国大多数海事博物馆建成历史较短，馆内经费投入有限，学术研究力量相对薄弱，诸多方面尚存在有待加强和改进之处，试析如下：

1. 亟需成立全国性行业协会

中国正走在从海洋大国向海洋强国转变的征途，海洋文化的再启蒙与发展任重道远，海事博物馆肩负着历史重任。迄今，海事博物馆界尚未建立起全国性的海事博物馆协会。中国航海博物馆位于上海，恰逢上海将建成21世纪的世界航运中心。按国际惯例，不同时期的世界航运中心，均形成了有世界影响的海事博物馆。今年4月，国际海事博物馆协会卢梅杰主席，再次拜访中国航海博物馆，商讨合作事项。从区位优势上看，中国航海博物馆有条件有能力担负起中国海事博物馆行业协会领导者的重任。该馆已出版4辑《国家航海》以及数本国际学术研究会论文集。近期内正朝着馆藏丰富、研究出色的国家一级博物馆方向迈进。

2. 亟需开展全国性课题联合攻关

海事博物馆所面临的诸多课题，需要多学科多层次的全国专家共同参与研究，非一馆或数馆学术力量所能完成，合作方式可考虑采取牵头联合方式进行。例如2012年，由宁波市博物馆牵头，广州、泉州、扬州、蓬莱五城市博物馆牵手，联合申报“海上丝绸之路世界文化遗产项目”，其后陆续有福州、北海、漳州、南京四城市加入，形成了九城市联合申遗的局面。2012年7月，九城市海丝项目联合申遗工作被国家文物局批准立项。目前，九城市积极开展“中国海上丝绸之路九城市文化遗产精品联展”巡展，该展览在各地均引起轰动，目前已有日本、韩国的四城市前来商讨海外巡展，该巡展有可能走向海外。2014年，丝绸之路项目将申报世界文化遗产，若项目获得联合国教科文组织通过，海上丝绸之路作为拓展项目将随后进行申报，估计申报成功率很大。所以，海事博物馆攻关课题应考虑采取多地多团体联动的方式，集合全国的力量攻坚克难，来取得突破性成果。

3. 亟需加强海事博物馆的研究力量

2013年，较有影响的中国海军博物馆因研究与教育投入不足，缺少研究力量与学术成果，被国家文物局从国家一级博物馆的队伍中降级。实际上大多数海事博物馆的学术研究，呈现出缺少专家型人才，后续人才青黄不接，研究项目和课题缺少，学术成果匮乏等尴尬局面。担负着弘扬中国海洋文化重任的海事博物馆，其学术力量亟待加强，其学术队伍建设可谓是任重而道远。

四、结　　语

目前，中国的海洋经济与海洋文化正在长足发展，与之相配的海事博物馆的规模与数量将走向提升的快车道。中国海事博物馆虽然数量有限，但不乏像泉州海外交通史博物馆、中国甲午战争博物馆、中国航海博物馆等国家级大馆。海事博物馆界应尽快成立全国性的行业学会，积极开展馆际间的交流与合作，共同申报具有国内和国际影响的课题项目，开展联合攻关，着力培养具有国内与国际影响的领军型专家队伍，争取在今后的十几年内迎头赶上或超过国际海事博物馆发展水平，为中国及世界的海洋文化发展，作出中国海事博物馆应有的贡献。

附：登州博物馆简介

登州博物馆位于山东省蓬莱市蓬莱阁旅游区，为国家三级博物馆，2000年8月28日正式对外开放。登州博物馆有六个展厅，一厅为序厅，二厅为古城遗韵厅，三厅为千年古港厅，四厅为海防重镇厅，五厅为文物精华厅，六厅为名人故里厅。该馆重点展示蓬莱别具特色的海洋文化和中国四大古港之一登州港的千年演变，展览内容包括从海洋水下发现出水的新石器至宋、元、明、清各朝陶器、瓷器，以及登州水道出水的日本、朝鲜瓷器，显示出登州港在中外政治、经济、文化交流和国内南北交通中所起到的重要枢纽作用。登州博物馆先后举办“海上丝绸之路与登州港·蓬莱古船国际学术研讨会”，“蓬莱阁文化学术研讨会”，出版相关会议论文集。还参与承担国家文物局科研项目“中国古代造船关键技术——水密舱技术综合研究”。馆内专业技术人员先后出版专著《朝鲜使节咏山东集录》、《蓬莱风物》、《民间故事》，在国内外发表论文60多篇，部分人员担任了中国船史研究会副会长、中国海外交通研究会副秘书长等，在中国古代造船史、航海史、水下文物研究等领域有一定影响。

新媒体时代的网上博物馆建设与思考

Thinking of the Construction of Online Museum in New-media Age

张 凯* 王喜芳**
（上海交通大学钱学森图书馆）

摘 要： 基于新媒体（网络媒体、移动媒体等）技术对博物馆发展带来的机遇与挑战的分析，本文提出，在新媒体时代，网上博物馆建设是由政府部门、社会机构、博物馆三方作为建设主体，在构筑共同的愿景目标下，通过建立协同机制，整合资源，优势互补，形成合力，共同建设面向社会、面向民族、面向未来的"网上博物馆"系统工程。

在分析研究当前博物馆所面临的建设、管理、使用层面的困境和难点的基础上，针对网上博物馆的三方主体——政府、社会、博物馆，提出推进网上博物馆建设的若干建议和思考，即政府、社会以及教育基地在推进网上博物馆建设中应扮演不同的角色。政府主管部门应起主导作用，着眼于机制创新、顶层设计、资源整合和有效保障；社会机构应起协助作用，着眼于氛围营造、优势传播资源的多元开发利用；各博物馆要提升能力建设，着眼于提升科学组织管理水平，提升人力物力资源的合理有效利用，提升社会教育研究、展示、传播、利用的综合能力。

关键词： 网上博物馆　新媒体　协同机制　博物馆教育

Abstract: Based on the analysis of the opportunities and challenges to the museums which are brought by the new mediatechnology (internet media, mobile media, etc.), this article suggests that the overall objective of online museum construction in a new-media age is: as the main body of construction, government,socialinstitutions and museums should share the same vision and goals to set up the mechanism of synergy, integrate the resources, complement each other's advantages and join forces in order to build the "online museum" system engineering which is geared to the needs of society, nation and the

* 作者简介：张凯，男，上海交通大学钱学森图书馆副馆长。
** 作者简介：王喜芳，女，上海交通大学钱学森图书馆社教宣传部主任。

future.

On the basis of analysising the problems and difficulties in the management and utilization of museum construction presently, this article suggests that the three main bodies of online museum (government, socialinstitution, museum) should play different roles in promoting the construction of online museum. Government departments should play a leading role and be aiming at mechanism innovation、top design、resources integration and effective guarantee; social institutions should be in a role to assist the construction and be aiming at atmosphere constructing、multivariate development and utilization of superior media resources; museums should enhance their capacity and be aiming at promoting scientific organization and management level、improving the effective use of manpower and material resources and enhancing the comprehensive ability (research、exhibition、communication、utilization) of social education.

Keywords: Online Museum, New-media, Synergy Mechanism, the Museum Education

一、问题的提出

随着全球经济、社会、科学技术的不断发展，当前以因特网为核心内容的网络互联系统正以惊人的速度在全球范围内不断发展。人类社会正在经历一个从“大众社会”向“网络社会”变迁的历程。网络极大地改变了人们的思维方式、行为方式和生活方式，同时也促进了社会生活各个领域的革新。对于博物馆而言，这既是巨大的挑战，同时也是难得的机遇。

首先，现实的需求催生“网上博物馆”，日益庞大的网民数量，特别是青少年网民数量的急剧增加，已经引起博物馆人的高度重视。根据中国互联网络信息中心（CNNIC）发布的《第32次中国互联网络发展状况统计报告》①统计显示，截至2013年6月底，中国网民数量高达5.91亿，互联网普及率达44.1%，较2012年底提升了2个百分点。值得注意的是，在中国互联网发展过程中，青少年群体的互联网渗透率持续上升，未成年网民增长速度较快。早在2011年12月底，中国青少年网民数便已达2.32亿，占中国网民总数的45.1%，占中国青少年总体的60.1%。② 一方面，在庞大的中国网民群体中，青少年网民群体占有举足轻重的重要位置；另一方面，青少年群体在现在和未来都将是博物馆开展社会教育（如文化教育、素质教育与爱国主义教育等）的主要目标群体。网民主体与博物馆社会教育目标群体的高度重合，引起

---

① 中国互联网信息中心：《中国互联网络发展状况统计报告》，2013年。

② 中国互联网信息中心：《2011年中国青少年上网行为调查报告》，2012年。

了博物馆人的高度重视。互联网在青少年群体中的高渗透率，为开辟青少年教育的网络途径提供了可能性；而青少年自身追求新奇刺激、偏重抽象思维的认知特点，又使得他们更乐于接受具有较强表现力和互动性的网络媒体方式，为博物馆通过网络形式开展社会教育打下了必要基础。

其次，新媒体技术的飞速发展和普遍应用，对"网上博物馆"的发展产生了革命性影响。新媒体技术是现代通信技术、网络技术、计算机技术和消费类电子技术融合的产物。随着互联网和移动通信技术应用的快速发展，以互联网、数字信息娱乐和移动通信为标志的各种新媒体技术正在全球范围内迅速普及。以网络技术、移动技术为基础的新媒体技术时代正在全面深刻地影响人类的日常生活，与之伴随而来的是全新展示技术与传播技术，不仅在内容上涵盖了文字、图片、音频、视频、学习软件、游戏软件等多媒体形式，更通过网络的普及与移动技术手段的进步，缩短了人与人、人与物之间的距离。新媒体时代的技术发展，对于博物馆的影响同样是深刻而全面的：流媒体技术和3D技术催生了数字虚拟展厅，数字集成技术使得"语音导览"升级为"多媒体导览"，移动技术、掌上技术的广泛应用使得观众不仅可以自主选择下载手机App应用，订阅手机报，实时了解博物馆各类信息，设计参观路线，点评精品馆藏，甚至可以参与互动游戏，结交"博物馆之友"。毫不夸张地说，不再有时间与空间的限制，新媒体技术的发展成就了博物馆与观众间更为亲密的关系。

再次，网络传播已经成为社会信息传播的主流方式，"网上博物馆"建设也已经成为新媒体时代博物馆保存、传承与传播文化的方式之一。互联网时代最大的变革之一就是信息传播方式的创新。互联网的"病毒式"传播特性更容易吸引用户关注，而各种类型的搜索和推荐引擎的兴起也使新媒体产生比传统媒体更大的优势。公众往往从搜索引擎、社交网络、新闻聚合网站开始，点击最想看的那条链接，先在网络上获取必要的信息后，再进行判断，决定是否在现实世界中有所行动。网络社会已经不再是"虚拟"社会，它已经成为社会大众特别是青少年主要的社交、学习工具和生活环境的有机组成部分。如果传统媒体时代，博物馆还可以做一个"麦田里的守望者"，那么在新媒体时代，就要求博物馆成为"主动出击"的信息提供者，通过互联网、移动平台等展示、传播途径，以"互联网式"的理念开展爱国主义教育和素质教育。

基于上述情况，我们不禁思考：在新媒体时代，博物馆将会面临怎样的挑战？将会迎来何种机遇？如何创新？靠什么驱动？要不要转型？未来该怎样发展？因此，我们将目光聚焦到"网上博物馆建设"这一命题。面对新媒体时代的挑战，在社会发生深刻变革的历史潮流中，承载着民族精神、时代精神与人文精神的博物馆，必须与时俱进，直面挑战，即改变传统的理念和方式，切实推进网上博物馆建设。

二、新媒体时代网上博物馆建设及其基本框架

1. 运用新媒体技术开展网上博物馆建设的优势所在

作为网络信息时代发展的产物，新媒体技术普遍具有传播迅捷、时空无限、实时互动等特点，当其被运用到博物馆的收藏保存、宣传展示、教育传播等工作中去时，凸显出了传统媒体所不具备的优势。

一是信息传递更广泛、更迅捷。博物馆的各类信息可以借由网站、微博、移动平台等媒介第一时间传送到世界的各个角落。以“微博女王”姚晨为例，她目前在新浪微博的粉丝量已达 4 979 万之多（http://weibo.com/yaochen），这代表她每一次发言的受众，比《人民日报》多出近 18 倍。如果博物馆能利用好网站、微博等平台，其信息传播速度和受众量将呈几何倍数增长。

二是展示手段全方位、全天候。实体博物馆和传统媒体开展的社会教育活动往往受到时空的限制，教育的受众也因此受到局限。网络等新媒体技术对教育资源的展示给受众带来了极大的便利和更高层次的享受。我国自 2008 年实施博物馆免费开放政策以来，一部分热门的综合型场馆正面临“人满为患”、参观服务质量下降等众多问题，另一部分“冷门”场馆却因为专业化强、社会公众认知度不高而依然“门可罗雀”，基于网络技术构建的“数字场馆”技术将成为解决这一问题的重要途径之一。最为典型的案例当属“网上中国 2010 上海世博会”（http://www.expo.cn）的成功举办，无论何时何地，公众只需通过一根网线进入上海世博会的网站，运用鼠标、方向键等进行前进、后退、转弯等操作，就可以“徜徉”在世博会的任何一个场馆中，获得身临其境的逼真参观效果，并实时了解实体场馆的运行情况，便捷地掌握相关信息，为实地参观做充足的准备，因此，被誉为“永不闭馆”的世博会。

三是参与互动更有效、更频繁。参与性与互动性是提升博物馆社会教育有效性的关键点。对于公众来说，他在博物馆中参与了什么、感受到了什么，往往会给他们留下难以磨灭的印象。网络的交互性、开放性特点给实施者和接受者之间实现平等的交流和更具吸引力的互动带来了方便，有助于实现博物馆与受众之间更多、更深层次的沟通。如伦敦自然历史博物馆的网站（http://www.nhm.ac.uk/）引进了融合社交媒体应用功能的内容管理系统，用户能够即时向 Facebook、Twitter 等社交平台发送信息，分享心得，交流知识或咨询专家等。借助这些通过网络技术打造的社交和互动平台，博物馆从“高墙深院”走向了大千世界。

四是社会教育更充实、更深化。青少年基于其好奇心强、追求个性、乐于接受新事物、具备较强的学习能力等特点，自然成了新媒体运用的天然群体，而青少年又恰恰是开展社会教育的重点对象，因此，网络给博物馆面向

青少年开展社会教育提供了独特的条件，使其开展社会教育的内容更充实、形式更丰富、资源更多样。如首都博物馆网站（http://www.capitalmuseum.org.cn/）专门开设了“少儿网站”板块（http://www.capitalmuseum.org.cn/child/index.htm），下设“活动场”、“游戏区”、“宝典爷爷讲故事”等多个项目，青少年可以在各类游戏中学做青花瓷，体验考古探险的乐趣，从中感受中华传统文化的博大精深，在潜移默化之间感受博物馆的教育熏陶。

由此可见，在新媒体时代，博物馆运用新媒体技术开展社会教育不仅具有必要性，更具备自身优势，网上博物馆的建设已势在必行。

2. 网上博物馆建设的基本框架

“网上博物馆”原指以互联网为媒介展出藏品的博物馆，利用现代信息技术对馆藏的实物如文物、标本、图像、文字、声音、影像和其他类型的数据等进行数字化技术处理，转换为可存储、处理、获取、传播的信息产品，通过互联网的传播，实现博物馆藏品信息资源的共享。①

本文研究中的“网上博物馆建设”意指在新媒体时代，博物馆利用各类网络信息技术、平台，转化原有馆藏资源，并通过网络教育方式实现馆藏资源的共享与传播，面向全社会，特别是青少年，开展包括文化教育、素质教育与爱国主义教育等在内的社会教育活动的过程。新媒体时代的“网上博物馆建设”至少应包括以下内容：①综合网络传播平台；②虚拟展厅；③在线专题学习；④基于网络的主题教育等。本文的研究结合理论及实践经验，在此基础上提出网上博物馆建设的基本框架(图1)。

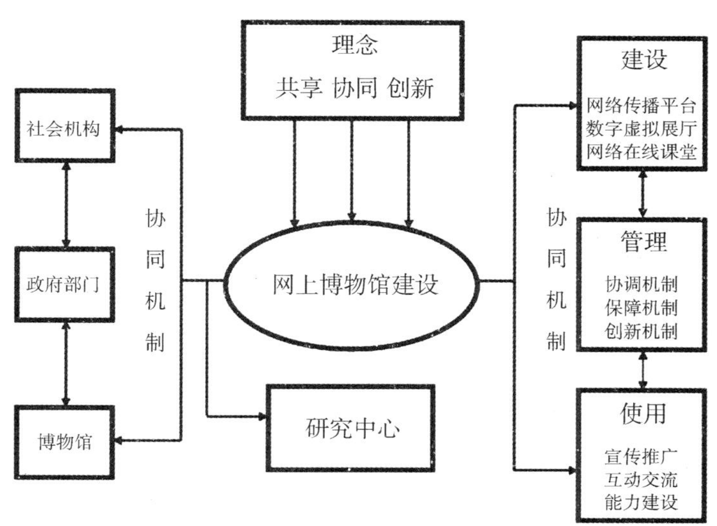

图1 网上博物馆建设框架

① 董繁：《网上博物馆建设及其内容构建分析》，吉林大学硕士论文，2009年。

博物馆承载着传承与创新文化，弘扬社会主义核心价值观的历史使命。网上博物馆的建设，从来都不是博物馆一方的事情，而应是政府、博物馆、全社会共同参与、共同建设的系统工程。总的来说，网上博物馆建设的总体目标是“三方主体参与建设一个协同创新系统”，即由政府部门、社会机构、博物馆三方作为建设主体，在构筑共同的愿景目标下，通过建立协同机制，整合资源，优势互补，形成合力，共同建设面向社会、面向民族、面向未来的“网上博物馆”系统工程。“网上博物馆建设”是一个开放的系统，主要包括：政府、社会、博物馆三大主体，共享、协同、创新三大理念，建设、管理、使用三个层次，以及一个最重要的基于系统的协同机制和一个面向受众、面向时代的教育研究中心。以下具体介绍。

三大主体。在建设网上博物馆的过程中，政府部门、社会机构、博物馆承担着不同的职责，扮演着不同的角色。政府部门主要包括宣传部、文化部、教育部、发改委、财政部等相关部门；社会机构主要包括文化教育机构、传媒机构、志愿公益团体、学校、社区等；博物馆层面包括收藏保管、陈列研究、社教宣传等部门。

三大理念。三大主体在网上博物馆建设过程中应坚持共享、协同、创新三大理念。“共享”是指博物馆文化教育资源的多元整合与多维利用，按照共享资源的服务范围以及空间联系，形成一种高度整合又充分共享的有机整体。“协同”是指在此过程中三大主体协调自身及其有用的不同资源，协同一致地完成网上博物馆的建设，并通过协同合作达到使个体获益、加强整体的效果。“创新”是指为了网上博物馆的发展需要，各主体运用已有资源与已知信息，不断突破常规，发现或产生新颖的、具有独特创新价值的事物、手段或活动。三大理念在三大主体开展网上博物馆建设的过程中，既独立发挥作用，又彼此交互融合：在共享、协同、创新理念基础上，通过建设主体间资源的充分共享，真正做到网上博物馆的协同创新。

三大层次。网上博物馆建设主要分为建设、管理、使用三大环节。建设环节要特别着眼于受众对象和时代特征，明确“交互性”是新媒体时代最引人瞩目的特征，并且侧重于网络传播平台的搭建，虚拟展厅、在线课程等的建设。管理环节是要着眼于系统内部的协同机制、保障机制、创新机制建设。通过协同机制不仅可以将系统内的三方主体的资源有效整合利用，而且一定程度上决定了三大环节的有序推进；保障机制和创新机制不仅在资源利用、人才使用上发挥着作用，更是对协同机制的补充和呼应。使用环节是在平台建设、机制建设基础上所进行的能力建设，包括政府的协调能力、社会的响应能力，以及博物馆全面展示、全面传播、全面利用的能力。

协同机制。网上博物馆建设系统内，最为重要和关键的就是协同机制的建设。不仅包括三方主体的协同，三个环节的协同，还包括每个环节运行过程中的项目协同、人员协同、资源协同，甚至更宏观层面的系统内部与系统外部的协同。

研究中心。由政府部门、社会机构、博物馆三方合力建设的教育研究机构，主要围绕受众群体特点、新媒体及其应用、民族文化内涵与时代特征等，开展前瞻性研究，用以指导网上博物馆的长远建设和发展。研究中心的首要任务就是要结合新媒体蓬勃发展的大背景，了解受众群体的特点和需求，特别要关注受众群体的需求，顺应时代潮流，运用科学、合理和实用的方式方法开展爱国主义教育，在内容和形式上均应有所创新，将博物馆"静"的展示内容通过"活"的形式表达出来。

三、推进网上博物馆建设的路径选择

以构建网上博物馆"三方主体参与建设一个协同创新系统"为总体目标，依照"网上博物馆建设基本框架"，在分析研究当前所面临的建设、管理、使用层面的困境和难点的基础上，针对网上博物馆建设的三方主体——政府、社会、博物馆，提出推进网上博物馆建设的若干建议和思考。

政府、社会以及博物馆在推进网上博物馆建设中应扮演不同的角色。政府主管部门应起主导作用，应着眼于政策机制的制定、顶层平台的设计和搭建、统筹机制的确立、资源的渠道整合和有效保障；社会机构应起协助作用，应着眼于氛围营造、优势传播资源的多元开发利用；各博物馆理应充当资源信息的提供者和建设参与者，应着眼于提升科学组织管理水平，提升人力物力资源的合理有效利用，提升社会教育研究、展示、传播、利用的综合能力。

1. 政府层面：集中资源，创新机制，搭建网络集群传播平台

各博物馆所属行业、建设背景、发展目标、外部条件、内部管理、实际运行水平都不尽相同，想把博物馆全都打造成为首都博物馆"一馆一网、聚合传播"的模式既不实际，也不现实。基于目前全市博物馆的信息化建设参差不齐，协同机制缺乏的情况，政府相关部门可以参照网上世博会以及重庆博物馆微博群的做法，通过高度集成、全员联动，最大限度地整合、集中优势资源，搭建网络集群传播平台，即上海各博物馆集中推介、集中展示、集中传播、集中教育的综合性网络传播平台，并主要集成以下功能：(1)及时有效地发布各博物馆的最新动态信息；(2)全方位展示各博物馆的虚拟展厅和专题展览；(3)提供海量的学术研究、科普教育、思想文化等教育资源；(4)建立博物馆网站群、微博群、专家团、粉丝团等互动交流频道等。

2. 社会层面：多元开发，创新手段，构建网络传播共享平台

在建设网上博物馆的过程中，政府居于主导地位，社会机构则在沟通政府、博物馆与社会，提高社会公众对博物馆的认知水平和参与水平等方面，充分利用自身资源、知识、技术优势为网上博物馆建设发挥作用。社会机构发挥协同作用，一方面政府需大力扶持社会机构发展，博物馆要为社会机构参与网上博物馆建设提供活动空间；另一方面，社会机构应积极、主动地发挥作用，不断提升自身能力、创新技术手段、丰富自身资源，以此为社会机构协同参与网上博物馆建设打下基础。

3. 博物馆：深化认识，提升能力，拓展网络社会教育内涵

各博物馆要充分认识网络教育的优势，从自身实际出发，利用网络为开展社会教育服务。

一要利用网络快速传播文化教育信息。近年来，微博、微信等新兴的社交平台发展迅速，由智能手机、移动终端等设备带来的风潮更是为博物馆行业注入了新鲜的血液，进一步实现了公众与各场馆之间的实时信息传播与交流，用史密森博物学院移动战略计划部主任南希·普洛特的话说，移动设备的联网优势使其成为一个社交平台，而正是这样的对话平台延续了博物馆信息和资源的生命。各博物馆应尽快建立起独立的网站和微博，并充分利用移动平台，开发手机导览系统，更加快速、广泛地传播社会教育信息。

二要利用网络全面展示文化教育资源。文物藏品是博物馆的立身之本，也是构建社会主义核心价值体系的宝贵资源，随着新媒体时代的深入，网络将逐渐成为博物馆展示文化资源的重要平台。世界各国的许多博物馆、纪念馆都在尝试大范围引入“网上虚拟展示”技术，以实现公众足不出户即可“神游”博物馆、纪念馆的梦想，如美国的史密森博物学院、纽约大都会艺术馆等。国内的各类场馆在这方面虽起步较晚，但网络技术的应用已引起了大家的广泛关注，国家博物馆、上海博物馆、中国航海博物馆等数家博物馆都在其网站上开设了“虚拟展厅”。各博物馆应不断丰富网上展示内容，使博物馆教育资源能够打破时空限制，随时随地为全社会所共享。

三要利用网络广泛开展文化教育活动。博物馆应注重利用网络开展教育活动，创新教育工作的方法与途径。相比传统宣教方式，通过网络举办各类教育活动，互动性、参与性、针对性更强，受众的积极性更高，教育效果也更好。如新加坡亚洲文明博物馆为配合该馆“千秋帝业：兵马俑与秦文化”展，特别推出了手机综合导览程序。在参观中，公众不仅可用手机观看兵马俑拉弓、射箭等虚拟场景，还可与兵马俑合影，玩各种迷你游戏，或以 3D 动画形式欣赏自己感兴趣的展品等。各博物馆可结合实际，组织各种参与类和互动类网上教育活动。

此外，还应进一步深化内涵认识，由政府相关部门牵头，各博物馆和社科院等相关部门积极参与，充分利用社会各方优势资源共同组建新媒体研究中心，侧重对新媒体下博物馆教育的对策研究，为博物馆的各项活动提供舆情分析和发展指导方案。研究中心要及时跟踪各博物馆的工作，研究制定一整套的反馈、评估、考核、激励机制，对各博物馆的活动进行科学的评估，以数据为支撑，为下一步工作提供指导建议；博物馆则应参考相关的反馈信息逐步完善各种教育活动和内容。同时引入激励机制，通过奖惩的方式提高积极性,以期形成一个良好的管理模式和长期运营模式。

四、结　语

网上博物馆的建设绝非一蹴而就,政府部门、社会机构及各博物馆均处于对网上博物馆建设的探索阶段。作为探索性研究,笔者通过理论研究、调查研究与案例研究的方式得出了网上博物馆建设的初步设想,现实中尚需一段时间的发展与探索,才能够理清规律、促进发展。但在网络信息时代浪潮的推动下,面对受众日益膨胀的观展与教育需求,网上博物馆势在必行,并拥有极佳的发展前景。总而言之,网上博物馆建设还有待进一步发展,尚需在未来对其进行不断的研究与完善。

附:上海交通大学钱学森图书馆简介

钱学森图书馆座落在上海交通大学徐汇校区,是为纪念我国杰出科学家、中国航天事业奠基人钱学森而建造的国内首座国家级的科学家纪念馆。钱学森图书馆于2011年12月11日钱学森诞辰100周年之际,正式建成对外开放。开馆前夕,胡锦涛同志专门作出重要批示,希望充分发挥钱馆在开展思想教育、普及科学知识、培养优秀人才等方面的积极作用,引导广大干部群众,特别是青年教师和学生,努力学习钱学森爱党爱国的政治品格、严谨求实的科学态度、开拓进取的创新精神、无私奉献的高尚情操。

图书馆总建筑面积8 188平方米,地下一层,地上三层,陈展面积约3 000余平方米。馆内基本展览分为"中国航天事业奠基人"、"科学技术前沿的开拓者"、"人民科学家风范"和"战略科学家的成功之道"四个部分。馆藏钱学森同志文献、手稿和相关图书80 000余份,珍贵图片1 500余张,实物700余件。馆内设有资料厅、专题展厅、学术交流厅等文化设施。

钱学森图书馆现已被列为全国爱国主义教育示范基地和全国科普教育基地,实行全年对外免费开放、免费讲解。自开馆至今,累计参观人数40万余人次,其中六成以上是大学生及青少年观众。馆内基本陈列"人民科学家钱学森"事迹展览独辟蹊径,采用独特的专题编排方式,通过四大专题,全面展示了钱学森同志的光辉一生,弘扬钱学森"爱国、奉献、求真、创新"的崇高品质。展览整体设计风格纯净、简约,深受观众好评,并荣获2012年度上海市陈列展览精品奖。2013年7月,钱学森图书馆荣获2012年中国建筑设计奖(建筑创作)金奖。

除馆内常设展览外,2012年开馆首年钱学森图书馆先后推出了原创专题展览"钱学森与上海交通大学"、"圆梦九天——中国载人航天工程的壮丽航程"。2013年5月,馆方还将推出"艺术与科学的天籁之音——蒋英与钱学森事迹展览",并将同期启动"人民科学家钱学森"2013上海高校巡回展及全国巡展。

通过定期组织专题讲座、观影会、摄影比赛、亲子活动、微博互动等主题社教活动,钱学森图书馆正积极打造爱国主义教育与科普教育特色品牌,发挥教育基地开展思想教育、普及科学知识、培养优秀人才的育人功能,取得了良好的社会效益。2012年7～9月,钱馆面向青少年推出"夺宝奇兵——探寻钱馆镇馆之宝"系列暑期活动,广受观众欢迎和媒体关注,活动期间累计有超过1万名学生参与其中。2013年,除面向公众推出"航天动手做"周末公益课堂活动及第二季"夺宝奇兵"特别活动外,钱馆还结合专题展览在馆内重点推出特色音乐会及"科学与艺术之美"系列讲座。作为钱学森科学成就、高尚品德和爱国情怀的展示平台,钱学森图书馆已经成为全社会接受爱国主义教育和励志教育的第一课堂和全社会创新型人才培养的课外教育平台，并将在今后进一步努力建设成为全社会培养科学精神和创新精神的重要基地，使钱学森精神永驻校园，并将使其在整个社会、整个国家乃至整个民族内得到进一步的传承与弘扬。

大数据环境下博物馆的机遇与挑战

The Chances and Challenges Museum Facing in the Atmosphere of Big Data

张　岚*
（上海市历史博物馆）

摘　要： 当今世界在信息化的浪潮下发生了巨大的变化，人类跨入了一个新的数据化时代。数据的高速增长和"云端"的设计，使庞大的数据储存和运算将发生一个革命性的飞跃，这种飞跃将会给社会和经济带来无可估量的巨变。扑面而来的大数据时代，对于中国文博工作者来说是机遇也是挑战。一方面博物馆在中国公众中的影响力还比较弱，自身数据积累不够。但若在大数据时代能掌握先机，将极大地提升对公众的影响力，拓展公共服务的空间。本文就博物馆在大数据时代如何顺势而为，积累文物精确的数据，采取何种战略充分利用社会数据资源，更好地服务公众，作了研究和展望。

关键词： 大数据　博物馆　机遇　挑战

Abstract: Under the tide of informatization, human beings have stepped into a new data era and the whole world is experiencing great changes. The rapid increment of data and the design of "cloud" technology bring about a revolutionary leap in terms of data storage and calculation, which will lead to immeasurable changes to the society and economy. The confrontation with Big Data atmosphere is both a chance and a challenge for Chinese museum professionals. In China, the influence of museums on the public is still weak, and the museums' accumulation of data is not enough yet. By seizing and taking advantage of this opportunity in Big Data Atmosphere, the museum can promote its influence on the public and expand its space of public service. This thesis digs into the strategies that can be taken for museums to take its stand in the Big Data atmosphere, including accumulating the accurate data of the relics, using

* 作者简介：张岚，男，上海市历史博物馆馆长。

the most of the social data resources and serving the public in a better way.

Keywords: Big Data, Museum, Chance, Challenge

记得上世纪 80 年代初，有一本书，书名叫《第三次浪潮》，作者为阿尔温·托夫勒①。此书一引入中国，人们就争相传阅，一时洛阳纸贵。此书对于未来的预测，给改革开放不久的中国带来了一股新风，冲击了人们固有的观念。受其影响，中国的改革开放围绕信息化的发展布局，使中国在较短的时间内，赶上世界潮流，成为经济改革成功的典范。

在这本书中托夫勒将人类社会划分为三个阶段：第一阶段为农业阶段，从约 1 万年前开始；第二阶段为工业阶段，从 17 世纪末开始；第三阶段为信息化（或者服务业）阶段，从 20 世纪 50 年代后期开始，一直延续至今。如今我们仍亲历着如托夫勒所言的时代，反观托夫勒 20 多年前的预测与预见，竟大多已成为了现实。比如说跨国企业将盛行，计算机发明和网络技术使 SOHO（在家工作）成为可能，DIY（自己动手做）运动的兴起，等等。

经过 30 年的发展，整个世界在信息化的浪潮下发生了巨大的变化，人类跨入了一个新的数据化时代②。电子数据已无处不在，影响着我们的生活。数据的高速增长，首先当有赖于计算机的高度发展和广泛普及；同时网络技术的发展使计算机的外延无限扩展，也使人们运用更为便捷；而“云端”的设计，使庞大的数据储存和运算将产生一个革命性的飞跃，这种飞跃将会给人们的社会和经济生活带来无可估量的巨变，一个托夫勒尚未预测到的新浪潮已逐渐显见。这个新事物被称为“大数据”。2010 年，美国总统科学技术顾问委员会给总统和国会的报告中指出：“联邦政府的每个机构和部门，都需要制定一个应对大数据的战略。”③面临这样的一个新的飞跃，中国人准备好了吗？我们文博人准备好了吗？我们是否能再次把握这一个机会，在短时间内赶上世界先进水平并加以超越？

让我们简要回顾一下信息化发展的历程。自 1946 年计算机发明以后，人类就进入了电子数据采集的时代，而互联网的产生奠定了制造大数据的基础。到了上世纪 50 年代，人们开始将彼此独立发展的计算机技术与通信技术结合起来，完成了数据通信与计算机通信网络的研究，为计算机网络的出现做好了技术准备，并奠定了理论基础。上世纪 60 年代，为了军事的需要，美国一批专家设计出了使用分组交换的新型计算机网络，开拓了网络的用途。直到 1993 年后，美国政府资助的 NSFnet 逐渐被若干个商用的因特网主干网替代，包括网络接入点 NAP，多个公司经营的国家主干网，地区 ISP，

① 阿尔温·托夫勒（A. Toffler）：《第三次浪潮》，生活·读书·新知三联书店，1983 年。

② 涂子沛：《大数据：正在到来的数据革命》，广西师范大学出版社，2012 年。

③ Designing a digital future, The president's Council of Advisors on Science and Technology, Dec 2010 P. xvii.

本地 ISP，校园网、企业或家庭 PC 机上网网络。由此因特网连接了整个世界，电子数据的“爆炸”由此引发，尤其互联网和移动通讯的无缝连接，智能手机的制造和各种软件平台的共享，网上和手机通讯每天将产生海量的数据。2011 年泡泡网发表了 Cnbeta 的文章①，文章借助多种互联网渠道，统计了刚过去的 2010 年中互联网上都发生了什么，诞生了多少新站点，发送了多少电子邮件，全世界有多少网民。以下就是本文截取的部分数据：

Email

107 万亿	Email 发送总量
2 940 亿	平均每天 Email 发送量
18. 8 亿	全世界 Email 使用人数
29 亿	全世界电子邮箱总量

网站

2. 55 亿	网站总数
2 140 万	年增加的网站数

网络服务器

39. 1%	Apache 网站服务器增长率
15. 3%	IIS 网站服务器增长率
4. 1%	nginx 网站服务器增长率
5. 8%	Google GWS 网站服务器增长率
55. 7%	Lighttpd 网站服务器增长率

域名

8 880 万	.COM 域名数
1 320 万	.NET 域名数
860 万	.ORG 域名数
7 920 万	国家后缀域名数（如.CN、.UK、.DE 等）
2. 02 亿	所有常用域名总数（2010 年 10 月）
7%	较上年增长比率

网民

19. 7 亿	世界网民总数（截至 2010 年 6 月）
14%	较上年增长率

社会化媒体

1. 52 亿	博客总数（来自 BlogPulse）
250 亿	Twitter 上发的微博总数
1 亿	Twitter 年新增用户

① Cnbeta：《世界干了什么？》，载《2010 年互联网数字年鉴》，泡泡网 http://www.pcpop.com/doc/0/633/633231.shtml. 2011 年 2 月 22 日。

1.75 亿	2010 年 9 月 Twitter 用户
6 亿	Facebook 用户
2.5 亿	Facebook 新增用户
300 亿	Facebook 上每个月的分享量
70%	Facebook 的非美国用户比例
2 000 万	Facebook 的单日 App 安装量
视频	
20 亿	YouTube 上每天视频观看次数
35	YouTube 上每分钟上传视频的小时数
186	平均每个美国人每月在线观看的视频数
84%	看在线视频的美国人比例
14%	上传过视频的美国人比例
20 多亿	Facebook 上每月观看的视频数
2 000 万	Facebook 上每月上传的视频数
图片	
50 亿	Flickr 上的照片数量(截至 2010 年 9 月)
3000+	每分钟上传到 Flickr 的照片数
1.3 亿	按以上速度,一个月内上传到 Flickr 的照片数
30 多亿	每月上传到 Facebook 的照片数
360 亿	以现有速度,一年上传到 Facebook 的照片数

让我们将视野从发达国家收回,仅观察中国这一发展中国家,在此列一下中国 2012 年关于电信通信和互联网的数据。根据《中国统计年鉴 2012 年》的数据,中国的上网人数从 1997 年的 62 万人,到 2011 年就已经到达 51 310万人;功能变量名称数从 2005 年的 259.2 万,到 2011 年已有 774.8 万;网站数从 2000 年的 26.5 万,到 2011 年的 229.6 万;网页数从 2006 年的 447 257.8 万,到 2011 年 8 658 229.8 万。另一方面,2011 年的移动电话用户达 98 625.3 万。中国 2011 年人口统计为 134 735 万,按照 2010 年(无 2011 年的官方数据)的统计,15 岁到 64 岁的人口占全体人口 74.53% 的比重来比较,2011 年移动用户数量已占人口的 73.55%,已接近于这个年龄段的人手一机①。这些用户每时每刻都在产生大量的数据,尤其智能手机的普及,其数据的丰富性和交互性大为提高。谷歌首席经济学家哈里·范里安(Hal Vanrian),曾对数据和信息产生的速度进行过研究,他认为人类社会每年产生的信息量实在太大,已经无法用精确的方法来计算现有的数字信息总量,只能估算。

以上海量的数据仅仅是网络的一部分数据,还不包括分散在政府、研究

① 中华人民共和国国家统计局:《中国统计年鉴 2012》,中国统计出版社,2012 年。

机构和企业数据库中的数据。囊括这一切就构成了大数据,其大小已经超出传统意义上的尺度,成为一般的软件已经难以捕捉、储存、管理和分析的数据。这些电子数据每天都在"爆炸",人类每天在创造和堆积天量的电子数据,通过网络交集互动,又在不断膨胀,其"大"得无可估量边界。电子数据的"爆炸",导致其收集、保存、维护、共享等工作都成为挑战。更有价值的是,这些数据经过交换、整合和分析,人类可以从混沌的海量数据中不断发现新的事物,产生新的认知,获得新的理念,创造新的价值。这就是大数据的魅力所在。

一方面人类在不断地创造数据,另一方面人类又可以利用这些数据来创造未来。每天创造的数据可能是个体的、局部的,而获得的这些数据则是宏观的、全局的,通过分析研究,将会趋近事物的本原。以历史学科为例,以往对于历史的研究,个体的研究往往由于资料的单一、信息的缺失而显得武断,而利用大数据,历史的面貌将逐渐立体和清晰。就如雅虎首席科学家沃茨博士在2007年发表的观点,得益于计算机技术和海量数据库的发展,个人在真实世界的活动得到了前所未有的记录,这种记录的粒度很高,频度不断增加,为社会科学的定量分析提供了极为丰富的数据。由于能测得更准、计算得更精确,社会科学将脱下"准科学"的外衣,在21世纪全面迈进科学的殿堂①。一些运用于社会科学的软件应运而生,其中具有代表性的是IBM公司的SPSS软件(社会科学统计软件包,Statistical Product and Service Solutions)②。该软件包定位于预测统计分析软件PASW(Predictive Analytics Software),包括了统计分析PASW Statistics (formerly SPSS Statistics)、数据挖掘PASW Modeler(formerly Clementine)、数据收集Data Collection family(formerly Dimensions)和企业应用服务PASW Collaboration and Deployment Services(formerly Predictive Enterprise Services)。这款统计产品和服务解决方案软件已经广泛运用于各种不同的行业,并在不同行业中增加了更具有针对性的解决方案,已被社会科学研究者熟悉和应用。

扑面而来的大数据时代,对于中国文博工作者来说是个机遇也是挑战。一方面博物馆在中国公众中的影响力还比较弱,自身数据积累不够。但若在大数据时代能掌握先机,将极大地提升对公众的影响力,拓展公共服务的空间。

博物馆经过了几轮信息化后,国内大多数博物馆在计算机应用和储存上基本具备了软硬件的基础,无论是人才还是设备,已是以往不能比拟的。尤其是完成第三次不可移动文物统计后,我们已经有了大量的文物数据,同时培养了不少人才。如今在国家文物局启动第三次可移动文物统计时,我

① Duncan Watts, "A twenty - first century science", *Nature* 445, 489, 1. February 2007.

② http://www-01.ibm.com/software/analytics/spss/products/statistics/.

们必须充分利用此次机会，将可移动文物统计搞好，同时将数据弄得更为准确。多年前上海市历史博物馆还没有建立起完善的文物保管系统，对于文物的定名也不够准确，如有一条目为“石刻九件”，缺乏文物的时间、事件和内容，这些文物由于缺乏必要的详尽数据支撑，无论对于研究还是展示都带来了极大的不便。经过几年的努力，上海市历史博物馆已经运用计算机加以管理，定名也越来越清晰。并且增加了许多条目，以完善文物的整体信息。一件文物除了时间、地点、所代表的事件、质地、尺寸等基本内容外，还加上了此件文物的照片、流传的经过和研究的文章等信息。这些信息无论在研究领域还是在传播层面(展览、出版物和网站等)都将带来更多的便利和创新。

按照大数据的标准，数据需要更为明晰和精确。至今在数据采集上已有许多先进的技术可以应用。这些采集的设备和手段，使我们的视野更为广阔，数据更翔实。高清晰的照相机、扫描仪和声像设备，3D 数据扫描仪和其他传感设备，智能手机和射频识别仪等等，都为博物馆的数据库增加真实可靠和多元的数据。仅以用射频识别标签(RIFD)收集数据为例，这种技术将为文物保管、管理和保护，乃至展览陈列提供可靠的保障和服务。美国国家气象局(NWS)2011 年 10 月宣布，在全国 2 000 辆客运大巴上装置传感器来收集各地的温度、湿度、露水和光照度等数据，并传给国家气象局的数据中心。数据采集 10 秒一次，每天传感器可采集 10 万次以上的数据。这些大量实时精确的数据，通过分析，可使气象预报更为精准。这些经验可以直接用于中国文物保护遗址的文物监测保护采集数据上，并为保护方案的制定和实施提供可靠的依据。

数据的质量是数据收集的重中之重，在数据采集中一定要把握好质量关，项目指标要明确，数据内容要准确，采集手段要严谨，选择设备要可靠。虽然现在的统计软件会排除相当一部分噪声，但正确的判断还是需要建立在翔实可靠的数据之上的。

一方面我们在为社会贡献数据，另一方面社会的数据也在为我们的公共文化服务。我们必须加强利用政府、研究机构和企业的大数据为文博服务的意识。

通过这些数据，我们可以发现服务对象的喜好，实现公共资源的共享，更好地承担起博物馆传播文化的责任。搜集和分析大数据，将有利于确定我们研究的方向，利用自己的和社会的资源组织展览并推送网站。在现阶段更重要的是关注手机的应用。通过这些数据，我们还可以获取更多的声像和图像资料，整合资源，提高研究的水平。2013 年 1 月 21 日，俞丰先生在《东方早报》发表了《试说〈妹至帖〉与〈大报帖〉合并的可能性》一文①。此文根据各方的资料，将《妹至帖》与《大报帖》两者拼合，发现赫然天成(图 1)。

---

① 俞丰:《试说〈妹至帖〉与〈大报帖〉合并的可能性》,《东方早报》2013 年 1 月 21 日《艺术评论》第 5 版。

由于两帖都摹写在灰白色的纵帘纹麻纸上，行高吻合、行距匀称（前者高25.3厘米，后者高25.7厘米，两者仅相差4毫米，这是合理误差）。另从书法风格来看，两帖在笔法上高度一致、一气融贯。又对两帖的纸纹质地（抄纸过程中留下的帘纹）、边缘残损、横折痕迹等几个方面作了比对，均发现两帖吻合。最后作者也感谓：网络是凝聚全民智慧的纽带，网络时代改变了科学研究的方式。《大报帖》的讨论，或将成为一个典型。《大报帖》最早的报道来自1月8日早上日本NHK电视台新闻播报的消息，仅仅10来天整个研究达到了前所未有的深度。暂且不论此贴是否是王羲之的真迹，但通过比较分析研究，同时解决了两帖行文内容的解读。如果没有两帖的详尽数据，如果没有网络的即时传递，遥在他乡一个博物馆或藏家的文物，怎么都不会有如此的新发现、新观点，可见数据积累和网络群体的巨大能量。

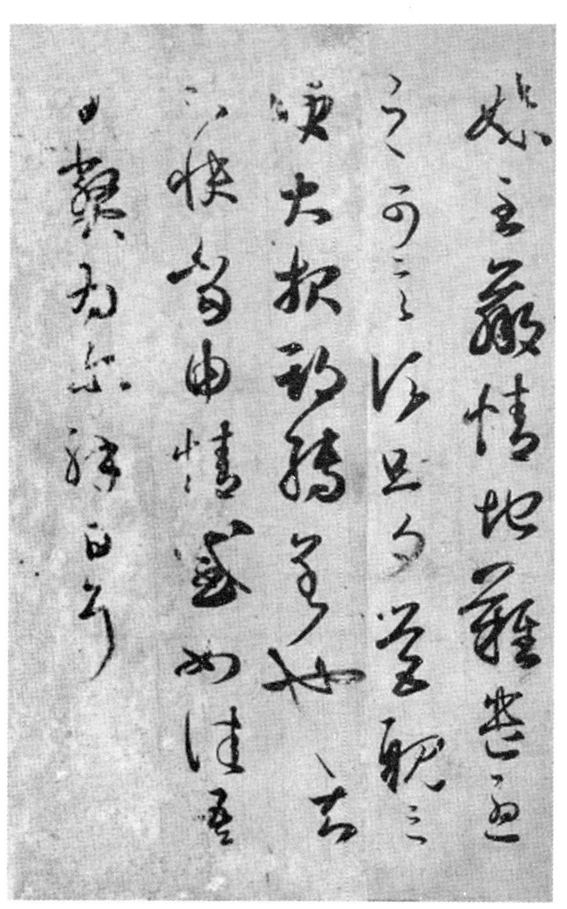

图1 《妹至帖》与《大报帖》合成图

在大数据时代，带来的最根本的将是精神层面的变革。大规模的有效数据的采集和分析，一定会带来社会和经济生活的变革。对于博物馆工作来说，带来的最大的冲击是理念的改变，博物馆的理念是认识和界定博物馆核心价值的思想基础。在大数据的环境下，文物价值的判断将逐渐不受个人的意识形态和市场影响的制约。文物不再藏在深闺，单位与单位的界限将逐渐被打破，文物研究的垄断将逐渐弱化，博物馆将真正地以文化传播者立身，不再以个人或集团占有而沾沾自喜，固步自封。只有真正实现信息的共享，才能真正达到文化的共享，更多的民众能享受优秀的历史传承，而这些享用和挖掘将使人们对历史的研究和理解达到一个前所未有的高度，客观和全面地了解自己的历史文化，人们对世界和未来的看法必将因此改变。

撰写此文时，从《人民日报》2013 年 5 月 7 日报道获知，北京首都博物馆联盟今年内将启动三个数字平台建设，这将使北京地区博物馆公共服务借力科技手段再上一个新台阶。兹录报道如下："北京地区数字博物馆平台"建成后，可使观众方便地利用手机了解全市博物馆展览的动态情况；"北京地区博物馆公共服务平台"建成后，将方便观众在网上预约、购票并参观博物馆；"博物馆藏品监控平台"建成后，将提高博物馆藏品科学管理水平。可见文博界的大数据时代也已经渐行渐近，中国的文博工作者已经自觉地融入这个时代。可以想见，中国的博物馆事业不久就会上一个新的台阶，对于公众的影响力会加强，而这种由文化内涵所构建的精神将给中国社会和经济的发展带来有效的助推力量。

附：上海市历史博物馆简介

上海市历史博物馆是综合反映上海地方历史的地志性博物馆。上海地志类博物馆筹建工作始于上世纪 50 年代的上海历史与建设博物馆。1983 年建成"上海历史文物陈列馆"，1991 年 7 月改现名。

1983 年，上海历史文物陈列馆暂借西郊上海市农业展览馆第五馆作为临时馆址，1984 年 5 月 27 日正式对外开放。陈列馆通过 1 300 多件文物、文献以及图片等资料，综合展示了上海从远古到 1949 年上海解放这一漫长的历史画面。

1991 年 10 月，上海市历史博物馆在虹桥路 1286 号全新开馆，基本陈列为"近代上海城市发展历史陈列"，展出文物 1 500 余件，分六个部分，全面地展示了自 1843 年开埠到 1949 年解放的百年上海风貌，内容涵盖近代上海租界的形成和消亡，市政面貌的日趋改善，经济的迅速崛起，文化的日益繁荣，移民社会独特的民俗风情以及百年来的政治风云。该陈列被国家文物局评为全国文物博物馆系统首次"十大陈列展览精品"之一，因租赁期满于 1999 年 3 月关闭。

2001 年 5 月，由上海市历史博物馆筹建之"上海城市历史发展陈列馆"，于东方明珠广播电视塔裙房内向社会开放。陈列馆分"华亭溯源"、"城厢风貌"、"开埠掠影"、"十里洋场"、"海上旧踪"五个部分。主要以场景和模型的艺术手法，辅以音响、多媒体资料查询装置及多媒体影视模型合成装置等展示手段，以城市建筑发展为主要线索，反映自古至今上海从一个滨海渔村发展为中国最大的工商都市的过程，突出地反映了近代上海在政治、经济、文化、社会、生活等各个方面的历史演变。

2003 年 1 月，上海市历史博物馆被上海市人民政府确定为"上海市爱国主义教育基地"。近年来，上海市历史博物馆举办了大量的临时展览和流动展，如"孙中山与上海——文物文献档案展"、"摩登都会——沪港社会风貌展"、"东风西渐——欧洲瓷器展"，取得了良好的社会反响和效益。在把各式展览推向社会的同时，上海市历史博物馆还多次举办"名家谈上海"系列公益性讲座，宣传了上海地方历史和文物博物馆知识，取得了较好的社会效果。

上海市历史博物馆藏品总数约 11 万件，分十五大类：书画、金属、陶瓷、工艺、证章、文献、印刷、纺织品、石刻、钱币、照片、剪纸、邮票、唱片和其他杂项等。其中明代韩希孟顾绣花卉虫鱼册、侯峒曾行书轴、七宝寺藏金字写经、近代陈化成抗英遗物"振远将军"铜炮、太平天国大花钱、原汇丰银行门前铜质对狮、1893 年英美公共租界及法租界界碑等是馆藏重要文物。

上海市历史博物馆长期坚持开展对上海地方文物历史、民情风俗、人文环境、城市变迁、博物馆学等方面的学术考察与研究，编辑出版了大量著作。

自 2002 年起，编辑出版《上海市历史博物馆馆刊》。2007 年，上海市历史博物馆成为中国博物馆学会城市博物馆委员会主任委员会单位。作为国际博协城市博物馆专业委员会（ICOM－CAMOC）的主要成员，上海市历史博物馆积极开展与国内外城市博物馆的合作，为推动城市博物馆的发展作贡献。

上海市历史博物馆的新建项目作为“十二五时期重大文化项目”，已被列入上海市“十二五”规划。未来的新历史博物馆将是一座充分反映上海历史发展轨迹的地方志博物馆，定位于全面展示上海古代史与近代史文物。一座全面展示上海古代与近代文物历史的新博物馆可望亮相申城。